高等院校公共管理专业规划教材

社会调查研究方法

Social Investigation Methodology

主　编　许彦彬

副主编　赵冬梅　孙奎立　王　蕾

山东人民出版社

目　录

第一章 | 绪 论

01 | 第一节 社会调查研究的概念 |

一、社会调查研究的概念

社会调查研究作为一种收集和处理信息的基本方法,在现代社会中日益受到重视并发挥着越来越重要的作用。从词源上考察,“调”有计算之意,“查”谓考查、查究,“研”指刃磨、审察,“究”则是追究、索源的意思。因此,调查指的是通过对事物的考察和计算来了解和认识客观事物和现象的感性认识活动;社会研究则是通过对调查得来的感性材料进行审察,以达到对事物本质认识的理性认识活动。但是,作为一门学科,社会调查研究的概念在表述上存在诸多观点。在超星图书网内可以查到相关的教材 26 部,比较多见的教材名称有社会调查方法、社会调查研究方法、社会调查原理与方法、社会调查理论与方法、现代社会调查研究学、当代社会调查研究科学方法和技术、现代社会调查研究学等。

虽然表述各种各样,但各教材在内容设计上差别并不大,说明国内学者对社会调查研究的理解比较接近。从教材内容和结构来看,各教材具有如下共同特征:

几乎所有这类著作中都将社会调查方法或社会调查研究方法的知识体系划分为方法论、基本方式和具体方法及技术三大部分;

几乎所有这类著作中都将社会调查方法或社会调查研究方法的基本方式划分为普遍调查、抽样调查、典型调查和个案调查四种类型;

大部分著作中都把问卷法、访问法、观察法、实验法、文献法等作为社会调查或社会调查研究中的资料收集方法;

几乎所有这类著作中都遵循着从选题开始,直到撰写调查报告为止的完全相同的逻辑程序;

大部分著作中都将社会调查研究的全过程划分为选题、准备、调查、研究、总结五个阶段;

几乎所有这类著作中都包含着测量、抽样、问卷设计、统计分析这几个关键性内容。

综上所述,尽管不同学者所用的名称不完全相同,定义方式不完全相同,但其内容和体系却是大同小异、基本一致的。这也就是说,不同作者在不同的名称下所谈的都是同一件事。由此我们可以得出结论:"社会调查研究方法"是目前国内学者普遍认同的概念。因此,对成熟经典的定义进行归纳和综合是准确理解社会调查内涵的必不可少的步骤。

袁方在《社会调查原理与方法》一书中给社会调查下的定义是:社会调查研究是在系统地、直接地收集有关社会现象的经验材料的基础上,通过对资料的分析和综合来科学地阐明社会生活状况及社会发展规律的认识活动。

风笑天在《现代社会调查方法》(第三版)一书中给社会调查下的定义是:社会调查是一种采用自填式问卷或结构式访问的方法,系统地、直接地从一个取自总体的样本那里收集量化资料,并通过对这些资料的系统分析来认识社会现象及其规律的社会研究方式。

从以上两个定义中都可以看出,社会调查要经过收集有关资料,并对所收集的资料进行分析后得出结论,从而达到认识社会现象及其规律的目的。可见社会调查在本质上是一种系统的、科学的认识活动。由此可以认为,所谓社会调查,就是人们有意识、有目的地通过对社会现象的考察了解和分析研究,来认识社会生活的本质及其发展规律的实践活动和认识活动。简言之,社会调查是指人们运用特定的方法和手段,从社会现实中收集有关社会事实的信息资料,并对其做出描述和解释的活动。

二、社会调查的特征

第一,社会调查是有目的、有意识的认识活动。

社会调查有别于日常生活中人们对社会现象的观察和了解,它具有特定的、明确的目的。收集什么信息,了解什么情况,反映什么现象,揭露什么问题,调查行为是在明确而具体的调查目标的指引下开展的。

第二,社会调查的对象是社会事实。

作为调查对象的社会事实既包括客观存在的各种行为、现象、事实,也包括人们的态度、意愿、意见等主观范畴的社会事实。社会调查研究直接从社会现实生活中收集第一手的事实材料并进行分析研究,而不仅仅是在书斋和图书馆里利用间接的二手资料来进行研究,这是社会调查区别于理论研究的一个显著特点。

第三,社会调查研究的目的是要反映总体情况,而不仅仅是了解和说明个人情况或个别事件。

社会调查的领域、对象、内容是广泛多样的,但是必须注意的是它限定以分析社会现象为目的。社会调查研究的结论必须具有社会意义,不能仅仅停留在对个人或个别事件的分析和解释上。

第四,社会调查研究利用第一手资料来进行分析和研究。

与社会研究的其他方式不同,社会调查研究是直接到社会现实中,通过观察、访问和调查表格等方法来收集社会信息。社会调查研究中也要查阅相关文献资料,但是它并不是仅仅依赖文献资料,它主要依赖的是调查得来的第一手资料。

第五,社会调查研究是建立在经验观察和归纳法基础之上的,与形而上学是相对立的。

传统的社会研究方法轻视经验,注重思辨和演绎,人们在分析社会现象时,只知引经据典、而不重实践检验。到了 19 世纪,科学的社会研究方法开始得到发展,社会调查便是其中之一。研究者直接在社会生活中对社会现象进行系统的观察和度量,然后依据所得到的事实来形成理论或检验理论。

第六,社会调查是一门方法性学科。

从学科性质上看,社会调查不同于具有完备范畴体系和理论体系的哲学、社会学等社会科学学科,它是一门方法性的学科。社会调查的方法大体上可以分为两类:一类是收集材料的方法,包括文献调查法、实地观察法、访问调查法、问卷调查法、实验调查法等,主要是感性认识的方法;一类是分析研究资料的方法,包括以统计分析为主要内容的数学方法,和以比较与分类、归纳与演绎、分析与综合、抽象与具体、证明与反驳为主要内容的逻辑方法,即理性认识的方法。随着社会的不断发展,社会调查和研究的方法也将不断进步。

三、社会调查的类型

谈到分类,我们首先要确定分类标准。根据不同的标准,可将社会调查

分为不同的类型。

(一)根据调查对象的范围来区分

1.普查。

普查是指对构成总体的所有个体无一例外地逐个进行调查。最典型的有全国人口普查。其特点是:(1)工作量大,费时,费力,费钱。(2)资料准确,适于了解总体的基本情况。(3)需要高度周密的组织和高度统一的安排。(4)调查项目不能多,一般只限于了解最基本的情况。如1982年第三次全国人口普查所了解的项目只有19项,主要包括姓名、性别、年龄、民族、文化程度、行业、职业、婚姻状况、妇女生育状况、不在业人口状况、住址、家庭人口等。

2.抽样调查。

抽样调查是指从所研究的总体中,按照一定的方式抽取一部分个体进行调查,并将在这部分个体中所得到的调查结果推广到总体中去,即调查部分以反映总体。与普查相比,抽样调查具有以下突出优点:(1)非常省时,省力,省钱。(2)能快速获得数据资料。(3)能比较详细地收集信息,获得内容丰富的资料。(4)准确性高(通过控制非抽样误差来实现)。(5)应用范围广泛。有些调查不能用普查,只能用抽样调查,如调查灯泡的使用寿命。抽样调查很多,如1%人口抽样调查、1‰人口抽样调查、民意调查、市场调查、产品质量调查等。抽样调查将是我们学习的重点。

3.典型调查。

典型调查是指从调查对象的总体中选取一个或几个有代表性(不一定在总体中占有重要地位)的单位进行全面、深入的调查。目的是通过深入地"解剖麻雀",以少量典型来概括或反映全局。这是一个由特殊到一般的过程。典型调查常常是先分类,再在每一类中选取少量代表进行调查。比如说,我们要了解国企发展的一般状况,就可以在大型、中型、小型国企中各选几个有代表性的单位进行调查。

4.重点调查。

重点调查是指从调查对象的总体中选取在总体中占有重要地位(不一定有代表性或典型性)的少数单位进行调查,并通过这些单位的情况来反映总体的情况。比如,如果要了解汽车生产的状况,我们可以选择一汽大众、长安福特、广州本田、上海大众、天津夏利、吉利等几个大型企业进行调查,就能大致了解我国汽车的生产状况。

5.个案调查。

个案调查也称个案研究，就是从总体中选取一个或几个调查对象作为个案进行深入研究。其主要作用是要深入细致地描述一个具体单位（如个人、群体、企业、城镇）的全貌和具体的社会过程。如费孝通的《江村调查》和王铭铭的《社区的历程——溪村汉人家族的个案研究》，描述了不同历史在同一个社区的展示。

（二）根据调查目的与作用来区分

1. 探索性调查。

探索性调查主要目的就是对研究者所感兴趣的现象进行初步考察或了解（即初步探测）。在研究者本人对打算研究的问题或现象不太熟悉，了解很少时；或者研究者打算研究的问题或现象本身鲜为人知，或很少有人涉及时，常常需要用到探索性调查。

2. 描述性调查。

描述性调查可以回答社会现象"是什么"的问题，常常被用于对某些总体或某种现象进行描述，以发现总体在某些特征上的分布状况。如有升学愿望的大专生在年龄、性别、生源地域上的分布状况等。

3. 解释性调查。

解释性调查可以回答社会现象"为什么是这样"的问题，其理论色彩往往较浓。解释性调查通常是从研究假设出发，经过实地调查，收集资料，并通过对资料的分析来检验研究假设。因此常常要求调查内容必须紧紧围绕所要验证的研究假设。

（三）根据收集资料的方法来区分

1. 问卷调查：自填问卷与访问问卷。

2. 访问调查：当面访问与电话访问。

（四）根据调查的性质或应用领域来区分

1. 理论性调查研究。

理论性调查研究是指为解决、发展和丰富社会科学领域和各个实践领域中的理论问题而做的研究性调查。如毛泽东通过一系列农村调查研究，建立了中国革命的阶级理论。

2. 应用性调查研究。

应用性调查研究是指为解决各个实际工作部门、各个社会领域的具体问题而做的调查。如行政统计调查、生活状况调查、社会问题调查、市场调查、产品质量调查、民间调查等。

（五）根据调查的时间性或从时间的角度来区分

1. 横向调查研究。

横向调查研究也称横剖调查。它是指在某一个时间点上收集资料，并用以描述调查对象在这一时间点上的状况，或探讨在这一时间点上不同变量之间关系的调查研究。民意测验、人口普查都是典型的横剖调查。

2. 纵向调查研究。

纵向调查研究也称纵贯调查。它是指在若干个不同的时间点上收集资料，用以描述社会现象的发展变化，以及解释不同社会现象前后之间的联系的调查研究。纵贯研究又分为：(1)趋势研究，一般是对较大规模的调查对象总体随时间推移而发生的变化的研究。如每年都对人口生育率的变化情况进行调查，并通过对不同年份人口生育率的变化情况的比较来探寻人口生育率的变化趋势，这就是一种趋势研究。(2)同期群研究，是对某一时期具有同一特征的人群随时间的推移而发生的变化的研究。如调查 20 世纪 70 年代参加工作的人在 70 年代、80 年代、90 年代的工资变动情况，每次调查的样本可以不同，只要是 70 年代参加工作的人就行。(3)追踪研究，是对同一批人随时间推移而发生的变化的研究。与同期群研究不同的是，追踪研究要求每次调查的样本必须是相同的，不能由别的人来替代。(4)回溯研究，是一次性调查同一批人的态度或行为的变化。调查中要求被调查者回想他们过去的态度或行为是怎样的，现在又发生了哪些变化。如对一位世纪老人的生活史研究。

四、社会调查的一般程序与知识体系

一次完整的社会调查一般包括五个阶段。各个阶段所包含的工作和涉及的知识如下表所示。

	阶　段	基本知识
社会调查的一般程序	一、选题阶段	选择问题：选择调查课题，提出研究假设，将课题明确化。
	二、准备阶段	调查设计：调查的目的、内容、方法及时间和资金的安排等。
		抽样：确定抽样方法及制定抽样方案。
		测量：对抽象的概念进行操作化，形成可测量的指标。
		问卷设计：制作问卷。

（续表）

	阶 段	基本知识	
社会调查的一般程序	三、实施阶段	资料收集：自填/邮寄问卷，结构/电话访问。运用问卷及其他调查工具收集资料（问卷调查法、访问调查法、集体访谈法、文献法、实地观察法等）。	
	四、分析阶段	资料处理：对所收集的资料进行处理，包括对资料的审核、复查、编码、录入和数据清理。	
		资料的统计分析	单变量分析：描述统计、推论统计
			双变量分析：交互分析
		统计软件的基本应用	
	五、总结阶段	撰写调查报告：如何将调查研究的结果用调查报告的形式表现。	

02 | 第二节　社会调查研究的研究对象 |

确定一个学科的研究任务，除了要尊重该学科在学科体系中所处的位置，即大家公认的该学科的研究对象之外，还需要考虑我国当前社会调查实践面临的挑战。美国社会学家亚历克斯·英克尔斯提出了确定一个学科研究对象的三条途径：历史的途径（即我们力求通过对前期的著作的研究，寻求作为一门学科最为关心和感兴趣的是什么。简而言之，我们要问："创始人说了些什么？"）、经验的途径（即我们对现代实践加以研究，以期发现这门学科最关心的是什么问题。换句话说，就是我们问："当代人在做些什么？"）、分析的途径（即我们将某个较大的论题加以划开、确定它们的范围，并将它们分别划归不同的学科。实际上，我们是在问："理性指示什么？"）。[①]只有把这些根本途径联系起来，才能揭示一个学科的研究对象。因此，确定

① ［美］亚历克斯·英克尔斯：《社会学是什么？——对这门学科和职业的介绍》，陈观胜、李培茱译，中国社会科学出版社 1981 年版，第 23 页。

社会调查研究的研究对象与研究任务也可以采用这个思维框架。

一、社会调查研究发展确立的基本研究领域

社会调查研究作为认识社会的一种基本活动，经历了漫长的历史发展过程，它真正作为一门科学，是在近现代才逐渐发展起来的。社会调查的起源可追溯到公元前数千年文明古国所开展的社会调查。最早的社会调查是为了国家治理的需要，田亩、人口统计是最主要的社会调查内容。随着社会发展，社会问题日趋复杂，需要对社会生活各领域的问题进行系统调查研究，以为政府管理提供资料则是近现代社会调查发展的直接动力。随着社会调查方法和技术的日趋完善，社会调查在公共管理、社会研究、经济发展等领域发挥着越来越重要的作用。社会调查功能扩展的过程也是社会调查研究方法完善和进步的过程。伴随着社会调查研究实践活动的深入发展，社会调查研究作为一门学科，其研究对象、研究领域以及学科体系也逐步完善和清晰。

(一)近代社会调查(17 世纪末至 20 世纪初)

这一时期的调查多为实用性的行政统计调查和社会问题调查。17 世纪下半叶，英国、法国、德国等国家，由于资本主义工业化和城市化的迅猛发展，产生了一系列的社会问题，为了有效地进行社会管理和社会改良，一些官员学者、医生以及宗教界人士开始就某方面的社会问题进行系统地调查研究。比较著名的代表人物和著作有：威廉·配第的《政治算术》(1690)、伊顿爵士的《贫民的情况》(1795)和约翰·辛克莱的《苏格兰统计报告》(共 21 卷，1791 ~ 1799)。19 世纪，马克思为剖析资本主义社会，做了大量的调查研究。例如，马克思高度评价凯特勒等人的社会统计方法，在《资本论》中运用凯特勒的“平均人”概念对产业工人进行了分析。这个时期，美国的社会调查研究也如火如荼地展开，并开始系统地梳理社会调查研究方法。1894 年芝加哥大学的查理斯·汉德逊主编出版了《社会观察问答教授法》，1920 年 F. S. 查平出版了《实地调查和社会研究》。在调查方法上，这个时期的社会调查主要采用观察法、问卷调查以及统计分析方法，同时也关注一些先进的分析技术。从调查研究的对象看，调查主要是对社会发展中出现的社会问题做系统的考察。

(二)现代社会调查

20 世纪二三十年代，因为经济、政治的需要，美国出现了大量的舆论调

查和市场调查,逐渐建立了一些专职调查机构,其中非常著名的有盖洛普民意测验所和“兰德公司”,这些机构承担着越来越广泛的社会调查研究任务。这些机构在调查实践中不断创新调查研究方法,例如盖洛普的民意测验采用定额抽样的方法准确预测了1936、1940、1944年的美国大选结果。

第二次世界大战以后,社会调查在政府行政管理、工商管理等部门广泛开展起来,并被用于进行科学决策。政府设立了国情普查的专门社会调查机构,许多私人调查机构也应运而生。各种现代科学手段,如推断统计的发展、数理逻辑、概率论、系统论、控制论、信息论等科学方法被广泛应用。计算机的普及和推广使人们能够精确地研究社会现象和建立社会现象的符号模型,科学地存储资料以及建立调查网络。这大大推进了社会调查研究的发展,社会调查研究的数理化倾向日趋明显。这一时期抽样理论和统计检验的引入,社会测量法的推广,社会统计学和数理社会学的发展等,都进一步推动了社会研究方法的定量化。同时,理论的发展也越来越取决于研究方法和分析技术的提高。例如,20世纪60年代美国社会学家布劳和邓肯采用了路径分析方法做的《美国职业结构》(1965)的研究对于社会分层理论的发展有很大的促进作用。这个时期的社会结构理论也因为系统论和控制论思想,以及网络分析技术的发展而有了很大的发展。

20世纪六七十年代以后,注重了解个人与社会行为的主观意义的研究方法有所发展。“现象学方法”试图通过主观理解和实地调查来解释人们是如何在熟视无睹的生活世界里建立一种意识中的共同世界,并在这种共同意识的假定下行动的。“民俗方法学”主张考察人们在日常生活中的交往规则,通过对交往过程中的方式、姿势、语言、动作的细致观察与分析来理解真实的社会行为。尽管这两种方法并未产生很大影响,但它们使社会研究人员意识到,在了解和认识社会现象方面,主观理解和现场观察也具有相当重要的作用。

当代的社会调查更多担负的是理论研究和政策研究的功能,要有效发挥这些功能,还需要在调查研究方法上不断发展和完善。从社会调查研究发展过程看,伴随着社会调查实践,下列内容在不断地被更新或创造:获取社会信息的方法体系、描述或测量社会问题的评价指标体系、资料处理和分析的技术体系。可以说,社会调查的历史告诉我们,这三部分内容的研究是社会调查研究的核心内容,促进这三个方面的发展也是这个学科的基本任务。

二、当前通用教材确立的内容框架系统描述的社会调查的研究对象

目前国内的成熟教材已经超过了30种,虽然教材的名称并不相同,但是教材的内容框架和编写逻辑基本是相同的,由此可以看出,大家对社会调查研究对象的认识是基本一致的。因此,确定社会调查研究的研究对象的另一个途径就是对现有的教材内容做系统的梳理。

各教材中,社会调查研究的基本内容主要包括下列内容:社会调查研究的基本理论和基本方法、基本类型、基本程序和基本原则等。

(一)社会调查研究的基本理论

基本理论指社会调查研究的指导思想和有关社会调查研究对象、目的、方法的一般概念、一般原理、基本原则和公式等。这些基本理论贯穿于社会调查研究全过程之中。一般而言,大部分教材都认为社会调查的基本理论基础有两个,即哲学原理和具体科学原理。哲学原理是从世界观和方法论的高度对社会调查研究予以指导,决定着社会调查研究的方向。我国的社会调查研究在充分吸收人本主义、实证主义合理因素的基础上,强调以马克思主义辩证唯物论与历史唯物论作为哲学理论基础。具体科学原理的理论基础则是统计学、逻辑学、心理学、社会学等学科的理论。

(二)社会调查研究的基本方法

基本方法指认识方法之外的具体操作方法,其中包括:课题确定的方法;明确调查研究具体目的、对象、内容、类型的方法;调查研究方案设计和条件准备的方法;抽样的方法;各种搜集资料的方法;调查资料整理、分析的方法;撰写调查报告的方法,等等。其中各种具体的资料收集方法是调查方法的核心内容,又分为两大类:访谈法、观察法和实验法属于直接调查方法;文献法、问卷法则属于间接调查方法。

(三)社会调查研究的类型

根据不同的要素(目的、时序、范围、性质等),社会调查研究可以分为不同的类型。按照目的可分为描述型研究和解释型研究;依时序,可分为横剖研究与纵贯研究;依调查的性质,可分为定性研究和定量研究;依调查对象的范围,可分为全面调查和非全面调查两大类:全面调查即普查(对调查对象进行无一遗漏的调查,这种调查也叫普查),非全面调查则分为抽样调查和个案调查两类。普查、抽样调查和个案调查是最常用的社会调查研究类

型概念。不同类型的社会调查研究在调查方式、方法、适用范围上具有不同的特点。

（四）社会调查研究的基本程序

对社会调查研究的阶段划分大都是分为四个阶段，即准备阶段、调查阶段、分析阶段与总结阶段，各阶段都有其具体工作内容。

（五）社会调查研究的基本原则

基本原则概括起来主要有：客观性原则、科学性原则、系统性原则、理论与实践相结合原则、伦理道德原则。

三、理性指示途径确立的研究对象

我国正处在社会急剧变革和转型的过程中，在人类社会发展历史上曾经出现的许多社会问题在我国以新的形态或方式呈现出来，对这些问题的认识和理解需要创新性的调查方法和指标体系。这些不仅大大推动了我国社会调查研究技术的进步，也为我国的社会调查研究学科增加了中国特色。现阶段，伴随着我国社会管理体制改革的深入，社会调查研究的本土化特征越来越明显，对这些特征做规律性总结，必然构成我国社会调查研究方法的研究对象。在这种情况下，对社会调查研究本身做出深刻的反思，将有利于在实践层面上查找社会调查研究本身存在的不足，以推动社会调查研究在更广泛意义上的运用和推广。

（一）我国社会调查研究存在的问题

1. 社会变动加剧与调查研究失灵。

转型期社会的发展变化之剧烈是以往任何时代都不曾遇到的。随着社会的转型、改革的深化，社会在经济结构、社会秩序、文化心理等方面的变动加剧，各种社会问题层出不穷，新的社会问题不断涌现。相比较富于变化的社会现象，社会调查研究所采用的方式方法仍然主要是借用西方社会学界的方法，甚至直接移植其量表来使用。这些方法和工具显得过于老旧和程式化。同时，社会调查研究的对象往往集中在社会的热点、焦点问题上，调查研究的内容重复化、狭窄化，一些亟须社会调查研究介入的领域却因为不是热点而备受冷落。

2. 功利主义盛行与调查研究失值。

社会调查研究往往被人为地贴上标签，明为社会调查，实为装饰门面。打着社会调查的旗号，而并未认真地去社会调查，结果造成了许多低水平、

低层次的重复性研究。另外，在社会调查研究过程中，往往为求利益的最大化而任意削减成本，压缩人员培训过程，缩减调查研究步骤，甚至不惜修改数据以支持自己的观点。学术机构的机关化、行政化也导致了社会调查研究的内容和结果要以上级领导的意向和喜好为指标，而使社会调查研究失去了原有的反映社会问题、提供对策思路的价值。

3. 方式方法随意与调查结果失信。

在目前的社会调查研究成果报告中，能精心挑选研究方法并严格按照一定的社会调查研究步骤进行的寥寥可数。问卷的设计大多要么过于粗糙，要么直接借用西方社会学界相关研究所用的问卷，忽视了调查对象的差异性特征。在进行调查时，对调查对象的生活环境、教育背景、知识水平、问题接受能力及理解能力等缺乏周密考虑，调查人员内部对问卷问题方面的理解偏差也不能及时纠正，同时，对调查主体与调查对象之间的沟通鸿沟也未做充分准备，这样的调查研究所得出的结果，可信度当然是值得怀疑的。

4. 社会诚信缺失与调查结果失真。

一方面，对于调查人员而言，单调重复的调查工作产生的疲惫感一旦遭遇责任感的缺失，便很容易出现为完成任务而偷工减料的现象。另一方面，调查对象——尤其是那些利益诉求机制与表达机制不健全的弱势群体——出于自我保护的需要，在被问及隐私的、敏感性的问题时往往顾虑重重，不敢或不愿说出真实看法和观点，使得调查所获得的资料和数据大打折扣。更有相当比例的社会研究往往忽视研究主题和任务，盲目采用社会调查研究的方法，甚至仅仅以此来粉饰自己的论文成果。对于目前的社会调查研究而言，如何解决调查结果失真的问题可以称得上是一个重大课题。

(二)理性指示途径下，确立的社会调查研究的对象

在社会转型期，围绕和谐社会建设，社会调查研究肩负着特殊的历史使命。为此，在社会调查研究对象确立上，下列问题不可回避。

1. 本土化调研方法的探索。

要求在大胆借鉴西方调查研究先进经验的同时，结合国内社会现象的个性化特征，对之进行行之有效的本土化改造和创新，以提高社会调查方法的适用性；要善于引进、吸收、融合现代科学方法思想和具有实用性的操作化的技术手段，以提高调查方法的先进性。

2. 社会调查研究的规范体系。

一方面，要求针对社会调查研究自身的规范性研究要跟上，认真做好调

查研究方法的归位工作，使之成为社会学研究有效的工具系统。另一方面，需要政府有关部门相关学术机构在进行社会调查中，应遵守调查研究的基本原则和规范性的要求，无论是调查方法的应用，还是调查方法的操作，都能够自觉还原社会调查研究的本来面目。规范的目的，在于更好地发挥社会调查研究的作用。

3. 调研主体的角色定位与责任感。

社会调查研究主体必须要对自己的工作有一个清晰的角色定位，明确自己在社会事实和问题的描述分析以及对策提出等过程中肩负的责任。同时，社会调查研究主体还应把这种责任贯穿于整个调查研究的全过程，不仅要关注调查结果所反映情况的真实性，而且要把调查研究的重心定位在有现实理论意义、对社会建设有政策支持性的研究课题上，借助于理论与实践的结合，推动社会理论和方法研究的发展。实践证明，唯有社会调查研究主体明确自己的角色，实现责任感的回归，方能从主体意义上引导社会调查研究沿着正确道路发展，并在和谐社会构建中进一步发挥作用。

03 | 第三节 社会调查的功能和原则 |

一、社会调查的功能

社会调查的功能体现在各个领域，其最主要的功能是准确认识社会和辅助社会管理。

（一）社会调查的认识功能

由于社会现象的复杂性和多变性，生活在社会环境中的人们不一定能够正确认识社会。而及时、准确地认识社会生活的真实情况及其发展变化趋势和规律，是摆在我们面前不容回避的客观需要。这就决定了必须对社会现象进行加工，即将社会现象的迷离混沌变为相对确实，将社会现象的模糊不清变为相对明晰，将社会现象的千变万化变为相对稳定，而这个过程只能通过社会调查来完成。同时，还要从社会现象的主观性中归纳出客观性；从社会现象的偶然性中发现必然性；从社会现象的复杂性中找出规律性；从社会现象的多变性中揭示确定性。

因此，社会调查的认识功能可以概括为以下几个方面：

第一，从迷离混沌、模糊不清、千变万化的社会现象中辨别出相对确实、相对明晰、相对稳定的客观事物来；

第二，从客观社会现象反映出的人们的思想动机中，探索出隐藏的产生某种社会现象的客观的、物质的动因；

第三，从大量的复杂多变的偶然事件中揭示出社会现象的本质及其发展规律。

总的说来，社会调查的根本任务就是透过社会现象的主观目的性、偶然性、复杂性、流动性和模糊性去认识社会生活的客观性、必然性、规律性和确定性，去揭示社会现象的本质及其发展规律。它是社会调查活动具备社会功能、对社会生活发挥作用和影响的前提。

(二)社会调查的管理功能

管理离不开社会调查，社会调查是社会管理的基础，许多管理过程就是社会调查的过程。每一项管理功能的实现都离不开科学准确的社会调查。调查信息既是计划和决策的前提，也是监督控制的标准。

1. 社会调查为管理提供信息资料。

信息是管理的基础，社会调查是获得信息最重要的渠道。虽然人们认识社会可通过参加社会实践、学习书本知识、进行社会调查等多种途径，但个人参加社会实践有诸多客观限制，所积累的只能是一些零碎、有限、狭隘的经验，很难获得对社会现象和社会生活全面而深刻的认识。而书本知识提供的是他人的、以前的经验和认识，是第二手的，缺乏直观性和生动性。如果仅仅依靠书本知识，不接触社会实际，不进行调查研究，往往会犯主观主义、教条主义和理论脱离实际的错误。只有通过社会调查，才能让我们超越自身实践经验的局限性，对事物的认识更符合客观实际，才能对社会现象认识得更全面、更深刻。

2. 社会调查是科学决策的基本前提。

决策是管理最重要的环节，管理学家西蒙将决策看成管理最实质的内容，提出“管理即决策”的论断。科学的决策由发现决策问题、确定决策目标、制定可行性方案、方案抉择、方案实施、跟踪反馈等环节构成，在整个决策过程中，都离不开对信息的收集和处理，离不开对社会情况的分析。因此，管理过程和决策过程实质上就是不断搜集和处理信息的过程，也就是反复进行社会调查的过程。

3. 社会调查是社会宏观管理的基础。

市场经济的健康发展离不开政府的宏观调控，但是如果没有准确的市场调查信息为基础，政府调控的措施无法定位，调控效果也可能南辕北辙。政府为了应对市场失灵却出现了政府失灵，这种现象在当前政府管理中并不鲜见。出现这种状况的一个重要原因就是经济调查信息失真。例如我国对居民住房成本支出的调查数据就曾引起了社会诸多批评。[①] 而这个信息直接影响决策部门住房政策走向。

4. 社会调查是培养、锻炼人才的重要途径。

"为政之要，唯在得人"[②]。调查研究不仅能提高领导干部认识社会的水平，还能锻炼其管理技能，更有助于养成实事求是的工作作风。社会是一本书，对社会经常性地进行观察、分析和思考，可以让我们学到更多的知识。

调查研究是一项综合性、技术性、创造性的活动，不但要求参与人员具备一定的知识素养和才能素养，还要求调查者要有一定的组织能力、应变能力以及实践技能。适应这种需要，人们就必须学习各种知识和技术来提高自己的知识素养和能力水平。在调查研究过程中，调查人员广泛接触社会实际，分析各种社会现象及其原因，个人的世界观、思维方式得到修正，各种知识在实践中得到检验和应用，对思想水平和认识能力的提高有着不可忽视的作用。所以，社会调查可以锻炼人才、优化智能结构，是培养才干、改良作风的重要途径。

二、社会调查的基本原则

社会调查研究必须遵循的原则，概括起来主要有客观性原则、科学性原则、系统性原则、理论与实践相结合原则、伦理道德原则。

(一)客观性原则

客观性原则的含义是调研人员自始至终均应保持客观的态度去寻求反映事物真实状态的准确信息，正视事实，不允许带有任何个人主观的意愿或偏见，也不应受任何委托人或管理部门的影响或压力去从事调研活动，从而保证调查结果如实反映客观实际。

---

① http://gb.chinareviewnews.com/doc/1016/8/7/3/101687385_2.html? coluid = 59&kindid = 0&docid = 101687385&mdate = 0511105643。

② 吴兢:《贞观政要 · 崇儒学》。

客观性原则的核心是实事求是,这是社会调查研究的立足点和出发点。要做到实事求是,应当做到:

第一,要尽量做到排除个人主观主义的干扰,克服自身思想框架和思维定势的局限,坚持主观和客观相统一,既要敢于坚持真理,坚持自己经过实地调查所得出的那些符合客观实际的正确观点,又要敢于否定、超越自己,及时修正自己不符合客观实际的观点。

第二,从具体情况出发。

第三,应注意观察,认识事物的差别和变化,把握事物所处的具体时间、空间和其他条件,及时调整调查设计,在调查中将事物的发展变化反映出来。

第四,具体问题具体分析。

(二)科学性原则

科学性原则是指研究及其结论的实证性和逻辑性,科学就是建立在系统的经验观察和正确的逻辑推理之上的。具体来讲,怎样才能将科学性原则贯彻到具体的社会调查中呢?

1. 如果社会调查的范围较大,调查对象的差异较大,又要对总体做出认知,调查者必须采取全面调查或抽样调查的方法。如若采取抽样调查的方法,必须严格地按照科学的原则抽取样本。

2. 如果用个案材料来说明观点,要考虑个案材料在总体中的代表性,在对结论论证时,必须说明选择这样的个案材料而不选择其他材料的原因。

3. 如果用定量资料可以说明观点时,要考虑尽量采用定量材料。运用定量方法时,要从定性出发,经过量化过程,返回到定性。

(三)系统性原则

社会调查研究在坚持客观性和科学性原则的基础上,也要适应社会现象所具有的系统性、整体性的特点,贯彻系统性原则,把调查对象放在一个系统、一个整体中去分析,了解其内在规律和本质。系统原理在本书第二章有详细讲解,这里不再赘述。

(四)理论与实践相结合原则

社会调查研究过程就是理论与实践相结合的过程,实践的需要提出了社会调查的任务,促使人们去进行社会调查,调查所形成的理论又需要放到实践中去检验,并指导实践。只有理论与实践相互结合的社会调查,才能真正达到发现事物本质,正确预测和提出对策的目的。具体而言,在社会调查研究中坚持理论与实践相结合的原则,必须防止只重现象或只重理论这两种极端倾向。

(五)伦理道德原则

伦理道德原则是社会调查研究中非常重要而又经常被很多研究者忽略的原则。社会中的任何一个职业都有其特有的,从业者必须遵循的伦理道德原则,社会调查研究也不例外。社会调查需要涉及调查者与被调查者之间的商谈与交往,有些调查课题本身就存在着涉及人身性的问题,有时还会和其他社会活动的基本原则有冲突,社会调查研究的伦理道德原则往往就是从这些矛盾性中产生的。伦理道德原则的贯彻,不仅可以使被调查者的人格尊严得到尊重,还能使调查更加人性化,从而达到更好的调查效果。社会调查研究的伦理道德原则主要体现在以下三个方面:

1. 自愿参加的原则。

社会调查往往涉及调查对象的隐私,因此在调查中首先要尊重被调查者的意愿。调查者不得利用调查对象的利益胁迫或诱导调查对象参与调查行为。很多学生担心不参加老师的调查,自己的成绩会受到影响而被迫参与到老师的调查中,这就违背了自愿参加的原则。在很多情况下,自愿参加原则和科学研究的要求是相悖的,有时候科学研究要求特定的调查对象必须参与调查,否则就影响调查结论的科学性,所以有时候自愿参加原则要让位于另一个原则,即对参加者无害的原则。

2. 对参加者无害的原则。

在社会管理中,社会调查问题往往和调查对象有利益关系,许多调查对象往往因为利益上的顾忌而不敢接受调查或在被迫接受调查的时候提供虚假的信息。因此,从人道主义出发,调查者必须保证调查对象的权利,从保证调查数据的真实性出发,调查者也应该保证被调查者不因为被调查而受到伤害。我国人口普查中明确规定,人口普查数据不作为计划生育管理中超生处罚的依据,就是基于这种考虑。

3. 社会调查必须保护个人的隐私。

当我们进行各种具体的调查项目时,常会涉及被调查者的个人隐私,如年龄、家庭情况、个人爱好等,这些在伦理上都是应该受到保护的。有些个人信息披露出去会给当事人生活带来很多麻烦,甚至使其经济利益受损。因此,调查中应该对个人信息严格保密。

本章小结

社会调查是人们有意识、有目的地通过对社会现象的考察了解和分析研究,来认识社会生活的本质及其发展规律的实践活动和认识活动。

作为一种方法性科学,社会调查具有下列特征:它是有目的、有意识的认识活动;它的研究对象是社会事实;它的目的是要反映总体情况,而不仅仅是了解和说明个人情况或个别事件;它的研究依据主要是第一手资料;它的研究逻辑建立在经验观察和归纳法基础之上,与形而上学是相对立的。

根据调查对象的范围,可将社会调查分为普查、抽样调查、典型调查、重点调查、个案调查。根据调查目的与作用,可以将社会调查分为探索性调查、描述性调查和解释性调查。根据收集资料的方法,可以将社会调查区分为问卷调查、访问调查。根据调查的性质或应用领域,可以将社会调查区分为理论性调查研究和应用性调查研究。根据调查的时间性,可以将社会调查区分横向调查和纵向调查。

一次完整的社会调查一般包括选题阶段、准备阶段、实施阶段、分析阶段、总结阶段五个阶段。

社会调查研究的知识体系由获取社会信息的方法体系、描述或测量社会问题的评价指标体系、资料处理和分析的技术体系三部分构成。社会调查的历史告诉我们,这三部分内容是社会调查研究的核心内容,促进这三个方面的发展也是这个学科的基本任务。为了促进社会调查知识体系的本土化,需要做好下列工作:探索本土化的调研方法;建立与我国文化价值体系相适应的社会调查研究的规范体系;培育调研主体的角色意识与责任感。

社会调查的功能体现在各个领域,其最主要的功能是准确认识社会和辅助社会管理。

社会调查研究必须遵循的原则,概括起来主要有客观性原则、科学性原则、系统性原则、理论与实践相结合原则、伦理道德原则。

关键术语

社会调查　普遍调查　抽样调查　典型调查　重点调查　个案调查　文献调查　实地观察法　访问调查法　问卷调查法　实验调查法　探索性调查　描述性调查　解释性调查　理论性调查　应用性调查　横向调查　纵向调查

选题　准备　调查　研究　总结　测量　抽样　问卷设计　统计分析　社会事实　比较　分类　归纳　演绎　分析　综合　抽象　具体　证明　反驳

亚历克斯·英克尔斯　威廉·配第　伊顿　约翰·辛克莱　查理斯·汉德逊　F. S. 查平　盖洛普　兰德公司　历史的途径　经验的途径　分析的途径

客观性原则　科学性原则　系统性原则　理论与实践相结合原则　伦理道德原则　自愿参加的原则　对参加者无害的原则

复习思考题

1. 如何理解社会调查的概念?

2. 社会调查的基本类型有哪些?

3. 调查的研究对象是什么?

4. 社会调查实践存在哪些问题?

5. 调查的基本原则有哪些?

第二章 | 调查研究的基本原理和方法

01 |第一节　系统分析方法|

系统分析方法是以对系统的基本认识为依据,用于指导人们研究和处理社会问题的一种科学方法。它是20世纪以来科学技术向纵深发展的必然结果。它不但是现代科学技术不可缺少的研究方法,而且彻底改变了当代科学家的思维模式。

一、系统的基本知识

1945年,贝塔朗菲发表了《关于普通系统论》一文,奠定了一般系统论的理论基础。他的主要目的是企图确立一般系统的原则。贝塔朗菲指出:"存在着适用于一般化系统或者子系统的模式、原则和规律,而不论其具体种类,组成部分的性质和它们之间的关系或力的状况如何。""普通系统论乃是逻辑和数学的领域,它的任务乃是确立总的适用于系统的一般原则。"①

(一)系统的概念

自古至今,人们对系统有不同的界定。在古希腊语中,系统是"组织和被组织化的全体"。贝塔朗菲认为:"系统的定义可以确定为处于一定的相互关系中并与环境发生关系的各组成部分的整体。"钱学森认为,系统是相互作用、相互依赖的若干组成部分组合成的具有特定功能的有机整体,而这个系统又是它所从属的更大系统的组成部分。由此可见,他们所强调的都是部分和整体的关系,整体与环境的关系。因此本书也从部分与

① 贝塔朗菲:《普通系统论的历史和现状》,《科学译文集》,科学出版社1980年版,第311页。

整体的关系角度来界定系统。系统是由各个组成部分构成的具有特定功能的有机整体。

（二）系统的特征

系统作为一个具有特定功能的有机整体，它同环境之间、其内部组成部分之间、它的各个发展过程和状态之间，呈现出一些普遍特征。系统的一般特性为科学研究提供了基本的思路和分析原理。

1. 普遍性。

系统是普遍存在的。自然界大到宇宙小到一个细胞都可以构成一个系统。在人类社会中，从整个世界到一个国家、一个城市乃至一个家庭都是一个系统。总之，任何存在的事物都可以构成一个系统。

2. 整体性。

任何一个系统都是一个有机整体。这是确定某一系统存在的前提，也是某一系统与其环境区分开来的重要标志。系统的整体性体现在以下几个方面：(1)整体不是其组成部分的简单相加，而是各个部分的有机组合。汽车作为一个系统，必须是各个零件的有机组合，而不是将零件简单堆在一起。(2)系统的本质是整体和部分的统一。一方面，在一个系统中，整体依赖于部分而存在，任何一个系统都是由各个要素依据一定的结构而构成的。另一方面，部分发挥功能，同样离不开整体。虽然系统的要素可以独立存在，但是它离开系统后，其功能将发生质的改变。例如，帆船的帆是由布构成的，离开了船，布虽然可以独立存在，但是其功能却发生了变化。(3)系统的整体性只有在运动过程中才能体现出来。系统是由各个要素构成的，各要素的关系只有在运动中才能体现出来，运动是系统中各个要素联系的纽带，也是其联系的方式。

3. 相对独立性。

任何一个系统与它所处的环境都有一个清楚的界面，也就是说系统具有相对独立性。这种独立性表现在以下几个方面：(1)任何系统都具有特定的质和量的规定性。这种规定性在环境中保持一定的稳定性。虽然环境处在不断的变化中，但是在一定的变化区间内，系统表现是稳定的。例如水作为一个系统，当温度在0℃～100℃之间变化时，它保持一定的稳定性。(2)系统内不同构成要素的有机关系是稳定的。例如在食物链中，食肉动物、食草动物的位置是一定的。无论是在森林中还是草原上，食肉动物都处于食草动物之后。(3)排他性。对于异己系统，系统是排斥的，“眼里揉不进沙

子”就是这个意思。

系统虽然具有独立性,但这种独立性是相对的。这种相对性表现在以下几个方面:(1)系统的存在依赖于同环境进行持续的物质与能量的交换。例如一个生命系统,需要不停地从环境吸取营养,否则就会死亡。(2)系统的功能必须在环境中才可以体现出来。例如一个企业,如果产品不能适应市场的需要,那么企业的功能就无从体现。

4. 环境适应性。

系统的存在需要三种因素:物质、信息和能量。系统的运动过程也就是同环境进行物质、信息和能量的交换过程。环境的变化必然影响这种运动过程。这样一来,系统就要对内部结构做出调整以适应环境的变化。例如一个学校,为了适应社会对人才的需求,不断调整课程设置就是这种特征的反映。

5. 层次性。

系统是分层次的,任何一个系统都由较小的子系统构成,而子系统又可以再分成若干子系统。同时这个系统又是更大的系统的子系统。

6. 结构和功能特性。

结构是系统各要素之间、各要素同整体之间关系的总和。功能是系统与外界环境互相联系和作用过程的秩序和能力。系统的结构和功能是不可分割的,二者的关系可以这样概括:(1)组成系统结构的要素不同,其功能是不一样的。(2)组成系统的要素相同但其组合结构不同,功能也不相同。(3)同一结构往往具有多种功能,系统和结构不是一一对应的关系。因此在环境发生变化时,系统往往表现出强大的环境适应性,这就体现了此种关系。(4)系统的结构和功能的关系不是绝对的,而是可以相互转换的。大系统之间的结构关系在子系统中则属功能关系。

二、系统分析研究方法的使用原则

(一)整体性原则

所谓整体性原则,就是在分析社会问题时,始终将研究对象看做是由各个组成部分或各个环节组成的合乎规律的有机整体,着眼于整体结构和整体功能。系统的功能是由其结构决定的,整体性原则要求从整体角度分析系统的结构是如何决定系统的功能的,为了实现特有的功能应该选择什么样的系统结构。运用整体性原则时,我们在研究中不能使用将对象分解为几部分再综合起来的方法。

(二)动态原则

系统的环境适应性决定了人们在分析社会问题时要采用动态原则。所谓动态原则,就是根据系统外部环境的变化分析系统的状态,即在分析系统的结构和功能时,同时考虑系统所处的环境状况。例如分析一个企业的经营状况,除了分析其内部的结构和机制外,还要分析该企业的市场环境变化状况。市场调查分析中常用的 SWOT[①] 分析方法就遵循了这个原则。

(三)综合原则

所谓综合原则,即是将系统的各个组成部分、结构、功能、历史发展、相互联系方式等各方面的情况综合起来考察。这一原则并不排斥分析的方法,而是把综合与分析有机结合起来。

(四)有序性原则

有序性是系统内部联系的反映。在各种联系中,比较稳定的联系构成了系统的结构,它决定了系统存在和发展的规律。有序性原则就是从系统稳定的联系中寻求系统存在和发展的规律。在公共管理问题研究中,遵循有序性原则是至关重要的。公共管理问题往往因为利益博弈呈现出纷繁复杂的特征,在这些问题调查研究中,首先要认清楚问题的本质,进而寻找系统中最稳定的联系才能得出正确的结论。比如对于医疗纠纷问题,不同的人从不同的角度去调查,会得出截然不同的结论,也会提出大相径庭的改革方案。有的认为医疗资源供给不足是问题的关键,有的认为医生待遇差是根本原因,有的则认为医疗资源分布不均衡是重要因素。虽然这些都有一定的道理,但未必能够认清事情的本质,因为这些认识反映的是医疗纠纷系统中不同层面的关系,有些观点所关注的不是系统内部的问题,比如医生待遇的问题。

(五)最优化原则

最优化原则是系统方法的归宿,是运用系统进行研究的目的。所谓最

① SWOT 分析法又称为态势分析法,它是由美国旧金山大学的管理学教授于 20 世纪 80 年代初提出来的。我们常用做企业内部分析方法,即根据企业自身的既定内在条件进行分析,找出企业的优势、劣势及核心竞争力之所在。其中,S 代表 Strength(优势),W 代表 Weakness(弱势),O 代表 Opportunity(机会),T 代表 Threat(威胁),其中,S、W 是内部因素,O、T 是外部因素。按照企业竞争战略的完整概念,战略应是一个企业“能够做的”(即组织的强项和弱项)和“可能做的”(即环境的机会和威胁)之间的有机组合。

优化是指整体最优,即一个系统整体联系在运行中达到最佳状态。欲达到整体最佳,应首先为系统确定目标,然后将系统分解为不同的层次和阶段,使各个子系统的目标同整体目标相协调。子系统之间的关系影响系统整体功能最优化的实现。因此子系统发展要适应整体功能的发展。在公共管理问题调查研究中,系统最优应该是研究遵循的基本要求,但是在现实中,由于部门利益驱动,往往过分强调本部门的重要性,所以导致社会系统中某个子系统的功能过分强大。这不仅无助于社会系统整体功能的实现,还有可能破坏社会系统的协调运行。例如,高铁的速度到底应该是多少呢?①

三、系统分析研究法的步骤

系统分析方法,在程序上有其固定的步骤,这些步骤的设计同系统的特征密切相关。

(一)界定系统及其环境

这一步的目的是廓清系统和环境的界限,准确描述所要研究的系统,确定系统的环境范围。界定系统的范围要依据系统的特性和研究目的进行。

首先,界定得出的系统必须具有系统的特性。比如在当前对社会管理体制问题研究中,有些对社会管理的界定的观点明显不能准确地反映社会管理系统的特征②。

其次,系统的界定还应该同研究目的相适应。例如对一个社区进行调查,对社区的界定就应该注意所界定的范围必须和研究目的相适应,不能过大或者过小。

系统环境的界定也很重要。因为系统具有层次性,系统及其环境有时是很难判定的。环境的划定不能太大,否则就会使研究工作难以下手;如果划定的环境范围过小,又可能使研究结论和提出的对策不具有现实意义。

---

① 《高铁速度并非越快越好》,http://news.xinhuanet.com/2011-07/02/c_121613167.htm。

② 李程伟:《社会管理体制创新:公共管理学视角的解读》,《中国行政管理》2005年第5期。该文指出,社会管理是指政府及非政府公共组织对各类社会公共事务(包括政治的、经济的、文化的和社会的)所实施的管理活动,实际上与人们通常所说的公共管理是同等范畴的概念。狭义上的社会管理,一般与政治管理、经济管理相对,指的是对社会公共事务中排除掉政治统治事务和经济管理事务的那部分事务的管理与治理。狭义社会管理所涉及的范围一般也就是社会政策所作用的领域。但是国内另一个有影响的观点是将社会管理理解为社会治安综合治理,这明显背离了社会管理系统的特征。

(二)分析系统的结构

这一步的任务是考察系统的构成要素,确定各构成要素之间的关系及各构成要素同整体之间的关系,进而准确描述系统的层次性。系统的结构是其功能的基础,也是系统内部作用机制的反映。准确认识系统的结构就可以把握系统的基本运行规律。

(三)功能分析

这一步的目的是分析系统在环境中的目标和价值、各个子系统在系统中的作用。系统的功能就其性质来说,可分为正功能和负功能。功能分析要全面分析系统的正功能和负功能,不能偏颇。

最后,将所研究的系统同某一社会环境的关系描述清楚,进而研究这一现象存在的原因,它的社会价值以及演变规律。

02 |第二节 假设|

一、假设的含义与要求

(一)假设的含义

假设首先是指一种研究思想,它是指研究人员在获得一定材料的基础上,根据所掌握的基本规律,经过科学的逻辑思维对所研究的事物的规律和本质提出的初步设想。当研究人员发现某种问题,他要对这个问题的性质、范围、设计领域进行初步确定,然后才能对这个问题进行深入调查和研究。其次,假设还是一种研究程序安排、研究方向的选择、研究逻辑的确定。调查研究涉及一系列的问题,诸如工作组织、研究思路确定、研究方向选择等,这些工作都是以假设为前提的。同一个问题,研究假设不一样,研究工作开展的情况也不一样。以梅奥的霍桑实验为例,最初他假定员工的工作效率与工作环境和劳动报酬、福利等因素有关,所以其研究就围绕这些因素来搜集资料。但随着研究的深入,研究人员发现其假设是错误的,所以霍桑实验的第二阶段研究围绕员工的士气来搜集资料,最终发现了士气对工作效率的影响以及影响员工士气的因素。①

(二)假设的内容要求

假设不是臆想,它应有一定的合理成分。在内容上,假设应当满足下列要求:(1)某一领域的假设不应该与该领域已经验证的原理相矛盾。(2)假设不应当同已经掌握的现象相矛盾。(3)假设应当是可以验证的,即利用研究人员所掌握的理论和工具可以验证。(4)假设在逻辑上具有非矛盾性,即利用逻辑推理,假设可以解释一些设想的问题。

---

① 霍桑实验是心理学史上最著名的事件之一,该实验的假设经过了多次改变,最终形成了科学的假设。这一系列在美国芝加哥西部电器公司所属的霍桑工厂进行的心理学研究由哈佛大学的心理学教授梅奥主持。霍桑工厂是一个制造电话交换机的工厂,具有较完善的娱乐设施、医疗制度和养老金制度,但工人们仍愤愤不平,生产业绩很不理想。为找出原因,美国国家研究委员会组织研究小组开展实验研究。霍桑实验共分四阶段:(1)照明实验。时间从1924年11月至1927年4月。当时关于生产效率的理论占统治地位的是劳动医学的观点,认为也许影响工人生产效率的是疲劳和单调感等,于是当时的实验假设便是"提高照明度有助于减少疲劳,使生产效率提高"。可是经过两年多实验发现,照明度的改变对生产效率并无影响。研究人员面对此结果感到茫然,失去了信心。从1927年起,以梅奥教授为首的一批哈佛大学心理学工作者将实验工作接管下来,继续进行。(2)福利实验。时间是从1927年4月至1929年6月。实验目的总的来说是查明福利待遇的变换与生产效率的关系。但经过两年多的实验发现,不管福利待遇如何改变(包括工资支付办法的改变、优惠措施的增减、休息时间的增减等),都不影响产量的持续上升,甚至工人自己对生产效率提高的原因也说不清楚。(3)访谈实验。研究者在工厂中开始了访谈计划。此计划的最初想法是要工人就管理当局的规划和政策、工头的态度和工作条件等问题作出回答,但这种规定好的访谈计划在进行过程中却大出意料之外,得到意想不到的效果。工人想就工作提纲以外的事情进行交谈,工人认为重要的事情并不是公司或调查者认为意义重大的那些事。访谈者了解到这一点,及时把访谈计划改为事先不规定内容,每次访谈的平均时间从30分钟延长到1~1.5个小时,多听少说,详细记录工人的不满和意见。访谈计划持续了两年多。工人的产量大幅提高。工人们长期以来对工厂的各项管理制度和方法存在许多不满,无处发泄,访谈计划的实行恰恰为他们提供了发泄机会。发泄过后心情舒畅,士气提高,使产量得到提高。(4)群体实验。梅奥等人在这个试验中是选择14名男工人在单独的房间里从事绕线、焊接和检验工作。对这个班组实行特殊的工人计件工资制度。实验者原来设想,实行这套奖励办法会使工人更加努力工作,以便得到更多的报酬。但观察的结果发现,产量只保持在中等水平上,每个工人的日产量平均都差不多,而且工人并不如实地报告产量。深入的调查发现,这个班组为了维护他们群体的利益,自发地形成了一些规范。他们约定,谁也不能干得太多,突出自己;谁也不能干得太少,影响全组的产量,并且约法三章,不准向管理当局告密,如有人违反这些规定,轻则挖苦谩骂,重则拳打脚踢。进一步调查发现,工人们之所以维持中等水平的产量,是担心产量提高,管理当局会改变现行奖励制度或裁减人员,使部分工人失业,或者会使干得慢的伙伴受到惩罚。这一试验表明,为了维护班组内部的团结,可以放弃物质利益的引诱。由此提出"非正式群体"的概念,认为在正式的组织中存在着自发形成的非正式群体,这种群体有自己的特殊的行为规范,对人的行为起着调节和控制作用,同时也加强了内部的协作关系。

二、提出假设的条件和方法

(一)提出假设的条件

1. 假设应该在研究前提出,而不是在研究结束后提出。

瓦尔沙夫斯基在其《科学工作者如何组织自己的劳动》中指出:"常常有这样的情况,研究者还未着手工作就形成了一个假设,有时候开题时就产生了假设。假设还可能取自其他作者的著作或者本人早期的作品,在这类情况下,研究课题将是有效的。"①很明显,假设应该在研究阶段前提出来。因为假设将决定研究以后各个研究步骤,假设的方向直接决定研究工作的各项进程。

2. 假设要大胆。

胡适曾经倡导"大胆假设,小心求证"的治学理念,其影响是比较深远的。这里强调假设要大胆,不仅是假设本身要标新立异,而且指科学工作者要有突破陈规的勇气,只有这样,科研才能有重大突破。在社会管理领域,事情的真相和真理往往被各种利益的纷争所掩盖,揭开真相不仅需要智慧,而且需要勇气,有时候甚至是勇气比智慧还重要。

3. 要有多个假设。

一般来说,假设应该有一个基本假设,另一个是与之对立的可供选择的假设,如果只有一个假设,往往使研究工作者钻牛角尖,或者使研究工作无法深入。"莫使假设成为一种思想偏见,即先规定一个目标再不惜任何代价为之奋斗,那是很危险的。这种危险会发生在把唯一一个假设而不是把几个可供选择的假设作为探索的基础上。""当你只和一个假设打交道时,你会像对独生子一样依恋不舍,无论如何不会同意将之抛弃。"②

4. 假设要用确切的文字表述出来。

这样做一方面便于别人理解,另一方面有助于对该假设做批判性分析。描述假设时,使用的概念一定要准确,以免发生歧义。假设一般分两部分描述:一是核心部分,它是为回答问题而构想出来的一些理论观点;另一部分是具体推理部分,它是利用假设理论去解释已知事实和预测未来。

---

① 瓦尔沙夫斯基:《科学工作者应如何组织自己的劳动》,科学技术文献出版社 1980 年版,第 57 页。

② 瓦尔沙夫斯基:《科学工作者应如何组织自己的劳动》,科学技术文献出版社 1980 年版,第 58 页。

假设的表述方式多种多样,一般来说有条件式陈述和差异性陈述。前者的表现形式为“如果 A 则 B”或者“只有 A 才 B”,它们分别表示 A 是 B 的充分条件和必要条件。差异式陈述形式为“A 和 B 在变量 X 有差异”,它表示两个变量之间有无相关关系。

(二)提出假设的方法

1. 归纳推理法。

归纳推理法即把在特殊情况下已经证明的规律扩大其考察范围,从而得出一定的假设。

2. 类比推理法。

类比推理法即在研究陌生现象时,利用所熟悉的事物、现象,将二者对照,从而找出二者的共同点,提出假设。

3. 移植法。

移植法即利用其他学科的理论,进而在另一个领域提出一种假设。

4. 分类推理法。

分类推理法即将调查研究的资料分类,找出其中的规律。分类标准往往可以帮助人们发现一些新规律,例如人们利用元素周期表这种分类方法可以不断发现新的元素。

5. 数学方法。

数学方法即利用数学思维和数学语言提出和描述假设的方法。例如人们利用相关分析和回归分析、模型分析提出假设来验证各种社会现象之间的关系。

假设是社会问题研究常用的方法。在应用时要注意,不能任意假设。“假设虽然需要但不能滥用。它最大限度只能解释说明一个或者一系列的问题,但不能肯定任何一个问题;它本身尚未得到证明,因而也不能作为在此基础上进行推理的根据;更不能由此武断地得出结论。它只能作为已知两个事件的桥梁、空白补充的工具,以便于推动进一步研究的发展。科学研究要大胆创新,但不能任意假设。”

03 | 第三节 比较研究 |

比较研究是其他社会科学研究方法的基础。在社会调查中,只有先对各种资料进行比较，然后才能考虑分类、类比、归纳和演绎的问题。

一、比较的理论基础

首先，事物是多样性和统一性的辩证统一。统一性是事物发展普遍存在的规律，多样性是事物发展变化的多种形态。空间上并存的事物以及时间上具有先行后续关系的事物都存在着这种共同性和差异性。因此就决定了比较的基本视角有空间维度的比较和时间维度的比较。空间上的比较是事物形态的比较，它能使人们区分各种事物不同的外部形态。时间上的比较是历史形态的比较，它能使人们发现事物随时间的变化的各种情况。

其次，各种事物是普遍联系的，各种各样的联系都是相比较而存在、相对立而发展的。客观事物无论是从纵向上看还是从横向上看，都是相互依赖而存在的，这种联系是比较存在的基础。

另外，事物发展都是不平衡的。这种不平衡性构成了比较研究的基础。

二、比较方法的意义

在社会调查研究中，无论在搜集资料阶段，还是在加工整理资料阶段，比较方法都有重要的意义。

首先，比较方法可以鉴别资料。“两物相劘，利钝乃知；两论相订，是非乃见”①。没有比较就无法鉴别真伪优劣。

其次，比较是对资料进行定性和定量分析。例如对房价的判断，我国房价是高还是低，采用不同的比较会得出不同的结论。而对地区间、不同时期间房价的比较，就可以帮人们认清楚我国房价的真实情况。

再次，比较可以验证分析结果与事实是否一致。爱因斯坦指出：“知识不能单从经验中得出，而只能从理智的发明同观察到的事实两者的比较中得出。”②同一批资料分析往往得出多种结论，只有将这些结论同实际相比较才能得出正确的结论。

最后，比较可以发现事物发展的历史顺序与规律。运用历史比较研究法，从空间并存的事物研究入手，来认识时间上前后相继的事物的变化，进而能够依据观察到的现象推测出无法观察到的过程。

---

① 王充：《论衡·案书》。

② 《爱因斯坦文集》（第一卷），商务印书馆1976年版，第278页。

三、比较研究的类型

根据不同的标准，比较研究可以分为不同的类型。

(一)根据比较对象有统一性和差异性分类

1. 同类比较法。

同类比较法即比较两种或两种以上同类对象而认识其差异点的方法。这种比较其范围一般限于有共同规律作用的事物之间。比较范围可大可小，只要属于同类事物就可以。

2. 异类比较法。

异类比较法即比较两种异类对象而认识其相同点的方法。

(二)根据比较对象的时间关系分类

1. 纵向比较法。

纵向比较法即比较同一对象在不同历史时期内的发展变化的方法。这种方法限于有亲缘关系的事物之间，或者遵循具有某种共同规律的事物之间。它可以追溯事物发展的历史渊源和历史顺序。

2. 同期横向比较法。

同期横向比较法即这种方法是把同类的不同对象在同一标准下进行比较的方法。进行这种比较，比较对象必须是有联系或者相互有影响的，而且必须处于同一时期。

(三)典型比较法

由于社会问题不同于自然问题，因而社会问题的调查研究不可能像生物学和物理学那样进行分类。为了解决这个困难，马克斯·韦伯提出了理想类型的比较方法①。这种方法是从具体独特的现象中抽取一些主要性质，舍弃其他特性而建立典型或者标本。例如马克斯·韦伯提出的“官僚制模型”。它是一种抽象的理想化的东西，只存在于概念之中，与具体现实并不相符，但它又是由一定历史阶段的某些具体社会因素构成的。理想类型提供了一种比较的尺度，便于确定具体现象与一般类型的相似或相异程度。韦伯认为，社会现实归根结底是以典型环境中的典型的人的典型行为为基础的。理想类型法就是舍弃具体现象的独特性和次要因素，而把注意力集

---

① 马克斯·韦伯:《社会科学方法论》，李秋零、田薇译，中国人民大学出版社 1999 年版，第 37 页。

中在社会现象的典型特征和本质属性上，由此抽象出一般的行为类型，从而对复杂独特的社会现象进行研究的研究方法。

四、比较分析的原则

第一，要将横向比较和纵向比较结合起来。物质的空间特征和时间特征要求在比较研究中要将二者结合起来。

第二，对象必须具有可比性。

可比性是指比较对象所比较的特征可以用同一单位或标准去衡量。例如《墨经》中所说："异类不吡，说在量"，"木与夜孰长，智与粟孰多。"

第三，要有精准稳定的比较标准。比较标准是定量比较的基础，也是定性比较的必需。

第四，用正确的理论指导比较。

汤因比[①]在其著作《历史研究》中，以文明为研究单位，从一个宏大的视角出发，对已知的至少31种文明，进行了分析和归纳，对文明的起源、成长、衰落、解体加以描述。但是其比较的结论却是历史循环论，唯心史观对其影响是显而易见的。可见，理论对比较的指导是多么的重要。

第五，比较要深入。

在相同之中找到相异之处，在相异之中找到相同之处，这样才能有所发展。事物的差异既存在于表象也存在于本质之中。科学分析不是罗列表象的异同而是在于找到深层次本质的异同。黑格尔说："如果一个人当即看出显而易见的差别……我们不会说这个人了不起地聪明……我们所要求的是要能看出异中之同或同中之异。"[②]

04 | 第四节　归纳和演绎 |

一切科学研究都必须遵循两条途径：由认识个别到认识一般，再由认识

---

① 汤因比（1889～1975）是英国历史学家，早年曾在牛津大学接受古典教育，并成为希腊罗马史和近东问题的专家。1919～1955年，汤因比长期担任英国伦敦大学教授，并多次参加政治和社会活动。他的一生著述很多，但全面反映其历史观点并使他成名的是一套12卷本的巨著《历史研究》。这部书被誉为20世纪最伟大的历史著作。

② 黑格尔：《小逻辑》，商务印书馆1980年版，第253页。

一般到认识个别。这就是归纳和演绎的过程。它们是同一认识过程中两个既互相对立，又互相依存的思维方法。两者的关系是，归纳是演绎的基础，演绎是归纳的前导。

一、归纳法

（一）归纳法的概念及其分类

归纳法是从个别中发现一般的思维方法和推理形式，即从个别事实中概括出一般原理。在科学研究中，归纳法是一种得到普遍应用的方法。归纳法的实质就是从个别到一般、从特殊到普遍、从具体到抽象的分析推理过程。它不是对众多、复杂素材的牵强附会的编排，也不是一大堆事实的机械分类罗列，而是要从现象的综合归纳中找出事物之间的内在联系，发现事物的共性和本质规律。这是符合辩证唯物论的认识论的。因为人们的认识总是从接触和认识个别、特殊的事物开始，然后在对大量同类事物的认识中，把对个别事物的认识上升到对事物共同本质的认识。因此，可以认为归纳法是分析和认识事物的一种基础方法。归纳法分为完全归纳法和不完全归纳法。

1. 完全归纳法。

完全归纳法是根据某类事物中每一事物都具有某种属性，推出该类全部事物都具有该属性的归纳推理。因为完全归纳法是考察了某类事物的全部对象，发现它们具有某种属性之后才做出的概括，所以得出的一般结论确实可靠，是一种必然性推理。但它要求完全枚举出某类事物中的所有个体，因此只能用于数目有限，不能用于数目无限的类别上。

2. 不完全归纳法。

不完全归纳法是根据某类事物的部分对象具有某种属性，而得出该类事物都具有某种属性的一般性结论的归纳推理。不完全归纳法突破了完全归纳法的局限性，对人类认识范围的扩大具有重要意义。由于完全归纳法的缺陷，在实际应用中大都采用不完全归纳法。

（二）归纳法的应用

不论在人们的日常生活中，还是在科学研究活动中，归纳法都是一种重要方法。其作用有以下几点：

1. 帮助人们从大量经验事实中找出普遍的特征。

在探求自然的普遍真理的科学史上，许多经验定律和公式都是应用归纳方法取得的。社会科学家对社会问题的研究也往往是从对社会的某个侧面进行观察开始的。

2. 帮助提出假设和猜想。

科学研究中的许多猜想是通过归纳法提出的,虽然猜想还不是真理,但毕竟向真理迈出了一步。

(三)归纳法的局限性

虽然归纳法是社会研究中经常应用的一种方法,但它也有局限性。因为归纳都是对已经发生或出现的事实而言的,它不能预见事物发展过程中的复杂情况。因此可以说,应用归纳法所得出的结论被新的事实所推翻的情况,在科学史上是屡见不鲜的。所以,我们在运用归纳法分析信息资料时,应该充分注意到这一点,尽量能同其他分析方法结合运用,以避免结论的局限性。另外,归纳得出的结论的准确性受观察样本数量的限制,而大量观察研究样本是困难的。

二、演绎法

(一)演绎法的概念及其分类

演绎法是从一般中发现个别的思维方法和推理形式,即用已知的一般原理考察某一特殊对象,推演出有关这个对象的结论。同归纳法一样,客观世界存在的一般与个别、普通与特殊的关系也是演绎法的客观依据。但与归纳法不同,演绎法是前提与结论之间有着蕴含关系的推理。从逻辑学上讲,演绎推理可分为直言三段论、假言三段论、选言三段论、联言推理和关系推理。但从科学研究角度讲,人们还可以将演绎推理分为公理演绎法、假说演绎法、定律演绎法和理论演绎法等。

(二)演绎法的应用

1. 演绎法是逻辑证明的工具,也是一个学科理论体系得以形成的重要方法。

2. 演绎法是科学预见的一种手段。

科学预见就是将一般原理用于具体情况的正确推论,信息学要从经验科学进入理性科学阶段,一个很重要的方面就是要能够运用演绎推理的方式,而不仅仅是用经验的方式得出一些新的理论观点,也就是要做出一些科学预见。

3. 演绎法是检验和发展假说与理论的一个必要环节。

对科学假说和理论的检验，首先需要从假说和理论所论述的一般原理，推演出一个可以与实验相对比的具体结构，指导实验的设计和进行。这里所运用的就是演绎方法，正是这种方法为假说和理论的发展提供了必要的条件。

(三)演绎法的缺陷

演绎是以公理、定理、假说等为前提的，而这些理论是通过别的方法获得的。如果前提中有一个是不正确的，就不可能得出正确的结论。所以，单靠演绎方法是不行的。同时，演绎法是从一般到个别、从共性到个性的思维方法，但共性不能完全包含个性，一般也不能包括全部个别，所以，演绎方法不可能揭示个别的多方面的属性。

05 | 第五节 社会指标与社会测量 |

社会测量是社会研究的重要环节，社会指标设计为社会测量提供标尺工具。

一、社会指标

(一)社会指标的基本含义

对于究竟什么是社会指标，人们的看法不尽一致。最早使用这一概念的鲍尔和比德曼等人在《社会指标》一书中指出：社会指标是一种"量的数据，用来作为具有普遍社会意义的社会状况的指数"。大体上，社会指标是指反映一定社会过程的数量与质量特征的工具，它便于人们对社会主要方面的状况作出简明的、综合的和公平的判断。

社会指标具有如下特点：

1. 具体性。

具体性即社会指标在再现社会现象、社会规律时，必须是十分明确地落到实处。

2. 定量性。

定量性即社会指标将复杂的社会现象变成了可以量度的数据。

3. 易于解释性。

易于解释性即社会指标在反映社会现象时，注重于解释和说明，让人一目了然。

4. 时间性。

时间性指社会指标所提供的数据只是反映特定时期，甚至是某个时点的情况。

5. 综合性。

综合性即社会指标一般是反映社会的或社会某一方面的总体特征，而不是个体的特征。

6. 理论与实际的结合性。

理论与实际的结合性即一方面，社会指标往往是人们根据某种理论设计出来的，另一方面，指标又是对社会现象的最直接的反映。

（二）社会指标的类型

依据不同的标准和根据不同的研究目的，人们通常将社会指标区分为不同的类型。比较重要的有以下几种区分：

1. 描述性指标与评价性指标。

描述性指标是对社会现象的客观描述；评价性指标则能反映出社会发展、社会效果、社会影响在某方面的利弊得失。

2. 观察性指标与计划性指标。

观察性指标是对现状的描述或评价；计划性指标是对未来状况的预测。

3. 投入指标、生产量指标与产出指标。

投入指标指在某一社会过程中发挥作用的"可供资源"；生产量指标通常指工作量或承担的次数；产出指标主要是用来评价社会政策或措施结果的指标。

4. 肯定指标、否定指标与中性指标。

肯定指标反映了社会好的一面，是人们所希望达到或提高的指标；否定指标反映的是社会问题的情况，是人们所不希望发展的指标；中性指标是指与人们的价值取向、愿望没有直接利害关系的指标。

5. 客观指标与主观指标。

客观指标反映的是社会客观现象；主观指标反映的是人们对客观现象的主观感受。

6. 经济指标与非经济指标。

（三）社会指标的基本功能

1. 反映功能，即反映社会状态的功能，是社会指标最基本的功能。

2. 监测功能,包括对社会状态的监测和社会目标的监测。

3. 预测和计划的功能,即通过社会指标可以对未来的发展与问题进行预测,并在此基础上制定出发展计划。

4. 比较和评价的功能,即通过社会指标可以对社会状况进行比较和评价,并寻求关于特定社会现象的解释。由于社会指标具有比较和评价的功能,因此在公共管理中,社会指标具有强烈的导向功能,比如我们以 GDP 作为干部业绩考核的指标,就导致了严重的 GDP 崇拜。

(四)建立社会指标体系的基本原则

为研究不同的社会问题,人们会建立不同的社会指标体系,但是,科学合理的指标体系往往具备相同的特点。为了建立科学合理的指标体系,指标设计一般应遵循以下基本原则:

1. 可行性原则,即尽量利用现有指标,避免大规模重新搜集信息。

2. 可比性原则,即注意不同年份、不同地区指标的可比性。

3. 准确性原则,即应认真核实指标的来源及其准确程度。

4. 主观指标和客观指标相结合的原则。

5. 静态指标与动态指标相结合的原则。

6. 根据不同的研究目的和需要建立不同层次指标体系的原则。

(五)指标的综合方法

对社会问题的调查和研究,往往利用多个指标,这样就需要将多个指标综合以准确评价调查对象。

1. 类型法,是一种将各种指标交互分类予以综合的方法。

2. 指数法,是用简明的公式来综合各指标。

3. 量表法,常用的是总和量表法,是将所有的指标相加,然后按确定的标准计算总分的一种指标综合法,适用于主观状态特别是态度的测量。

二、社会测量

(一)社会测量的概念

在社会调查研究中,测量指的是按照一定的规则,用数字和符号表示某一社会现象的属性或特征。测量也可视为对社会现象进行准确的、有意识的观察,其主要作用在于对社会现象进行准确的描述、分类和比较。社会调查实际上就是对所确定的调查内容或调查指标进行观察和量度,因此社会测量在社会调查研究中占有十分重要的地位。

(二)测量的三要素

任何一种测量都包含有三个必不可少的要素:测量客体、数字或符号、分配数字或符号的法则。测量客体即调查对象,其属性或特征是测量的主要内容。数字或符号即我们在调查研究中用来代表客体属性或特征的符号。数字或符号的不同,表明了客体特征的差异。分配数字或符号的法则,是指把数字或符号分派给调查对象的统一标准。

(三)测量的层次

在社会调查研究中,测量过程实质上就是使用调查指标搜集、分析资料的过程。同一个调查指标可以使用不同的测量尺度。这就好比日常生活中,测量身高使用米尺,称体重使用磅秤一样,指标的测量尺度主要有四种,它们由低到高、从粗略到精确的排列顺序是:定类尺度、定序尺度、定距尺度和定比尺度。

1. 定类尺度。

定类尺度也称类别尺度、名义尺度。它是社会调查研究中所常用的四种尺度(定类尺度、定序尺度、定距尺度、定比尺度)中测量层次最低的一种。它实际上是一种分类体系。定类测量是将调查对象标以各种名称,并确定调查对象的类别。运用定类尺度分派给调查对象的数字和符号,并不表示对象本身的数量性质,不能做加减乘除的运算,仅仅是一种标记,代表了一种分类。它的取值只有类别和属性之分,而无大小程度的区别。根据指标值,只能分别研究对象是相同或是不同。例如,性别、婚姻状况、职业、民族等都是定类指标。从数学运算特性看,定类指标只有等于或不等于(=、≠)的性质。

2. 定序尺度。

定序尺度也称等级尺度、顺序尺度。它的取值可以按照某种逻辑顺序将调查对象依某一性质或特征排列出高低或者大小,确定其等级和次序。定序尺度不仅能够区分事物,而且能够反映社会现象在高低、大小、先后、强弱等顺序上的差异。在数学性质上,定序尺度比定类尺度高一个层次,即不仅能区分类别,而且能确定顺序,可以用数学序号“>”和“<”来表示各个取值之间的顺序关系。常见的定类指标有教育程度(文盲、小学、初中、高中或中专、大学及以上)、社会经济地位(上等、中等、下等)、积极性(很积极、一般、不积极)等。从数学运算特性的角度看,它的取值除了能判断等于或不等于(=、≠)之外,还有大于和小于之分。在感觉、观念等主观问题调查中,

定序尺度往往用来判定人们对一组事件重视程度的测量,如消费的先后顺序调查。

3. 定距尺度。

定距尺度也称等距尺度、区间尺度。它不仅能够区分调查对象的类别和等级,而且能够以等距的测量单位衡量不同类别或不同等级间的差距。定距尺度的取值可以做加减运算,但不能做乘除运算。定距指标的测量尺度又高于定序指标。定距指标的取值除具有类别、次序属性外,取值间的距离还可用标准化的距离去量度它,如温度、智商等。其数学运算特性除等于、不等于、大于、小于(=、≠、>、<)之外,还可进行加减运算。

4. 定比尺度。

定比尺度也称比例尺度、等比尺度。它能够区分调查对象的类别和等级,能够以等距的测量单位衡量不同类别或不同等级间的差距,而且具有一个真实的、非任意选取的零点。定比尺度能够衡量不同等级间的比例关系,它的取值能够进行加减运算,也能够进行乘除运算。判断一个指标是定距指标还是定比指标还可看其有没有绝对意义的零点,即零的意义是否表示“没有”。如果是,那么它就是定比指标。例如,温度、智商都不存在绝对意义的零点,因此它们是定距指标而不是定比指标。另外从数学运算的角度讲,温度和智商的取值都无法进行乘除运算。例如,摄氏 18 度并不是摄氏 9 度的两倍。

必须指出的是,一个指标,它的测量尺度并不是唯一的。如果一个指标的测量尺度是高层次的,它也必然可以作为低层次来使用。但降低层次的使用,一般会使资料的信息使用不充分。例如,收入按实际数字填写是定距指标,如果按低、中、高的档次来填,则是定序指标。一般来说,在问卷调查中,总是按照指标的最高层次来询问。例如,年龄一项,问卷的设计一般是让被调查者自己填入数字,而不是分组后让调查对象进行选择。后者不仅会丢失信息,而且对于被调查者来说也并不方便。

(四)测量的信度和效度

测量的信度和效度是成功的测量所必须具备的两个主要条件。信度是效度的必要条件而非充分条件。一项测量要有效度就必须有信度,不可信就不可能有效。反之,可信的测量不一定是有效的测量。

1. 测量的信度。

测量的信度指测量的可靠性,它是指测量结果的一致性或稳定性,即测量工具能够稳定地、一致地反映事物属性的程度。换言之,所谓信度是指对同一调查对象重复进行调查或测量,其所得结果相一致的程度。

测量的信度可以从多个方面来检验和评价,因此信度可以分为三种类型:

(1)再测信度。用同一种测量方法对同一调查对象前后测量两次,再计算两次测量结果的相关系数,即得出再测信度。再测信度是一种最普遍、最常见的信度检验方法,其优点是能够提供有关测量结果是否随时间变化的资料,其缺点是容易受时间因素的影响。

(2)复本信度。如果同一测量有两种或两种以上的复本,则可以同时使用,根据同一对象在两个测量中所得到的结果计算相关系数,即得到复本信度。复本信度可以避免再测信度的缺点,但是要求所使用的必须是真正的复本。

(3)折半信度。在测量没有复本且只能实施一次的情况下,通常采用折半法来估计测量的信度。常用的折半法是将受试者的测量结果,按题目序号的单双数分成两部分计分,计算相关系数。这一相关系数就是折半信度。

2. 测量的效度。

测量的效度指测量的有效性。它是指测量工具能够真实、准确、客观地度量事物属性的程度。如果我们想要测量某一社会现象的某一特征 A,假定某一测量的确测出了特征 A,而且是准确地测出了特征 A,那么,这一测量就是有效的。效度主要分为三种类型:

(1)内容效度。它是指测量内容的适合性和相符性,即所测量的是不是想要测量的东西。举例来说,如果想要测量的东西是被调查者的周岁,而结果是得到了被调查者的虚岁,那么该测量就是无效的。

(2)准则效度,也叫效标效度或实证效度。它指的是用几种不同的测量方式或不同指标对同一变量进行测量时,将其中的 种方式或指标作为准则,将其他的方式或指标与这个准则做比较,如果具有相同效果,则其他方式与指标就具有准则效度。准则效度的关键是作为准则的方式、指标一定要有效。

(3)构念效度。通过对某些理论或特质的测量结果的考察,来验证该测量理论构念的衡量程度,通常被认为是最强有力的效度测量程序。假定 X 和 Y 在理论上有关系,如果测量 X 的指标 X1,与测量 Y 的指标 Y1 也有关系,并且当我们以 X2 取代 X1 并复测整个理论时,得出了与使用 X1 时同样的结果,则我们称新的测量 X2 具有构念效度。

3. 影响测量的信度和效度的主要因素。

(1)调查者。调查者如果没有严谨的工作作风和实事求是的态度就会影响测量的信度和效度。例如,在抽取样本时不按科学抽样方法进行抽样,或在调查中对调查对象进行某种启发或暗示等都会导致测量的无信度和无效度。

(2)测量工具。测量工具如果不精确或不准确,会影响测量的信度和效度。例如,问卷中表述问题的语言不通俗易懂、不清晰或具有诱导性,测量规则不具备完备性和互斥性等等,都会降低测量的信度和效度。

(3)调查对象。调查对象可能由于某种原因对调查抱着敷衍了事的态度,对某些问题做出不实的回答,这些都会降低调查的信度和效度。

(4)环境因素及其他偶然因素。调查时的环境,外界因素的干扰,以及在资料编码、登录、录入计算机的过程中每一步骤可能出现的疏忽或差错,都会降低调查资料的信度和效度。

| 本章小结 |

社会调查研究的基本原理主要有系统原理、假设原理、比较原理、归纳和演绎原理以及社会指标和社会测量原理。系统是由各个组成部分构成的具有特定功能的有机整体。系统作为一个具有特定功能的有机整体,它同环境之间、其内部组成部分之间、它的各个发展过程和状态之间,呈现出如下特征:普遍性、整体性、相对独立性、环境适应性、层次性、结构和功能特性。这些特性决定了系统研究需要遵循的下列基本原则:整体性原则、动态原则、综合原则、有序性原则、最优化原则。

假设是指研究人员在获得一定材料的基础上,根据所掌握的基本规律,经过科学的逻辑思维对所研究的事物的规律和本质提出的初步设想。在内容上,假设应当满足下列要求:某一领域的假设不应该与该领域已经验证的原理相矛盾;假设不应当同已经掌握的现象相矛盾;假设应当是可以验证的;假设在逻辑上具有非矛盾性。提出假设的方法有:归纳推理法、类比推理法、移植法、分类推理法、数学方法。

比较研究是其他社会科学研究方法的基础。在社会调查中,只有先对各种资料进行比较,然后才能考虑分类、类比、归纳和演绎的问题。根据不同的标准,比较研究可以分为不同的类型。根据比较对象有统一性和差异性分类,可以分为同类比较法和异类比较法。根据比较对象的时间关系可分为纵向比较法和同期横向比较法。比较分析应遵循下列原则:要将横向比较和纵向比较结合起来;对象必须具有可比性;要有精准稳定的比较标准;用正确的理论指导比较;比较要深入。

一切科学研究都必须遵循两条途径:由认识个别到认识一般,再由认识一般到认识个别。这就是归纳和演绎的过程。它们是同一认识过程中两个既互相对立,又互相依存的思维方法。两者的关系是,归纳是演绎的基础,演绎是归纳的前导。归纳法是从个别中发现一般的思维方法和推理形式,即从个别事实中概括出一般原理。归纳法可分为完全归纳法和不完全归纳法。演绎法是从一般中发现个别的思维方法和推理形式,即用已知的一般原理考察某一特殊对象,推演出有关这个对象的结论。演绎推理可分为直言三段论、假言三段论、选言三段论、联言推理和关系推理。

社会测量是社会研究的重要环节,社会指标为社会测量提供标尺工具。社会指标是指反映一定社会过程的数量与质量特征的工具,它便于人们对社会主要方面的状况作出简明的、综合的和公平的判断。社会指标具有如下特点:具体性、定量性、易于解释性、时间性、综合性、理论与实际的结合性。依据不同的标准和根据不同的研究目的,人们通常将社会指标区分为不同的类型。比较重要的有以下几种区分:描述性指标与评价性指标;观察性指标与计划性指标;投入指标、生产量指标与产出指标;肯定指标、否定指标与中性指标;客观指标与主观指标;经济指标与非经济指标。指标设计一般应遵循以下基本原则:可行性原则;可比性原则;准确性原则;主观指标和客观指标相结合的原则;静态指标与动态指标相结合的原则。

测量指的是按照一定的规则,用数字和符号表示某一社会现象的属性或特征。任何一种测量都包含有三个必不可少的要素:测量客体、数字或符号、分配数字或符号的法则。指标的测量尺度主要有四种,它们由低到高、从粗略到精确的排列顺序是:定类尺度、定序尺度、定距尺度和定比尺度。测量的信度和效度是成功的测量所必须具备的两个主要条件。测量的信度是指测量结果的一致性或稳定性,即测量工具能够稳定地、一致地反映事物属性的程度。测量的效度指测量的有效性。它是指测量工具能够真实、准确、客观地度量事物属性的程度。影响测量的信度和效度的主要因素有:调查者、测量工具、调查对象、环境因素及其他偶然因素。

| 关键术语 |

贝塔朗菲　瓦尔沙夫斯基　胡适　汤因比　黑格尔　鲍尔　比德曼　《关于普通系统论》　系统　整体性原则　动态原则　综合原则　有序性原则　最优化原则　假设归纳推理法　类比推理法　移植法　分类推理法　同类比较法　异类比较法　纵向比较法　同期横向比较法　典型比较法　归纳法　完全归纳法　不完全归纳法　演绎法　直言三段论　假言三段论　选言三段论　联言推理　关系推理　社会指标　描述性指标　评价性指标　观察性指标　计划性指标　投入指标　生产量指标　产出指标　肯定指标　否定指标　中性指标　客观指标　主观指标　经济指标　非经济指标　类型法　指数法　量表法　社会测量　定类尺度　定序尺度　定距尺度　定比尺度　信度　效度　再测信度　复本信度　折半信度　测量的效度　内容效度　准则效度　构念效度

| 复习思考题 |

1. 系统研究的基本原则有哪些？
2. 提出假设的条件有哪些？
3. 比较的基本要求是什么？
4. 如何理解归纳和演绎？
5. 社会测量的信度和效度的影响因素有哪些？
6. 社会测量的层次有哪些？

第三章 | 研究设计

无论是自然科学研究还是社会科学研究，一项研究的开展都要从问题的提出开始。一个好的问题，就意味着一个好的研究开端。一个重大的研究课题的提出和解决，往往会极大地推动整个科学研究与社会研究的发展与进步，甚至会带来革命性的变革。这些重大理论的突破，首先是在提出问题之后开始的。这就要求社会研究者要有强烈的问题意识。

一、社会研究中的问题意识

（一）社会研究的选题从问题开始

社会研究题目的解决建立在选题的基础上，而社会研究题目的确定又以问题的提出作为开端。选择一个合适的课题，将会对研究的结果有非常积极的影响。而选择研究课题就是确定问题的过程，所以真正的研究工作是从提出问题开始的。

研究问题的选择左右着选题的方向，同时问题能推动和指导研究。爱因斯坦曾讲过："提出一个问题往往比解决一个问题更重要，因为解决问题也许仅是一个数学上或实验上的技术而已。而提出新的问题，新的可能性，从新的角度上看旧的问题，却需要有创造的想象力，而且标志着科学的真正进步。"①

人们进行社会研究的过程中，往往要在提出问题之后，就要提出研究设想（或者研究假设）。在经过资料的收集和整理之后，最后通过对资料的分析和综合，从而实现了对研究假设进行验证，或提炼并概括出一般性的结论。同时研究者在前一个研究的基础上，提出新的研究课题。问题的提出又带动了人们对社会现象的进一步研究，并开始进入下一个新的研究过程。

---

① 爱因斯坦：《物理学的进化》，上海科学技术出版社 1962 年版，第 66 页。

在社会研究的过程中,研究本身一方面解决了起始的疑问,另一方面又引出更深入的疑团,以待进一步的探究。也就是说,问题的深入也常常意味着研究的深入,它们是同一过程的两个方面。由此可见,提出问题是选择和确定研究课题最为关键的方面。

问题也是研究者在对科学背景知识进行分析的基础上提出疑难、发现矛盾时产生的。研究者需要观察大量的社会现象,阅读大量的相关文献,并在此基础上,提出需要研究的问题。提出问题的关键在于观察、思考和怀疑。这里的观察不仅包括对现实生活的观察,也包括对文献资料的查阅。观察本身不仅是一个学习的过程,也是一个思考的过程。在思考的过程中提出的问题,通常来自于研究者对已有研究结果或已有方法的怀疑,因此没有观察就不会有思考,没有怀疑就不会有问题。

如果人们不善于留意已有的社会现象及研究结果,不会对此加以思考,那么就不会表示怀疑,更不会提出问题。而没有怀疑也就无所谓问题。有怀疑才会有问题的产生,有怀疑才能推动科学与认识的进步。科学的怀疑是建立在理性思考的基础上的,是在对研究对象的周密思考中提出问题的过程。科学的、理性的怀疑直接反映了人们的"问题意识"。

(二)问题的来源

问题意识的形成不但依赖于研究者的知识结构,而且也建立在对社会生活观察的积累上。因此,对社会生活的观察和文献的评述,实际上就是研究课题的重要来源。

在社会研究中,对研究者提出问题有启发的认识方法有以下三种:迪尔凯姆的"社会事实"、米尔斯的"社会学的想象力"和加芬克尔的"常人方法论"。依托这些方法,研究者可以从一些平凡的事情中发现值得关注的问题,或者能够对人们习以为常的事情提出新颖的解释。

根据米尔斯的社会学的想象力,人们所面对的问题可以分为两类:一类是个人的困扰,它只关系到个人直接体验到的社会生活;另一类是公众问题,它常包含制度上、结构上的困境。对于个人困扰的认识需要超越个人所处的有限环境,才能发现可能隐藏的问题。常人方法论的最大特点是不把"理所当然"看做是"理所当然",并认为人类是在一种持续的基础上,不断地创造和重塑这个世界。当一些"理所当然"的所谓常规被打破之后,人们就可以发现这种常规背后隐藏的社会事实。

(三)选题和经验生活

生活实践是研究课题的源泉,丰富多彩的生活实践给人们提出很多问题。问题的提出,往往带动着人们对生活实践的解释,即理论的产生。自改革开放以来,我国一直处于社会的转型期,人们的生活发生了重大的转变。这为我们研究各种社会问题提供了绝好的时机。因此,社会研究者要善于观察和思考,还要养成对各种社会现象、行为以及社会问题进行探究和表示怀疑的习惯。这样就可以帮助人们找到值得研究的课题。例如留守儿童问题、城市农民工问题、网络语言的生活化问题等。至于人们生活中发生的重大社会事件或社会问题,更是需要人们调查和研究的问题。在选择和确定课题的过程中,往往需要研究者对社会生活观察的长期积累,也可能是受到某种社会现象的启发,产生了灵感。

人们的经验生活主要包括三个方面:个人的生活经历,个人对周边世界的观察和通过阅读而获得的各种信息。在经验生活中,人们只有将熟视无睹的事情加以认真地观察、思考和怀疑,才能发现值得研究的问题。经验生活才会真正成为研究课题的源泉。

二、研究问题的明确化

当研究者满腔热情地开始从事社会研究的时候,难免会让研究课题有含糊、宽泛、笼统的问题。其实,这就涉及研究问题的明确化。虽然从本质上说,研究课题明确化还是提出问题的过程,但研究课题明确化是指对研究课题的具体界定。在这种具体的界定过程中,研究者将较含糊的想法变成非常明确的问题,把较宽泛的研究范围收敛成特定研究范围,抑或把笼统的研究对象变成具体可以操作的对象。从一个含糊的、宽泛的、笼统的研究课题到一个具体的、明确的研究课题的过程,对研究者来说,意味着一个具体的可以操作的问题出现了,这就使得对问题的研究更具针对性和深刻性。

(一)研究问题的不明确性的表现

1. 调查范围的宽泛性。

例如,本科学生在做论文的时候通常采用这样的题目:如"中外社会结构的比较研究"或者"我国私有企业的调查研究"。就大学生本身的知识结构和能力来说,这样题目很难把握,他们的研究能力还不够。所以对于初学者来说,或者对于某专业领域的研究尚不深入的人来说,尽可能不要做这种范围过大的题目,而是应该从范围比较小的题目入手进行研究。

2. 调查内容不清楚。

对于一些社会研究人员来说,如果对某一领域的课题涉入的时间短,专业的学术根基不够深厚,那么他对研究内容的把握只能有个大概的印象,绝对不会认识得非常清楚。这样就很难对该题目进行深入和细致的探讨,从而使得研究流于形式和肤浅。以社会结构研究为例,这一领域所包含的问题就很多。如果从社会学的角度来看,社会结构就可以从不同的层次进行研究,其中包括个人角度、家庭角度、群体和组织角度、阶级与阶层角度、国家与社会角度等。

3. 调查对象不明确。

有些研究者在研究题目确定以后,不知道如何下手来获取资料,这是因为他还不能明确自己向谁来收集资料。如果还是以社会结构的研究为例,研究者可以从整体上调查社会分层的基本情况,例如白领阶层、产业工人阶层、农民阶层等。这时候我们的调查对象应该是各个阶层中具体的个体,而不在研究阶层中的成员,就不是我们调查的对象。

(二)研究问题明确化的步骤

1. 界定范围。

界定范围就是把一个很大的调查范围,如一个国家,缩小为一个省或者一个城市、甚至一个社区、一个街道、一个具体的企事业单位。

2. 明确调查内容。

明确调查内容就是把比较抽象的研究主题变为经验研究中可以操作的具体问题,或者可以把一个比较大的课题分解为若干部分(或若干个子课题)分头进行研究。

3. 明确调查对象。

明确调查对象就是具体规定资料收集的对象。根据自己的研究题目和研究目的,谨慎地选择符合条件的人员进行调查。

由此可见,研究课题的选择和确定,需要通过查阅文献使它成为一个值得研究的问题。然后通过题目的明确化,来确定调查的范围、调查的内容和调查的对象,从而使一个含糊、宽泛、笼统的调查题目变为可以在具体的研究中进行操作的问题。

01 | 第一节　提出研究假设 |

确定研究课题之后,下一步的工作就是对研究课题中的具体问题提出假设。在社会科学研究中,研究假设的提出在研究工作中的地位十分重要。在本书第二章比较系统地讲解了假设的原理,这里侧重对假设的操作进行阐述。

一、研究假设的意义

研究课题选定之后,研究者要根据所收集到的资料、以前的研究结果、相关的理论以及自己的知识经验与日常观察,对所要研究事物的本质和规律提出某些初步的设想,这些初步的设想就是我们所说的研究假设。

在社会科学的研究中,能够提出具体的研究假设非常重要。假设的提出可以使我们的研究目的更加具体、范围更加限定。由于对同一研究问题(如智商与个体成就的关系),可以提出许多具体的研究假设,因此,研究假设的提出使得一项研究的探索目标更加明确,把研究数据的收集工作限定在一个更加特定的方面和范围;同时,具体化研究假设的提出,使得研究者能够根据其假设内容,仔细地进行设计,并采用具有针对性的数据收集程序,来检验该假设的推测是否正确。在某一研究题目确定下来以后,由于研究者不同,那么对具体研究方案的设计和研究方法的选择,也会造成有差异性研究假设的提出。

研究假设具有两个非常显著的特点:

第一,假设的提出具有一定的科学根据。由于研究假设是在一定的研究成果、研究理论以及研究者的已有知识经验和事实基础上提出来的,因此它与迷信、臆测截然不同,更不是简单的猜测和无理由的幻想。

第二,假设的提出具有一定的推测性质。虽然假设的提出具有一定的坚实基础和牢固依据,但在其未被证实之前,它也只是一种想象,是对所研究问题的一种推断和猜测。研究假设需要研究结果的确实性来检验其正确性。

比如,研究者要对智商与个体成就之间的关系进行考察,那么他就要查阅大量的文献,需要对前人的相关研究成果有比较清晰的了解。在此基础上,研究者才能大胆假设:假设 1,在智商差异比较大的分组情况下,智商高的人其个体成就也高;假设 2,在智商差异不大的分组情况下,智商与个体成就的关系并不紧密,等等。

二、研究假设的形式

研究者在提出研究假设的时候,需要掌握假设的表达形式。

(一)由研究假设的性质差异决定的分类

1. 预测性假设。这种假设是对客观事物存在的某些情况,特别是差异情况的推测和判断。比如,小学生空间能力的发展,因性别的差异会有发展性的差异。

2. 相关性假设。这种假设是对客观事物相互联系的性质、方向、密切程度做出推测和判断。比如,音乐表达能力与语言表达能力的相关程度高。

3. 因果性假设。这是一种对客观事物之间因果联系的推测和判断。比如,体质下降会导致个体更容易生病。

由以上介绍可知,对于一个研究课题来说,研究者完全可以提出不同性质的假设。研究者一旦选择性质不同的假设,将直接决定后面研究设计和研究方法的选择。某种性质的假设只有采取与之相匹配的设计和方法,才能够对其进行完全的检验和验证。

(二)由研究假设的概括性程度决定的分类

1. 一般假设。

这是概括性非常强的一类假设。这类假设对客观事物的状况、性质、相互联系的本质和运动变化规律的描述,具有较普遍的适用性。比如,对奖惩与行为的关系、学习能力与学业成绩的关系这两个研究问题,若我们提出一般性的假设,就可以这样来表达:"惩罚对行为有影响/奖励对行为有影响"、"学习能力与学业成绩有相关"。

2. 特定假设。

特定假设的概括性没有一般假设那样强,所以它只是用于一种特定情况下的推测,即特定假设只是对某一特定事物的某种特定状态、性质和联系提出的假设,它预测的是事物间的特定关系。例如,"如果一个人因没有完成工作而被惩罚,那么他今后不完成工作的可能性就会降低"、"智力测验成绩与人的工作成绩有正相关"两个假设,就是属于特定假设。

三、研究假设的方法

提出研究假设的基本方法是演绎法和归纳法。

演绎法就是指从一般到个别的推论方法。用演绎法来提出研究假设,就是从某一理论或一般性陈述出发来考察这一特定对象(或现象),并对其相关情况做出推论。比如,随着个体从事某种活动能力的提高,那么他在熟练之后,从事这一活动的时间就会减少。根据以上的一般性陈述,研究者就可以做出下面的假设:如果个体在其擅长的机械方面花费的学习时间较少,那是因为他已在该方面的学习活动中提高了学习效率。由此可见,研究者可以根据变量间的假定关系建立一般性猜测,然后在此基础上对特殊的事物及其关系做出大胆的猜测,这就是提出具体假设的演绎方法。一般来说,研究者可以通过对特定假设的检验来检验一般假设或理论的正确性。

归纳法就是从个别到一般的推论方法。用归纳法来提出研究假设,就是从许多个别事实中概括出相关事物、现象的一般性认识或结论。如果研究者打算使用归纳法提出具体研究假设,那么通常要先对特定现象或事件进行认真和仔细的观察。在此基础上,研究者才能提炼出一个一般性的、概括性的假设。例如,许多研究结果表明,个体的成长会受到家庭环境、文化环境、生活环境、日常生活习惯等因素的影响。根据这些研究结果,我们就可以归纳出一个更一般性的假设:个体的成长会受到外界环境的影响。

从上面的叙述中,我们可以知道:归纳法是从具体的观察和数据积累开始,然后由此形成更一般性的假设;而演绎法则是从理论和一般性的假设开始,然后由此形成更具有限定性的假设。在假设的检验环节,要检验一个具有限定性的假设要比检验一个具有普遍的、一般性的假设容易得多。因为若要检验一个非常普遍的、一般性的假设,研究者就必须要根据其一般性推选出若干个特定的、限定性的假设,并通过对这些特定假设来检验一个一般性结论。

02 | 第二节 调查对象与调查内容 |

当一项研究的课题确定之后,研究者还应当明确研究过程中的分析单位和研究的内容。研究者要明白本次研究的分析单位是个体还是群体,研究内容有哪些,收集资料的对象是谁。

一、分析单位

分析单位是研究者所要调查和描述的对象,它是研究的基本单位,研究的最终目的是将这些分析单位的特征汇集起来以描述由它们组成的较大集合或解释某种社会现象。

在一项研究中,我们要用分析单位来观察、描述和解释社会现象,也可以用分析单位来考察和归纳相同事物的特征,并解释分析单位所代表的社会现象之间的差别。由此可见,分析单位是社会研究中非常有用的分析工具。分析单位对研究者将具体的、分散的事实和数据上升到抽象的、一般性的结论有很大的帮助。

分析单位可以等同于抽样单位,也可以与抽样单位不一致。例如,要研究学生的心理可抽取很多的学生个体,要描述企业的组织文化工作可抽取一个个组织中的部门。在这两个例子中,分析单位和抽样单位就是等同的。例如,要分析父母对子女的教育方法,这时的分析单位是家长,而抽样单位就很可能是“户”。另外,研究者同样也要注意,分析单位不一定是研究结论中所解释的单位,如研究中不停地分析许多个体的特征(年龄、性别、社会地位等),但研究最后所进行解释的是不同群体的差异。

一项研究不只使用一种分析单位,也可以同时使用多种分析单位。人们可以在不同的背景下分析社会现象的不同特征,并且可以在分析单位基础上,通过综合的方法,描述和解释更大分析单位的社会特征。研究者可以通过对个体的调查和描述,在“个体”这个分析单位基础上,具体描述某类人群以及某个特定社会阶层的状况。研究者同样可以通过对数据的分析,以“群体”为分析单位,来描述和分析不同社会阶层间的变动。经过以两种或三种分析单位为工具,研究者会获得更多的研究视角,从而加强对研究对象的控制和掌握。

社会研究中的常用的分析单位主要有以下几类:

(一)个人

个人是社会科学中最常用的分析单位,我们通常通过个体来描述和解释社会群体及其互动。大部分社会研究也都要通过分析个体的特征,来解释和说明各种社会现象。

在社会科学研究中,任何个体都可以成为分析单位。在实践中,社会学家不可能研究所有的人群,他们研究的对象基本上局限于居住在某个国家的人群。但通过个体的概括性规则,社会学家获得的局部地区(或国家)人群的数据,同样可以应用于更广泛的人群。这样就显示出个体作为分析单位的优势。我们可以对一些特定群体进行研究,如学生、服务行业的从业人员、企业工人、单亲家长以及公务员等。这里的每一个群体都是由一个个的个体组成。在此,研究者一定要注意:在描述性研究中,研究者将个体当作分析单位的目的是描述由个体组成的群体;而在解释性研究中,以个体作为分析单位的目的是发现群体运动的微观社会动力。

以个体为分析单位,个体就被赋予了社会群体成员的特性。因此,一个人可以被描述为出身豪门(或者贫穷),也可以被描述为有(或没有)大学学历。在一项研究计划中,我们可以考察:有大学学历的人比没有大学学历的人更有可能获得更高的社会地位;或者富裕家庭出身的学生比普通家庭出身的学生更有可能受到良好的教育。在以上两个例子中,分析单位都是"个体"而不是家庭。研究者可以汇总这些个体的材料,并对个体所属的总体进行概括。

社会研究不只停留在个人层次,因为以个体为分析单位的主要目的是为了描述或解释由个体或个体行为互动而形成的社会现象。

(二)群体

群体主要指具有某些共同特征的一群人,如儿童、青少年、工人、农民、穷人、非正式团体等。这些人群也可以作为社会研究的分析单位。群体特征与个人特征有显著的不同,例如,我们可以描绘家庭的特征包括家庭结构、规模等,个体就不会涉及这些特征。群体特征一般可以由个人特征汇集而来。例如,家庭的经济状况取决于每个家庭成员的收入,而家庭成员的平均年龄也来自于每个成员的实际年龄。由此可见,成员特征的平均值可以用来描述群体的特征,如学生的平均年龄、房地产商的平均收入等。

在社会研究中,社会群体本身也会成为分析单位,例如,我们可以将帮派作为一个群体分析单位。研究者通过对整个城市各帮派的调查,掌握帮派之间的差异,那么分析单位就是帮派。研究者可以调查不同规模帮派之间的差异、市区与郊区帮派之间的差异。这时候,研究不但可以通过帮派成员的具体情况来获取资料,同样也可以直接通过帮派的具体规模、年龄分布、历史劣迹等方式获得对帮派的认识。经过这个研究,最后研究者的落脚点要落在"帮派"这个群体的分析单位上,而不是落在帮派首领的特性(或其他成员的特性)上。

再如,我们也可以根据家庭年收入或拥有计算机/手机数量来描述各个家庭。这样,研究者就可以判断平均年收入高的家庭与平均年收入低的家庭哪个更有可能拥有平均数更多的计算机/手机。在这个例子中,我们采用的分析单位就是家庭,即以家庭这个群体作为分析单位来获得资料、解释现象。

群体的分析单位还包括夫妻、同事、城市等。其中每一种类型都有自己的群体。无论是哪种类型的分析单位,我们都要注意自己研究的落脚点和收集数据、解释现象的落脚点,避免犯下使用分析单位不当的错误,造成层次谬误。

(三)组织

组织是指由具有共同目标和正式分工的一群人所组成的单位,如企业、军队、商店、公司、学校、医院、机关单位、政党等。组织会有如下特征:组织规模、管理方式、组织规范、雇员数量、年纯利润、总资产、合同总额,以及雇员中少数族群成员所占的百分比、上下级关系、任用、晋升、解雇,等等。组织是社会的基本构成单位,它也是我们进行社会研究的重要对象,尤其是正式的社会组织。我们可以通过一些带有组织特征的数据,来分析、解释和说明大型企业雇员中的少数民族比例是否比小型企业的更高,大型企业女性员工的比例是否更高,等等。

适宜作为分析单位的其他正式社会组织还有教区、大中专院校、军队师团部、大学院系以及超级市场等。

(四)社区

我们也可以将社区作为分析单位。社区是按地理区域划分的社会单位,如乡村、小城镇、城市等。由于社区内的人们一般都共同从事社会、政治、经济等各项活动,并具有比较一致的文化规范,因此我们将社区作为分析单位,通常其研究目的是为了描述社区居民的生活现状、人际交往活动、居民的行为规范以及社区发展史等。

由于社区的文化性、政治性和经济性特征,因此研究者对社区研究完全可进一步扩展为对整个社会的研究,从而从微观的研究层次上升到宏观的研究层次。

(五)社会认为事实

以上介绍的分析单位都是我们可以把握的"社会实体",也是在社会研究中使用最多的分析单位。但是,在社会研究中还是有不少现象的研究,无法从上面提及的分析单位中找到明确的某一个。比如,各种类型的社会产品、社会活动、社会关系和社会制度等。这时我们就用到了另外一种分析单位,这种分析单位就是社会认为事实,即人类行为或人类行为的产物。

例如,我们可以把历史上的战争作为分析单位描述其特点,同样也可以分析不同历史阶段各国的政治经济制度、国际关系、家族关系、生育制度等内容。这些分析单位的共同特点就是,它们都是人类行为或人类行为的产

物。这类分析单位主要有:

1. 社会产品。

社会产品是指建筑物、交通工具、绘画作品、诗集、书籍、陶器、学生缺考理由、汽车、笑话、服装、报刊、电影、歌曲以及一些科学发明等物品。这些都可以作为独立的分析单位。例如,有的研究者以广告图片作为分析单位,研究从广告上男女形象所反映出的性别歧视。这里的分析单位就是“广告图片”而不是某一个体。再如,研究者还可以分析各国的电影,通过电影中的主题、内容、表现手法等特征来研究不同民族和文化的差异。

同样,社会研究者也可以用小说作分析单位,描述作者的国籍,如美国、英国以及俄罗斯,并分析哪国的作品更多地表现了对新兴阶级(如资产阶级或无产阶级)的关注。

2. 社会事件(社会行为)。

社会事件(社会行为)既可以是指个体身上发生的重大生活事件,如犯罪、结婚(离婚)、自杀、考试、求职等;同样也可以是社会上发生的重大事件,如群众上访、集体抢购、革命、罢工、示威游行等。对个体生活事件的研究可以揭示在一定社会背景下,生活事件如何影响个体的思想和行为;而对社会上发生的重大事件的研究则会从集体行为产生的起因、如何传播扩散等,判断当时的社会背景和社会原因。在这里,分析单位都是人的社会行为,或由此产生的社会事件。将人的社会事件以及社会行为作为分析单位时,不是把行为主体作为研究对象,而是侧重描述各个事件(或行为)本身的特征,例如,分析每次游行的规模、方式、目的等。

还有很多分析单位属于社会认为事实,例如,朋友的选择、交通事故、结(离)婚、船只出海、种族运动、升学考试以及听证会等。

如果以社会认为事实为分析单位时,也可以同时使用个体、群体、组织、社区等多种分析单位,以分析不同材料的差别。但是,研究者一定要注意,在做结论时,一定要使用社会认为事实作为材料总结的落脚点,而不是其他的分析单位。

在选择分析单位时,研究者一定要注意:(1)一项研究课题可以采用多种分析单位。如研究留守儿童的教育问题,人们既可以将个人、群体或社区作为分析单位,也可以将教育作为分析单位。研究者应根据社会现象的复杂程度和研究目的,来选择适合研究的分析单位。一般情况下,研究者在一项具体的研究中,只选择一两个分析单位就可以满足研究的需要,没必要选择太多的分析单位。而有些研究和社会现象比较复杂,研究者只有从不同角度和不同层次去收集资料,才有可能获得更加完整、更加真实的信息。(2)若以某一分析单位进行某项研究,但不能很好地满足该课题的研究,那么研究者就应该适时改变或增加分析单位。例如,要解释"贫困儿童上学难"的问题,若仅以个体为单位不能满足研究的需要,此时研究者就可以考虑以学校或乡村作为分析单位。

二、调查内容

调查内容也称为研究内容,是分析单位的属性和特征。研究者根据研究课题和假设的要求,确定出研究的项目或指标。一个分析单位的属性和特征包含许多方面,如社会、政治、经济、文化、心理、态度、行为等,这些属性和特征不可能逐一研究,所以研究内容不能调查所有的方面。我们将分析单位的属性和特征划分为三大类:状态、意向性和行为。

(一)状态

状态是客观指标。通过对状态的描述,我们可以知晓分析单位的基本状况。例如,个体的状态包括年龄、性别、职业、收入、文化程度、婚姻状况等;群体的状态包括群体的规模、结构形式、组成成分等;企业的状态有组织的结构、人员规模、产量、产值、利润等;社会产品的状态有产品的功能、形式、质量、重量、色彩等。研究者可根据研究假设选择一些指标。例如,要研究人们对待经济危机的态度,可选择个人的年龄、职业、社会地位、文化程度、经济收入等状态变量作为考察的影响因素。在社会研究中,一般我们把"状态"变量作为自变量。

(二)意向性

意向性是分析单位的内在属性,它是一种重要变量。意向性包括态度、观念、信仰、个性、动机、偏好、倾向性等。意向性突出了行为的内在驱动力。而且不仅个人和群体具有意向性,组织、社区甚至社会产品也具有一定的意向性。例如,公办企业与私人企业有不同的价值理念和行为倾向;不同的街道和社区有其不同的舆论和宣传倾向;报纸杂志也可以表现出不同的思想倾向。这是由于人类的社会现象包含人的主观意向,只要有人参与的社会现象,就一定会带有人的主观意向。意向性通常不像状态那么直接,而是内隐的,很难直接测量的。研究者可以通过题目的设计来描述态度、观念和行为倾向的类别及差异程度。对意向性的分析要以分析单位的行为目的、动机、手段、策略等来解释其行为。例如,个人的宗教信仰、价值观、政治上的观点和信念都会影响他的行为。

(三)行为

行为与状态一样,是一种外显的变量。例如,选举、加入政党、考大学、参军、就业、结婚、迁居、变换职业等。而群体、组织和社区等分析单位也有其特殊的行为和活动。对于这种可观察到的社会行为,研究者可从各个方面来进行细致的考察。通常,社会行为就是研究所要解释的因变量,它一般受状态变量和意向性的影响。同时,各种社会行为之间还有一定的相互作用和影响。例如,一个人的热切追求行为会导致另一个人的行为回应。另外,对行为有影响的因素还包括现有的社会结构、制度、人际关系、社会环境、历史与文化等变量,这些变量都是层次比较高的分析单位的属性和特征。

三、层次谬误与简化论

层次谬误与简化论属于分析单位使用不当产生的错误。层次谬误是由于分析单位不明确、分析层次混乱导致的错误,简化论则是由于研究内容狭窄等导致的错误。

(一)层次谬误

层次谬误是指用一种比较高层次的分析单位做调查,却用另一种比较低层次的分析单位做结论。例如,以城市为分析单位,研究城市的和谐时发现:“流动人口多的城市比流动人口少的城市安全隐患大”,“学历平均水平高的城市比学历平均水平低的城市更和谐”。但是如果研究者根据这些资料得出结论说“流动人口比非流动人口的安全隐患大”或“学历水平高的人更和谐”,则显然是错误的。因为调查资料是以城市为单位收集来的,对此,我们的研究也必须用城市特征,而不能用群体(或者个人)特征来解释。这也是我们前面一直强调的一点,即解释数据的落脚点一定要和前面确定的分析单位一致。如果要以群体特征来解释城市的和谐,则必须以群体为单位进行调查,例如,研究者可以分别调查流动人口与非流动人口,然后再进行比较并得出结论。由此可见,“层次谬误”就是指这种将较高层次的社区和群体特征与较低层次的群体和个人特征相混淆的错误。

层次谬误是在社会研究中非常容易犯的一类错误。研究者一定要多加注意、小心使用、认真修改。例如,由“公办企业比私有企业的工资成本比重高”,推论出“公办企业工人比私有企业工人的工资高”;或由“西方国家比东方国家的自杀率高”,推论出“西方人比东方人的自杀率高”,等等。这种推论方法就犯了“层次谬误”的错误。

(二)简化论

在社会研究中,简化论是指局限于某类特征来分析和解释各种复杂的社会现象。例如,在解释人的行为时,心理学家只考虑心理特征(如动机、人格等),经济学家只考虑经济特征(如经济地位、利益等),社会学家只考虑社会学特征(如角色、规范)等。这种只偏重某一个学科的解释,就会导致研究结论的偏颇,就是犯了“简化论”的错误。在讨论调查(研究)内容时我们已经了解到,任何分析单位都具有其各自的属性和特征,而简化论则是指只偏重于其中的某一类特征,而忽略其他特征。例如,对法国大革命的研究,心理学家常以人为分析单位,用人的个性来解释大革命的产生原因,而社会学家常以社会制度和社会阶级为单位来分析社会的动荡。另外,如果我们所搜集的资料范围比较广泛,而用于结论的范围却比较狭窄,这样就犯了简化论的错误。此外,各种简化论在研究中常偏重于不同的分析单位。

03 | 第三节　调查研究方案的设计 |

一、研究的三个目的

人们在社会科学研究中所要达到的目的一般有三个,即探索、描述和解释。由此,根据研究目的,社会研究可以分为探索性研究、描述性研究和解释性研究。

(一)探索性研究

当讨论某个陌生的议题,或议题本身比较新时,研究者倾向于使用探索性研究。在社会科学研究中,探索性研究有很高的探索性的价值。很多的社会研究都需要探讨某个议题,并提供对该议题的初步认识,此时,探索性研究就是最合适的一种研究。当研究者要开发新的研究领域时,研究者常借助探索性研究来获得新观点。

探索性研究通可以满足以下三个研究的目的:(1)满足研究者本人对某种事物的好奇心和欲望。(2)探讨某一议题是否具有进行深入研究的可行性。(3)探索后续研究中所需要使用的方法。

例如,我们可以对从事迷信的人进行研究。我们要做的第一件事,就是确定那些可能相关的变量。比如,我们注意到这些人的性别、年龄、教育程度、宗教背景、起源地区以及先前的玄学经历等都是变量。在观察和搜集具体资料的过程中,研究者对具体问题的考察逐步集中到当初确定的那些变量上,用来查看本研究是否还值得进一步深入下去,因为最初研究者并没有非常明确的议题。

尽管探索性研究可以为后续研究方法提供线索,并满足了研究者的好奇心,但是它很少能圆满地回答研究提出的问题。探索性研究之所以不能得出确切的答案,主要是因为探索性研究的代表性问题。

(二)描述性研究

研究的主要目的之一是对社会现象的状况、过程和特征进行客观、准确的描述。研究者通过描述性研究告诉我们,他所研究的社会现象是什么,它是如何发展起来的,它的特点和性质是什么。描述性研究是从观察入手来了解并说明研究者感兴趣的问题。

许多社会学家进行研究的主要目的是描述情况及事件。通过观察实践这些活动,他们把观察到的事物(或现象)通过语言和数据表格描述出来。由于科学观察仔细,因此,其描述也要非常精准。

描述性研究在进入观察阶段前,一定要有一些初步的设想,以避免观察的盲目性。这些设想主要包括以下几个方面:研究的时间性、研究的空间范围、研究主题和内容、研究层次和角度、具体化与操作化以及调查对象的选取等。

在描述性研究的设计阶段,以上设想并不一定十分明确完善,但是描述性研究可以不受这些研究设想的束缚。实际研究过程中,研究者完全可以进一步完善这些设想或者改变原有的设想。不过,如果事先对研究设想考虑比较周到,那么研究成功的可能性就很大。

描述性研究的应用范围比较广泛,它广泛适用于民意测验、市场调查、社会问题调查以及政府部门的统计调查和各类普查等应用性研究课题。描述性研究还可以用于一些理论性的课题,例如,对近几十年来的社会变迁、各种制度的运行等进行描述。全面、准确地描述是解释社会现象的前提,通过描述我们还可以发现一些新的现象和问题,以便进行更为深入的研究。

(三)解释性研究

社会研究的第三个目的是解释事物。报告选民的投票意向是一种描述性活动;但是如果能够认真分析,并清楚地说明为什么有些人准备投票给候选人A,而另一些人准备投票给候选人B,就是一种解释性的活动了。例如,如果一项研究能够说明为什么某些城市经济比较发达,就是一种解释性研究,但报告各城市的各个经济指标和经济活动则是描述性研究。如果研究者希望了解一项反对民族分裂的示威活动演变为暴力冲突的原因,那么,他进行的就是解释性研究,而不仅仅只是描述事件本身。

解释性研究的主要目的是说明社会现象产生的原因、预测事物的发展趋势、探索事物间的因果联系,从而解释现象的产生与变化。解释性研究主要运用假设检验逻辑。人们要在研究之前建立一定的理论框架,据此提出若干明确的研究假设,接下来通过数据将这些假设联系起来,构成一个因果模型。建立模型主要有以下三种方式:

1. 列出现象的原因或结果。例如,近些年来,随着我国经济的大力发展,我国的离婚率有明显的提高。为了要探寻这一现象的原因,研究者可通过初步的探索与思考,找出各种可能的影响因素,然后从中筛选出几种最重要的原因,建立我国当前社会离婚现象的因果模型。

2. 分析变量间的关系。这种方式是选择一个主要的自变量建立研究假设,然后用各种资料来检验这一假设,并在深入详细地分析了这个变量与其他变量之间的关系之后再建立因果模型。例如,我们注意到,离婚率的提高与人的信仰缺失有一定的联系,当前我国居民信仰的严重缺失很可能是一个非常重要的原因,因此这两个变量之间的因果联系可作为主要的研究假设。至于其他影响因素,如道德观、生活方式、教育程度、结婚年龄等也可作为其他的检验因素,待统计分析之后再确定它们与信仰缺失和离婚率两个变量的关系。

3. 认真分析变量间的相互作用机制。社会现象是错综复杂、相互联系的,因此现象之间的影响也是通过各种因素起作用的。要想有效地解释社会现象,我们就必须对现象之间的各种作用机制进行深入的考察、认真的分析。例如,研究者发现,信仰的缺失会导致几个对离婚率提高有影响的后果:(1)道德的约束力量减弱。(2)个体更崇尚自我的价值。(3)社会文化更加多元化。这三个因素的作用是不同的。研究者完全可以由此建立一个比较复杂的因果模型。

在建立了因果模型之后,研究者就可以依据模型来设计研究方案,并收集资料以检验模型的正确性。

解释性研究是研究中层次最高的研究。由于社会科学研究的最终目的是对现象做出普遍的因果解释和科学预测,因此在理论检验研究或专题研究中,研究者更多地选择解释性研究的设计,而非探索性研究和描述性研究。

二、调查方案的一般性内容

一般而言,调查方案(研究方案)的设计是指制定调查的计划,分解研究课题,然后将所要调查的概念具体化、操作化,并说明研究中的各种细节以及所采取的各种策略。

在一项社会研究的设计阶段,其主要的任务是制定一个完整而又详细的调查方案(研究方案)。调查方案设计得越详细越具体,那么它对研究的具体指导意义就越大。研究者通过调查方案(研究方案)中具体研究程序和操作方式的规划,达到顺利地完成研究工作的目的。打个比方来说,研究方案相当于一项工程的设计图和施工方案,如果事先有比较周密和精细的规划,考虑各种问题比较全面,那么实施过程就会比较顺利。

为了完成一项社会研究,我们应认真考虑调查方案的设计。以社会调查为例,其调查方案就要考虑调查研究各阶段的目的、任务以及关系。接着,调查方案还要从整体规划入手再制定每一局部的细节安排。调查方案的内容主要有以下几个方面:

(一)明确课题和研究目的

在调查研究方案的开始,研究者要详细交代研究题目的产生,以及研究这一课题的重要意义。在本部分的阐述中,研究者要仔细说明:本次研究主要解答哪些问题,达到什么样的目的;本次研究的课题究竟具有理论的,还是应用的研究意义;本次研究重点是对社会现象进行描述还是解释;如果是解释现象,那么研究者还要说明理论假设是什么。

(二)明确研究的类型和研究方法

研究者在仔细阐明研究课题和研究目的之后,接着还要明确研究的类型和研究方法。这一部分的内容主要说明研究者究竟采用何种方式进行研究,包括:第一,如何收集以及收集何种资料。第二,调查的范围是总体,是部分,还是个体。第三,研究的时间设计属于横向研究还是纵向研究。第四,在确定了研究方法(实地研究、社会调查、实验或文献研究)之后,研究者还要考虑究竟是使用观察法、问卷法、访谈法、内容分析法中哪种方法,以及资料最后需要使用定量分析还是定性分析。

(三)确定分析单位和研究内容

研究者还要选用与研究方式相一致的分析单位。研究者要认真仔细地思考以下内容:第一,调查对象有哪几类,需要调查哪些项目或指标。第二,哪种分析单位能够提供所需的资料,并与所要调查的内容相匹配。第三,本研究是对状态、意向性还是行为的调查,如何分析这些资料,等等。

(四)详细制定抽样方案

对于如何抽样这个问题,同样需要研究者在调查方案中认真撰写,为自己的研究制定一个详细的、可以操作的抽样方案。具体的做法是:第一,研究者要表明本次研究的研究总体是什么。第二,研究者确定采用概率抽样还是非概率抽样。第三,除了对个体或组织的抽样,是否还涉及对时间和地点的抽样。第四,研究者还要考虑其他具体问题,如是否有抽样框,如何做到既能减少工作量又能保证样本的代表性等等。

(五)制定问卷等研究工具

在以上内容明确之后,研究者就要着手设计问卷(或观察表格、访问提纲)等研究工具。研究工具实质上就是研究内容的具体化和操作化。研究者将所要调查的项目系统地编排在问卷(或调查提纲)中,然后利用问卷(或调查提纲)来收集研究所用的资料。

(六)明确调查地点与调查时间

在这一阶段,研究者需要将本次研究的调查地点和调查时间进行明确。不同的研究方式需要的时间安排不同,这就需要研究者统筹兼顾,工作落实要细致入微,以避免发生错误。问卷调查的时间一般比较短,但需要对大量的人群进行调查,并由各调查员负责分发和回收问卷。而实地研究中的参与观察则要花费很长时间,这是因为研究者和调查员需要较长时间生活在所调查的地区,对研究对象进行长期的观察和访问。在进行调查地点和时间安排这部分内容中,也包括对调查员工作任务和工作进度做出的安排。在进入调查之前,有的研究还需要培训调查员或编制指导手册。

(七)研究经费和仪器工具的使用

研究经费主要包括调研人员的差旅费、工作人员的劳务费、课题资料的查阅费、问卷的打印费、资料的处理费等。研究经费是影响研究方案设计的重要因素,经费是否充足直接限制了研究范围和调查方法的选择。无论研究经费是否充足,研究者都要对经费的使用做出合理的安排与规划。

社会研究中所涉及的仪器工具主要指录音、录像设备、实验仪器、计算机等。它们的购买和保养维护都与经费有关,同时还存在着使用与规划的问题,如需要何种统计软件等。

三、横向研究与纵向研究

社会研究方法本身也具有一定的时间性,无论是截取时间的横断面还是按照时间的序列进行调查研究,我们都会获得带有时间关联的研究。通常我们接触到的带有时间关联的研究有横向研究和纵向研究。

(一)横向研究

横向研究也称为横剖研究或截面研究,它是在某一个时间点对研究对象进行横断面的研究。所谓横断面是指研究对象的不同类型在某一时点所构成的全貌。最具代表性的横向研究就是人口普查。在横向研究中,研究者需要对不同年龄、不同职业、不同地区的人,在某一时间点上的各种意见和态度进行调查。通常所说的人口普查和民意测验多采用横剖研究的方式。

一些横向研究因为截取的只是同一时间的材料,所以这样的横向研究多是静态的、横剖的。而有的横剖研究也可以做动态分析。例如,想要了解现代人对待婚姻的态度,我们的研究可以设计成在同一时间调查未婚者、已婚者和有子女者的态度,以总结人们思想的变化规律。此时的横向研究就带有了动态的意味。再如,某项民意测验调查了各年龄阶段人的宗教信仰程度,并通过分析各个年龄段的信仰差异,从而发现过去几十年来宗教在社会中的影响和变化。所以,许多的理论检验都采用横剖设计,来帮助研究者探寻事物间变化的因果规律。

横剖研究的优点是调查广、采用统计调查、资料齐整且易做比较,因而可以对各研究对象进行描述与比较。但由此获得资料的深度和广度比较差,这构成了横向研究的缺点。

(二)纵向研究

纵向研究是在不同时点或较长的时期内观察和研究社会现象的一种研究设计。具体来说,纵向研究又可分为以下三种:

1. 趋势研究。

趋势研究是对研究对象随时间推移而发生的变化进行的研究。例如,每隔一年就调查一次人们对经济改革的态度。又比如,通过比较每次人口普查的资料，来发现人口增长的规律并试图预测今后几年内的人口发展趋势。

2. 同期群研究。

同期群研究是对同一时期同一类型的研究对象随时间推移而发生变化的研究。如调查“老三届”的人在各个时期内所发挥的作用。同期群研究注重的是某一类型，而不是某一个体的特征，所以，可以调查不同的人，但一定要保证被调查到的样本可以代表这一类型的人。再比如，我们可以调查文革时代的下乡知青。无论我们数次调查的样本是否一致，调查人员是否有变化，但是这些被调查人员无一例外都是属于文革时代的下乡知青。

3. 追踪研究。

追踪研究是对同一批研究对象随时间推移而发生变化的研究。如分析同一批人在婚前和婚后，或有无子女前后对家庭责任感的变化。追踪研究注重个体特征，因此要求在各次调查中都调查同一批对象，如在一项为期20年的追踪调查中，研究者一直对一个班级的50名学生进行持续的调查和研究，以期获得个体智力与个体成就之间的关系。

纵向研究的最大特点在于，它能非常细致地了解社会现象的发展过程，能够比较不同时期内事物的变化，能够更深刻地揭示出事物发展变化的因果关系。但纵向研究的调查范围较小，难以进行不同类型的比较。

四、普查、抽样调查和个案调查

按照调查对象的范围大小，我们可将调查研究分为普查、抽样调查和个案调查这三种设计类型。这三种研究设计有各自的使用范围和研究优势，值得研究者注意。

（一）普查

普查是对较大范围的地区或部门中每一个对象都仔细进行的调查。普查常用于一些统计工作，如人口普查、农业普查、工业普查等。普查的最大作用是能够对现状作出全面、准确的描述，其目的是把握整体的一般状况，得出具有普遍性的概括和描述。

普查的设计可以借鉴描述性研究。它可以在调查之前，对调查的时间、空间、主题与内容、研究层次与角度等做出细致的规划和设计。

普查的优点是：普查获得的资料标准化程度高，可进行统计汇总和分类比较；而且普查获得的调查结论具有非常高的概括性和普遍性，能够精准地反映总体的一般特征。普查的缺点是:普查的内容比较有限,缺乏一定的深度;而且普查的工作量大,所花费的时间多,所耗费的人力和经费也特别多。因此,除了一些统计部门和政府部门的工作需要以外,普通的社会研究根本没有这么大的能力来进行和实施普查。

(二)抽样调查

抽样调查是从研究对象的总体中抽取样本,并通过样本来推论总体的情况。在社会研究中,由于客观条件的限制或由于研究目的要求,研究者通常无法对每个具体的研究对象都进行调查,当然也没有必要对全体人员进行逐一的调查。这时候就需要研究者抽出一部分人员(即样本)来代表总体,通过对样本的研究来了解总体的情况。例如,要了解某省大学生的心理状况,研究者只需从省内所有高校的大学生中随机抽取几千人作为样本,进行调查就可以了。一般来说,如果被调查的样本是从总体中,采用科学的、随机的抽样方法抽取出来的,那么调查结果就能够较好地反映总体的情况;但是如果样本是研究者自己主观随意选取的,那么调查结果只能说明被调查到的这批样本的情况,而不适用于推论总体。由此可见,样本的抽取是否正确决定了能否将研究结论推论到研究的总体。

抽样调查的优点是:抽样调查要比普查节省时间、人力和经费;抽样获得的资料标准化程度较高,可以进行统计分析和概括;调查结果具有一定的客观性和普遍性,应用范围广;由于科学的抽样可以代表总体,所以其对总体的推论更具有说服力。抽样调查的缺点是:抽样调查的内容不如个案调查那么深入、全面;抽样的工作量大;在对抽样数据的分析和处理上,研究者需要掌握和使用较复杂的统计分析技术。

目前,抽样调查随着问卷技术、抽样理论、统计分析技术、计算机应用技术的完善和普及而逐步发展起来。现在的社会研究,研究者通常将抽样调查与问卷方法相结合,并获得越来越广泛的应用。

(三)个案调查

个案调查是从研究对象中选取若干个案(诸如个人、家庭、企业、社区、班组等)进行深入、细致地调查和分析。个案调查通过详细描述某一具体对象的全貌,了解其发展变化的全过程,从而展现该个案的发展现状和变化规律。与普查和抽样调查不同的是,个案调查不是客观描述大量个体的同一特征,而是主观地探析影响某一个案的因素。个案调查一般都需要详细地了解案主的家庭环境、生活经历、社会关系、健康状况等各方面的情况,以探寻其独特的行为动因。在个案研究中,社会学家发展了许多适用于个案研究的具体方法和手段,例如参与观察法、深度访谈法、个人文献分析等。这些方法极大地丰富了社会研究的方法和手段,促进了社会研究的发展。

个案调查虽然能够非常详细地解剖某一个案,也能体验到实地的情景和气氛,并深入地了解其社会背景和发展过程。但个案调查也有其自身的缺点,比如调查资料过于分散,难以量化和标准化,所以难以进行横向的比较。而且个案调查的研究结论也不够客观,研究者只能依靠自身的主观判断得出研究结论,往往这样的研究结论难以进行检验,也难以普及。

五、研究方式

研究方式指的是研究所采取的具体形式以及某项具体研究。通常,我们把社会研究的具体方式划分为四种类型,即调查研究、实验研究、实地研究和文献研究。这四种研究方式反映了两种方法论倾向:以实验研究、调查研究和文献研究为代表的定量的研究方式,它们以数据为依托,以数理统计为工具,能够比较客观地体现研究的实证主义方法论倾向;相反,实地研究需要深入研究现场,它以访谈法和观察法收集资料,是定性研究方式的代表,实地研究体现了人文主义方法论的倾向。

类似地,不同的研究方式也分别被用于不同的研究目的。例如,调查研究最经常地被用来描述一个大的、研究总体的状况以及探讨不同变量之间的相关关系;而实验研究则可以获得两个变量之间的因果关系;文献研究帮助研究者去探讨那些隐藏在文件和书稿材料里面的社会现象;实地研究可以做探索性的研究,并在提炼和建构理论方面发挥重要的作用。

(一)调查研究

调查研究利用事先设计好的表格、问卷、提纲等收集资料,获得第一手的数据,同时调查内容也可以进行汇总统计。统计调查来的资料一般都可以进行定量分析。调查研究的方法不仅可用于描述性研究和解释性研究,同样也可以用于探索性研究。例如,一般在实施大规模的调查之前,一些研究要先调查一些个案,从中发现值得注意的关系和问题,然后提出研究假设,接着再进行正式的调查。

由于调查研究经常使用问卷去收集资料,因此有些人也将它称为问卷调查。其实调查研究不仅可以使用问卷调查,同样也可以采用结构式观察法、访谈法等。调查研究通常与抽样调查相结合。由于调查研究使用结构式的调查方法收集资料，并对大量数据进行统计分析，因此调查研究目前成为理论检验研究最主要、也是最常使用的方法。调查研究不仅适用于对社会现象的一般状态的描述以及对因果关系的分析，同时它还适用于对一些组织或者群体的态度、行为倾向和社会舆论的研究，例如一些国家使用的民意测验。

（二）实验

实验最适用于解释现象之间的因果关系，它的科学逻辑性最强，最适合探索变量间的因果关系。实验是在人为控制的环境中观测数据，并通过人为的刺激，探测调查对象的属性和特征的变化。

最典型的实验设计是将调查对象分为实验组和控制组，分别观测他们在实验前后的变化。在实验之后，两组就可能产生差异，这种差异就可以用人为的刺激影响来解释。实验法收集的数据资料的分析主要使用统计方法。在社会研究中，实验法主要用于社会心理学和小群体的研究，以便于精细的设计和操作。

（三）文献研究

文献研究是指利用现存的第二手资料，侧重从历史资料中发掘事实和证据。在社会研究中，文献法是必不可少的。文献研究不仅表现为初步探索阶段的查阅文献，也表现为在无法直接调查的情况下，直接利用文献资料开展独立的研究。

文献分析主要有三种方式：首先，我们可以通过社会研究资料数据的分析，为研究提供一定的历史背景材料以便统计资料分析，比如经济学家的数据查阅；其次，文献通过内容分析的方式，使得许多文字资料转化成数据资料，然后研究者就可以运用统计方法来分析社会现象；最后，研究者通过历史——比较这种理论分析的方法来比较各个国家、各个社会的历史时间或历史过程，以此来发现社会发展的一般模式。这种方式是传统社会科学的主要方法，目前在一些理论性研究中仍很常用。

（四）实地研究

实地研究是一种定性研究，是指研究者不带任何理论预设，深入到研究现象的生活环境中，并通过观察和访谈等方法收集第一手的资料。实地研究通过对资料的分析达到对研究对象的理解和阐释。实地研究的时间通常比较长，研究的过程也比较自然。

实地研究在20世纪初便成为社会研究的主要方法之一，它最早是随着人类学和社会学的发展而产生的,而后发展到在其他学科的使用。通常,实地研究适用于对少数有代表性的(或独特的)社会单位进行详细而又深入的考察,尤其是对那些只有在现场才能很好理解的事件(或行为)发生、发展过程进行研究。例如,我们可以对摩梭女儿国进行实地研究,以探究那里的风土人情和奇异的走婚现象。下面我们将重点介绍实地研究的题材和特征,并提供一些实地研究的例子。

六、实地研究的题材与特征

实地研究是唯一不带假设,直接到社会生活实践中收集资料的研究方式。实地研究最后的结论也不是通过检验任何理论假设得到的,而是依靠研究者本人的理解,从经验资料中得出的带有一定主观性的结论。

实地研究能做到对事物进行更深入的洞察,并获得丰富、具体、生动、翔实的资料,能够较好地反映事物(或事件)的发生、发展及其变化过程。这种研究往往是一些理论假设和理论框架的来源。从研究的手段上来看,实地研究主要采用的是参与观察、无结构式访谈等定性研究方法。

(一)适用于实地研究的题材

与其他研究方式获得的数据资料不同,实地研究得到的资料通常是无法汇总统计的文字资料,这些文字资料来自于研究者的观察、访问以及现场体验和感性认识。研究者深入研究环境,切身体验到那些用语言和文字无法描述的感受。在实地研究中,那些未形成文字的感性资料在资料分析阶段也发挥着非常重要的作用,它会引领研究者形成对研究课题更为完整的思考。可以说,实地研究与人们在社会生活中的日常观察和亲身体验很接近,但是实地研究会更系统、更全面一些。

社会实验和问卷调查多在人为的情境下测量态度和行为,这样测量出的人的行为毕竟和自然情境下人的行为有一定的出入。

实地研究的主要长处在于它能给研究者提供系统的观点。研究者通过尽可能直接地观察与思考一种社会现象,便获得了对研究对象更加深入和周全的了解。实地研究的观察与其他研究方法中使用的观察法不太一样,实地研究的观察特别适合那些不宜简单定量的社会研究。由此可见,实地研究更适用于复杂情况的研究,因为使用其他研究方法可能会忽略被调查者态度和行为上的微小差异。其他的研究方法收集数据和研究过程虽然很严谨,但是失掉了对研究对象的更贴切认识。

实地研究尤其适合在自然情境下研究人的态度和行为。例如,研究者可以对我国乞丐的生活进行实地研究。通过研究者对行乞生活的深入实践,进行大量的观察和访谈,就会获得对乞丐生活非常丰富的认识,从而深刻地了解一些人行乞的原因、行为和背后隐含的不为世人所知的事实。

实地研究特别适合跨越时间的社会过程研究。有些社会行为与社会事实需要研究者深入实地,长时间地进行追踪才能弄清事件的起因和发生发展过程。这样的研究也非常适合进行实地研究。例如,研究者通过对实地现场的考察,可以真切地了解某个抗议或暴动事件的酝酿与发生。研究者这样的亲历,就会形成对某个事件按照时间顺序形成的认识建构,这要远胜过事后通过文献和调查形成的对事件的建构。

实地研究特别适合于探索性研究,或者是进行理论建构的研究。很多社会现象让研究者无从下手,这时候就可以选择实地研究。经过实地的考察,研究者就会在头脑中形成一定的印象和感悟,研究者可以借助这些经验和感触,建立进一步研究的设计,并尝试进行理论的建构。

实地研究方法所适用的议题还可以包括民众的示威、法庭的诉讼、劳资协商、甚至是公众听证会以及在有限的时间和空间内发生的事。

洛夫兰夫妇(John and Lyn Lofland)在其著作《社会情景分析》中讨论了几种适合实地研究的社会生活因素:

1. 实践(Practices):主要指各式各样的行为。

2. 情节(Episodes):包括各种事件,诸如离婚、犯罪和疾病等。

3. 邂逅(Encounters):包含两人以上的会面以及在直接状态下与他人的互动。

4. 角色(Roles):实地研究同样适合于分析人所处的地位,以及在此地位上所表现的行为、职业、家庭角色、种族群体等。

5. 关系(Relationships):有许多社会生活可以通过适合的角色行为来考察,例如母子关系和朋友关系等。

6. 群体(Groups):在关系之外,也可以用于研究小群体,如朋党、运动团队、工作群体等。

7. 组织(Organizations):在小群体之外,也可用于研究正式组织,例如企业和学校等。

8. 聚落(Settlements):研究像国家这样的大型社会组织是很困难的,实

地研究常对小型的社会如村落、贫民窟、邻近地区等进行研究。

9. 社会世界(Social World):一些范围和人口都模糊不明的社会实体也可以成为社会科学研究的适当对象,诸如"运动世界"、"华尔街"等。

10. 生活形态或亚文化(Life Styles or Subcultures):最后,社会科学家们有时会将焦点放在生活方式雷同的人身上,例如"管理阶级"或"都市下层阶级"的群体。①

(二)实地研究的特征

1. 实地研究的特征。

与其他研究方式相比,实地研究除了属于定性研究以外,它还有着与众不同的特征。

第一,实地研究一再强调,要使研究情景处于自然状态,即研究者要在自然状态下对调查人物的行为和态度进行观察与研究。实地研究之所以强调研究情景的自然状态,实际上是为了获得关于被研究者最生活化的、最真实性的一面,防止研究资料因层层过滤而失真。

第二,实地研究强调研究者在进入研究现场(实地)时与这之后,都不应带有任何的理论框架或理论假设。实地研究不是去求证某种理论假设的正确与否,而是强调到丰富而又具体的情境中去感受、观察和分析,最后概括并得出结论。

第三,实地研究强调用归纳的方式获得研究结论。实地研究资料的收集过程,正是研究者的理论形成过程,同样也是获得研究结论的过程。

第四,实地研究强调研究者以"土著"(被研究者)的眼光去观察。只有研究者能够真正以"土著"的思维去分析社会现象,才能拨开事物的表面假象,以达到对社会现象的真正理解。

第五,实地研究所考察对象的有限性和具体性。由于实地研究要深入调查者的生活,因此它所涉及的个体往往是具体而有限的(通常表现为某个个案)。也只有这样,研究者才会更易于获得关于所考察对象全面的、系统的知识。换句话说,调查的广度虽然没有了,但是有了研究的深度。

第六,从资料的收集方式上来看,实地研究主要采用参与观察和无结构访谈两种方式。参与观察保证了研究资料的客观性,无结构访谈保证了研

---

① [美]艾尔·巴比:《社会研究方法》,华夏出版社2006年版,第276页。

究资料的深度,有助于研究者对本研究的深入理解和理论建构。

2. 实地研究的不足。

尽管实地研究具有效度高、研究方式灵活、获得的资料更具深度等优点,但它也存在一些缺点,具体表现为:

第一,研究结论的局限性。由于实地研究所考察的对象通常是具体而又有限的,这使得实地研究的研究结论往往局限于所研究的个案本身。研究对象的有限性决定了研究的结论很难推广到个案以外更大的总体,即研究的外部效度不高。这使得实地研究更强调对小型社区(或小群体)的研究,以期达到研究更加深入细致、更加完整的效果,并弥补其外部效度不高的缺陷。

第二,研究的信度问题。虽然实地研究具有较高的内部效度,但是研究的信度却很难保证。实地研究人员的差异导致了其自身理解的主观性差异,这种差异也决定了他们所观察到的信息和访谈所获得的资料的差异。而这种差异性与研究人员是否使用观察法和深度访谈法无关,只与个体的差异有关。研究人员直接的观察和理解虽然保证了实地研究的内部效度,但是,不同的研究者的主观理解可能不同,理解结果的一致性也就很难保证。这就使得不同研究者对待同一研究对象的研究结果不尽一致,并导致了实地研究的信度不高。例如,玛格丽特·米德(Margaret Mead)与德里克·弗里德曼(Dirlik Friedman)先后对萨摩亚人文化进行了实地研究,但他们所得出的结论却截然相反。

第三,研究的客观性问题。尽管研究者想保持研究对象所处环境的自然状态,但一个有异地文化背景、有着不同价值观的异域人士突然造访了某个实地,这必然会如同一颗石子投入湖中一般,在被调查者心中荡起阵阵涟漪。被调查者对研究者的反观察也导致了其行为不再是自然状态。这样观察到的数据不再是非常客观的。研究者对实地的突然介入,实际上已经开始破坏(或改变)被调查对象的原有状态。这种由于介入带来的环境入侵会对被调查对象形成某种"刺激",而这种"刺激"必定会引起被调查者的反应,进而改变自身的初始状态。

另外,作为一个活生生的个体,研究者本人也会受到环境和其他人反应的影响,甚至是自身固有理念的影响,很难真正做到用"土著的眼睛"来观察,用"土著的思维"来思考。

以上因素造成了实地研究想达到客观性的难度,也让进行实地研究的工作人员更加注意自己的言行和思想意识,以尽量保证研究的客观性和真实性。

(三)实地研究的案例

1.街角社会。

《街角社会》是社会学研究的一个经典案例,它是由威廉·怀特所著。1936至1940年,怀特为了完成自己的毕业论文,接受了哈佛大学一项青年研究员基金的资助,深入位于波士顿"科那威里"的意大利贫民窟,对意裔的街角帮派进行实地研究。怀特是以被研究群体——"街角帮"一员的身份,置身于观察对象的生活环境中,他通过对那些闲逛于街头巷尾的意裔青年活动的参与和观察,掌握了这些人群精神贫瘠、生活上无所事事的生活现状,揭示了帮派内部非正式组织的内部结构和活动方式。怀特的研究是在真实的场景下,生动而具体地描绘了真实的人及其生活。他所使用的参与观察法也被当作实地研究的最为经典的案例列入很多教科书中。在文中,怀特用非常细致到位的角色和行为描述以及冷峻的笔触来刻画周围人物的地位差异、社会关系、行为特征等。无论是普通的读者还是一个社会研究者,都能从他的作品中深刻地感悟到那个与众不同的"街角社会"。

2.江村经济。

《江村经济》是费孝通先生于1938年在英国伦敦大学所撰写的博士论文。1939年,该论文得以用英文发表。本研究取材于1936年的夏天,费孝通在江苏吴江县庙港乡开弦弓村(文中名为"江村")所进行的两个多月的实地研究经历。这项研究生动而又具体地描述了中国一个以养蚕和织布为生计的村庄。这个村庄的日常生产和生活,在作者的笔下都有非常细致的描述。文中非常详细地刻画了各种乡村的生产和生活的细节,为我们展现出一幅生动的乡村生活景象。文章着重刻画了外面的世界市场对这个乡村工作的影响,以及给这个乡村社会带来的巨大变化。《江村经济》的发表引起了学术界的极大关注,是中国学者在实地研究方面所做出的研究典范。

3.西库雷尔对青少年犯罪的研究。

这是实地研究的另一个例子,它是英国社会学家西库雷尔对青少年犯罪的研究。研究者在各种场合观察到青少年犯罪分子与警察和司法人员的日常交往。通过大量的观察,研究者发现,警察和司法人员在对犯罪的青少年“定罪”和“量刑”的时候,通常都依靠主观印象而非严格依据法典和条令。研究者以工作人员的身份进入司法部门,并担任了审判员的工作。在实地的审判工作中,研究者细心地观察犯罪分子的外貌、表现以及言谈举止会给司法人员留下什么印象,并做了大量的审判记录。在实地的观察中,他留意到,一个犯罪分子讲话的声调高低、手势的摇摆幅度、服装的整洁和夸张等因素,往往会使警官或审判官误以为这个人是“态度顽劣”“不思悔改”“蔑视法庭”等。研究者同时也注意到,审判官通常是靠档案材料(如家庭背景、社会关系、学业成绩、是否有过不良记录等)对犯罪分子的人格和犯罪动机进行推断。审判官在阅读这些档案材料的基础上,结合犯罪分子的外在行为表现,于是非常主观地做出了“屡教不改”之类的判断。经过长达四年多的实地观察,西库雷尔最终得出结论,认为警察和司法人员对于犯罪者罪行程度和犯罪类型的判断,并没有客观的标准,他们所做的判断通常是受固有观念和思维框架影响的。而这一结论也可推及其他社会现象中去,即人的非理性判断替代制度的严格执行。

| 本章小结 |

本章对社会研究的程序进行了详细的阐述。第一,社会研究的起点在于问题的确认,这需要研究者有很好的问题意识,找到具有理论或者实践意义的问题;第二,研究者在明确研究的问题之后,要针对问题提出自己的研究假设,提出研究假设的基本方法是演绎法和归纳法;第三,研究者还要明确本研究的分析单位,以及调查内容,避免出现分析单位前后不一致的现象,而层次谬误和简化论都是分析单位使用不得当造成的错误;第四,研究者还要对研究方案进行细致的设计,而一个设计良好的研究方案将有效帮助研究者开展研究工作;最后,本章还详细介绍了实地研究适用的题材以及实地研究区别于其他研究的与众不同的特征。

| 关键术语 |

选题　假设　分析单位　层次谬误　简化论　调查方案　横向研究　纵向研究　普查　抽样调查　个案调查　调查研究　实验　文献研究　实地研究

复习思考题

1. 提出假设的方法有哪些?

2. 研究设计包括那些重要内容?

3. 常见的研究单位有哪些?

4. 研究的目的是什么?

5. 评述各种研究方法?

第四章 | 抽样调查

抽样调查(Sampling Survey)最早形成于20世纪初期,是伴随着抽样原理、统计方法、问卷技术以及计算机技术的普及、完善而发展起来的一种社会调查方法。其核心思想是从总体中随机抽取一部分单位进行调查,并将调查结论推广到总体。目前,抽样调查已经广泛应用到现代社会的各个领域、各个部门和各种课题中,已成为了现代社会调查的主要方法之一。本章将从实用性角度出发,对抽样调查的概念、原理、抽样方法以及每种抽样方法的具体程序进行详细介绍。

01 |第一节 抽样与抽样调查|

一、抽样的含义

(一)抽样的概念

抽样是指从调查对象的总体中,按照一定方式选择或抽取一部分调查对象的过程。比如从2000名学生的总体中按照一定方式抽取100名学生,从1500名工人总体中抽取300名工人的过程,都是抽样。在现代社会调查中,抽样的运用越来越普遍,它与问卷法、计算机技术以及统计分析方法紧密结合,共同构成了现代社会调查方法最突出的特点。

抽样主要解决的是调查对象的选取问题,即如何从总体中选取一部分样本来代表总体的问题。众所周知,一项调查若能对总体的全部对象都进行调查,那么,它所得到的资料一定是最全面的,也是最理想的。但现实中,调查工作的开展往往还要受到调查经费、时间、人力的限制,因此,调查工作不得不在庞大的总体与有限的经费、时间、人力这两者之间权衡，以寻求新途径。以现代统计学和概率论为基础的现代抽样理论、抽样方法的发展，正好适应了现代社会调查发展和应用的需要，成为社会调查知识体系中必不可少的重要组成部分。

（二）抽样与抽样调查

抽样调查与抽样是两个不同的概念，它们之间有区别也有联系。

从定义上看，抽样调查是指从调查对象的总体中抽取一部分对象进行调查，然后把部分调查的结论推广到总体的一种社会调查类型。而抽样的主要内容是指从调查对象的总体中，按照一定方式抽取一部分调查对象的过程。两者之间是包含与包含于的关系，即抽样本身就包含在抽样调查的过程之中，是抽样调查的一个重要步骤。通过下面的一个例子我们可以体会一下两者之间的区别与联系：

例如，假定在某大学进行一项针对大学生择业观的抽样调查。那么，如何从该校全部 6000 名大学生中，抽出 2000 名具有较高代表性的样本，就是抽样所涉及的内容；而从抽样开始，到对这 2000 名学生的具体情况进行资料收集，再到对调查结果进行统计分析，从中得出能推广到全体学生的一般结论，这一由点及面的整个调查过程才叫做抽样调查。

（三）抽样的类型

根据抽取样本时是否遵循随机原则，我们把抽样分为了两大类：概率抽样和非概率抽样。这是两种有着本质区别的抽样类型。所谓概率抽样，就是总体中的每一个个体都有已知不为零的机会被选入样本的抽样方法。在概率抽样中，一般都采用等概率抽样，即总体中每一个个体被抽到的机会都是相等的。所谓非概率抽样就是依据研究者的主观意愿、判断或是否方便等因素来抽取对象的过程，它不考虑抽样中的等概率原则，因而非概率抽样会产生较大的误差，难以保证抽出的样本对总体的代表性。

在概率抽样和非概率抽样这两大类中，还可以分别细分出多种不同的抽样形式。具体参见图 4－1。本章第三节和第五节将详细介绍各种不同的抽样方式。

二、抽样的基本术语

（一）总体（Population）

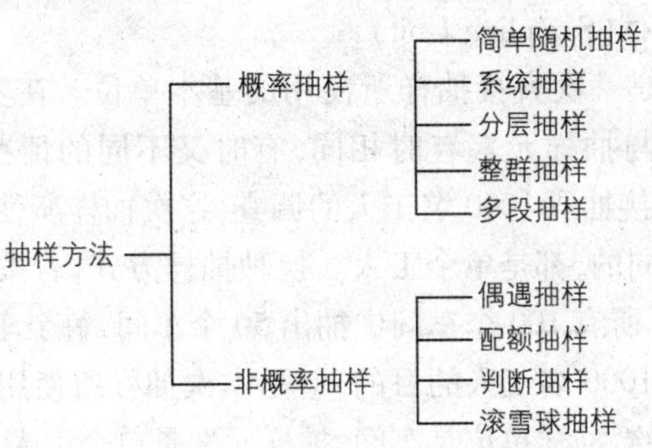

图 4-1 抽样方法分布图

总体就是指研究对象的全体。例如，要开展一项关于 A 厂工人对企业文化认同感的调查，那么，该厂所有登记在册的工人就是该项调查的总体。但是在实际中，可能会存在某些理论上能确定的研究对象总体，在实际调查中并不一定都能得到，换句话说，就是在实际调查中，不可能所有符合条件的研究对象全体都有同等的被抽到的机会。例如，在上面的例子中，理论上登记在册的工人，在现实中由于有些工人去省外出差、进修，或者有其他原因不在厂，那么，对这些名单上有的，实际又不在厂里的人员就很难进行调查。又如，在按照门牌号进行调查时，可能会碰到原有住宅已拆，或者门牌号是军事驻地无法进入等情况。这样，就存在理论上确定的研究总体和现实中存在的研究总体不符的情况。因此，在有些教科书中为了区分以上情况，把理论上明确界定的总体称为研究总体，把实际上能抽取到的研究对象的全体才叫做总体。

（二）抽样元素（Sampling Element）

抽样元素就是构成总体的每一个成员，它是收集信息的基本单位。抽样元素既可以是单个人，也可以是单个家庭、班级、学校、城镇等。在社会调查中，最常见的抽样元素还是个人。

（三）样本（Sample）

样本就是按照一定的抽样方式从总体中抽取出的一部分元素的集合。例如，从某市 3000 名小学生中抽取 500 名进行调查，这 500 名小学生就构成了该项调查的样本。在实际调查中,资料的收集工作正是在对样本的调查中完成的。所以,抽样调查的实质就是用样本得出的结论去反映和认识总体的一般情况。

(四)抽样单位(Sampling Unit)

抽样单位就是一次直接抽样所使用的基本单位。在实际抽样中,经常会遇到抽样单位与抽样元素有时相同,有时又不同的情况。例如,一项从2000名工人中直接抽取1000名工人的调查,这次抽样所使用的抽样单位和抽样元素就是相同的,都是单个工人。换种抽样方式,若按照工厂车间进行抽样时,即从工厂所有100个车间中抽出50个车间,每个车间正好20人,最终也能达到抽取1000名工人的目的,但是本次抽样所使用的抽样单位和抽样元素就是不同的,抽样单位是车间,抽样元素是单个工人。

(五)抽样框(Sampling Frame)

抽样框又叫做抽样范围,它是指一次直接抽样时总体中所包含的全部抽样单位名单。例如,从全校所有学生中抽出部分学生,那么抽样框就是这所学校所有学生的花名册;如果要从全校所有班级中抽出部分学生,那么此时的抽样框就是学校所有班级的名单。

(六)参数值(Parameter)

参数值又叫做总体值,它是关于总体中某一变量的综合描述,或者说是对总体中所有元素的某种特征的综合数量表现。在统计中最常见的参数值是总体这一变量的平均数。例如,某市待业青年的平均年龄代表的是某市待业青年这一总体在年龄这一变量上的综合描述。参数值是通过对总体中的每一个体或元素都进行调查、测量后才能得到的。

(七)统计值(Statistic)

统计值又叫样本值,它是关于样本中某一变量的综合描述,或者说是关于样本中所有元素的某种特征的综合数量表现。若上例中从某市的待业青年总体中抽出一个由500人组成的样本,根据这500人的情况计算出待业青年的平均年龄,就是关于样本中对年龄这一变量描述的统计值。所以,参数值是相对于总体而言的,统计值是相对于样本而言的。抽样调查的重要内容之一,就是要用样本的统计值去推断总体的参数值。

(八)抽样误差(Sampling Error)

抽样误差是用样本的统计值去估计总体的参数值时所存在的偏差。抽样误差是由样本抽取时的随机性所引起的,因此是难以避免的。但是,还有一种非抽样误差,它是由于调查员在调查、记录、填答、汇总等工作中因人为的过失造成的样本对总体代表性的偏差,这种误差就是可以避免的。

(九)置信度(Confidence Level)与置信区间(Confidence Interval)

置信度又叫置信水平,是指总体参数值落在样本统计值某一区间内的概率,它反映的是抽样的可靠性程度。例如,置信度是85%,表示总体参数值落在样本统计值某一区间的概率是85%(在对某一总体进行100次同样的抽样调查中,总体参数值将有85次落在样本统计值周围的某一区域内)。置信度越高,说明抽样越可靠;反之,越不可靠。

所谓置信区间,就是上面提到的"某一区间",它是指在一定置信度水平下,样本统计值与总体参数值之间的误差,它反映的是抽样的精确性程度。置信区间越大,抽样的精确性就越低;置信区间越小,抽样的精确性就越高。

三、抽样的基本程序

(一)明确调查总体

明确调查总体又叫界定总体,它是指在具体抽样开始前,对调查总体的范围和界限作出明确的说明,这是由调查目的决定的。虽然抽样调查只是对总体中的部分对象进行调查,但是调查目的却是通过样本来描述总体的一般情况,所以,调查前必须要对总体的大致分布和结构特点有一个清晰的认识。此外,单从提高调查质量的角度考虑,也应该在调查前明确界定总体的范围,因为一项连调查总体都不明确的社会调查,即使后续工作中采用了科学合理的抽样方法,调查结论也不能反映总体的规律属性。

由于总体界定失误导致调查结论背离事实的经典案例是1936年美国大选的民意测验。

在大选前,美国《文摘》杂志社向公众寄出了1000万张询问投票倾向的明信片,随后通过对收回的200万份资料进行汇总分析,最终得出共和党候选人兰登将以领先民主党候选人罗斯福15%的得票率赢得大选的结论。然而,选举结果却让所有调查员大失所望,获胜者不是兰登,而是民主党候选人罗斯福,且得票率反超兰登20%,为此,《文摘》杂志社也因预测失误而付出了关门的代价。

为什么会预测失败呢?通过对案件资料的查阅,人们发现这次预测失败的主要原因是杂志社对调查对象的总体界定错误。原来,当时杂志社界定的抽样调查总体不是全体美国已登记的选民名单,而是从全美国所有电

话号码簿和汽车登记簿中随机抽取的。这样一来,那些没有电话和汽车的选民就被排除在抽样总体之外。而当时美国的国情是,由于受到 1933 年经济危机的影响,大量人口从中等阶级滑落到下等阶级,此时占全体选民绝大多数的下等阶级更希望选取一个能代表他们利益的民主党候选人当总统,因此他们把票都投给了罗斯福,这样就最终导致了截然相反的预测结果。

从上述案例的经验教训中我们可以看出,要进行一项科学的抽样调查,事先了解和掌握总体各方面的情况和结构,对确保调查结论的准确性和正确性是多么的重要。

(二)制定抽样框

这一步骤的主要任务就是依据已经明确界定的总体范围,收集总体中全部抽样单位的名单,并通过对名单进行统一的编号建立起供抽样使用的抽样框。例如,要研究某校大学生的择业观问题,制定抽样框的工作就是要收集该校大学生的花名册,并按照一定的顺序对花名册上的名单进行统一编号,最终形成一个完整的、无重复、无遗漏的总体成员名单,即抽样框。

需要注意的是,如果抽样不是一步完成的,需要分几个阶段、几个层次进行,那么每个阶段、每个层次都要分别建立抽样框。例如,为了调查某市小学生的学习情况,需要从全市 20 所小学中抽取 10 所小学,再从 10 所小学中抽取 10 个班级,最后从每个班级中分别抽出 10 名小学生,形成 100 名学生的样本。那么,该项抽样就要分别建立三个不同层次的抽样框,分别是该市 20 所小学的名单、每所抽中小学中所有班级的名单和每个抽到班级中所有学生的名单。

(三)决定抽样方法

从前面有关抽样方法的分类介绍中,我们已经了解到具体的抽样方法有好几种。而从后面几节对这些方法的介绍中,我们将会看到各种不同的抽样方法有其自身的特点和适用范围。因此,对于各种不同研究目的、不同调查范围、不同调查对象和不同客观条件的社会调查来说,所适用的抽样方法也不一样。这就需要我们在具体实施抽样前,依据研究的目的要求、各种抽样方法的优缺点以及其他因素来决定具体抽样方法的选取。有关这方面的详细内容,我们将在本章第三节、第五节中进行介绍。

(四)实际抽取样本

实际抽取样本就是在完成上述三个步骤之后,严格按照选定的抽样方法,从抽样框中抽取一个个的抽样单位,构成抽样样本的过程。依据抽样方法的不同,以及抽样框是否可以事先得到等因素,实际抽样工作可能是在实地调查前就完成,也可能要到调查地点后才能完成。例如,要在一所大学中抽取200名学生进行调查,若这所学校的学生数目不是很大,且容易弄到全校学生的花名册,那么,可以事先从花名册中抽取200人,等正式开始调查时就按照已抽好的名单进行调查。如果调查总体规模太大,且抽样是采用多阶段方式进行的,就得采用边抽样边调查的方法了。例如,一项关于调查某市小学生学习情况的课题,虽然这500所小学的全体学生名单并非不可能完全拿到,但数量实在太大,进行抽样也不方便,那么,先从全市500所小学中抽10所小学的工作是可以事先完成的,随后从10所小学中抽10个班级,再从每个班级中抽出10名学生的工作,则往往是等到进入调查实地(即具体学校)后再进行的。

(五)评估样本质量

完成抽取样本并不是抽样过程的结束,完整的抽样过程还包括对抽出的样本进行质量评估。所谓对样本质量进行评估,就是对样本的质量、代表性、偏差等进行初步的检验和衡量,其目的是防止样本的偏差导致调查的失败。评估样本的方法是将反映总体重要特征及其分布的资料与样本中同类资料进行比对。若两者之间的差别很小,则说明样本的质量较高、代表性较大;反之,若差别很大,则说明样本的质量和代表性都不高。例如,我们从全校6000名学生中抽出400名作为样本,且从学校有关部门了解到的资料有:全校男生占60%,女生占40%,本省占80%,外省占20%。假设我们抽出的样本是男生占62%,女生占38%,本省占76%,外省占24%。对比两者数据不难发现,在学生构成中样本和总体之间差距很小,这说明样本具有较高的质量和代表性。

02 | 第二节 概率抽样的原理与抽样分布 |

一、概率抽样与蒙特·卡罗方法

(一)概率抽样的基本原理

为了理解概率抽样的原理和步骤,我们需要对社会群体的同质性与异质性做一点说明。社会中由不同的个人组成的各种各样的群体、组织、阶层

等，经常构成社会研究中的总体。如果总体中的各个成员在某些方面具有相同的特征，我们就说总体内部有同质性；相反，如果总体内部各个成员的特征各不相同，我们就说总体之中各成员具有异质性。如果某总体中的每个成员的所有方面都相同，那么，我们说这个总体具有百分之百的同质性。在这种情况下，抽样就没有必要了，因为只要了解了一个个体，就可以了解整个总体的情况。这当然是一种十分极端的例子。在现实社会中，绝大多数总体并不具备这种特征，相反，它们存在一定程度的异质性，即它们所包含的个体之间总是存在着这样或那样的差别，就像"世界上没有完全相同的两片树叶、也没有完全相同的两个人一样"。因此，在社会各类总体都普遍存在异质性的现实面前，严格的概率抽样就必不可少。而概率抽样的样本所反映的正是总体本身所具有的那种内在异质性结构。

抽样的最终目的在于通过对样本统计值的描述来准确勾画出总体的面貌。概率抽样的方法不但可以帮助我们实现这一目标，并且还可以对这种勾画的准确程度做出估计。在概率抽样中，随机抽取是这一过程的关键。所谓随机抽取，就是保证总体中的每一个个体都有相等的机会被选为样本，或者说总体中的每一个个体被抽中的概率是相等的。而且任何一个个体是否被抽中，与其他个体毫不相干，互不影响。

最简单的随机抽样就是投掷硬币。对于投硬币的结果（总体）来说，只有正面和反面（个体）两种可能性。每次投掷相当于一次抽样过程（从两种可能性中抽取一种），这种抽样就是随机的（两种可能性出现的机会均等），尽管一次具体的随机抽样（一次投掷）只会有一种结果（100%正面或100%反面），但是若干次不同的抽样结果，却总是趋向两种情况出现的次数各为50%——即趋向于两种不同结果本身所具有的概率，或者说总体内在结构中所蕴含的随机事件的概率，正是这种概率决定着随机事件的发展变化规律。概率之所以能够保证样本对总体的代表性，其原理就在于它能够很好地按照总体内在结构中所蕴含的各种随机事件的概率来构成样本，使样本成为总体的"缩影"。

在讨论概率抽样时，应对有关放回抽样和不放回抽样的问题略做说明。严格地说，由于研究者在实际抽样中所做的基本上是不放回抽样，因而并没有完全满足抽样的独立性要求。这种独立性要求指的是，任何一个元素的抽样都不会影响到其他元素被抽取的概率。然而，只要总体相对于样本来说足够大，我们就可以忽略这种不放回抽样产生的微小变化。因为事实上对于一个相当大的总体来说,缺少少量元素可以说基本上并不改变总体中其他元素被抽中的概率,或者说,由于总体规模很大,即使把抽中的元素放回总体中,它也基本上不会有第二次被抽到的机会。

(二)蒙特·卡罗方法

蒙特·卡罗方法又称为统计模拟法或者随机抽样技术,它是一种随机模拟方法。具体来说它是将所求解的问题同一定的概率模型相联系,用电子计算机实现统计模拟或抽样,以获得问题的近似解的一种概率统计方法。

1. 蒙特·卡罗方法的基本思想。

蒙特·卡罗方法的基本思想是:当所求解的问题是某种随机事件出现的概率,或者是某个随机变量的期望值时,通过某种“实验”的方法,以这种事件出现的频率估计这一随机事件的概率,或者得到这个随机变量的某些数字特征,并将其作为问题的解。

2. 蒙特·卡罗方法的工作过程。

蒙特·卡罗方法的工作过程可以归结为三个主要步骤:构造或描述概率过程;实现从已知概率分布抽样;建立各种估计量。

(1)构造或描述概率过程。

对于本身就具有随机性质的问题,如粒子输运问题,主要是正确描述和模拟这个概率过程;对于本来不是随机性质的确定性问题,比如计算定积分,就必须事先构造一个人为的概率过程,它的某些参量正好是所要求问题的解,即要将不具有随机性质的问题转化为随机性质的问题。

(2)实现从已知概率分布抽样。

构造了概率模型以后,由于各种概率模型都可以看做是由各种各样的概率分布构成的,因此产生已知概率分布的随机变量(或随机向量),就成为实现蒙特·卡罗方法模拟实验的基本手段,这也是蒙特·卡罗方法被称为随机抽样的原因。最简单、最基本、最重要的一个概率分布是(0,1)上的均匀分布(或称矩形分布)。随机数就是具有这种均匀分布的随机变量。随机数序列就是具有这种分布的总体的一个简单子样,也就是一个具有这种分布的相互独立的随机变数序列。产生随机数的问题,就是这个分布的抽样问题。在计算机上,可以用物理方法产生随机数,但价格昂贵,不能重复,使用不便。另一种方法是用数学递推公式产生。这样产生的序列,与真正的随机数序列不同,所以称为伪随机数或伪随机数序列。不过,经过多种统计检验表明,它与真正的随机数或随机数序列具有相近的性质,因此可把它作为真正的随机数来使用。由已知分布随机抽样有各种方法,与从(0,1)上均匀分布抽样不同,这些方法都是借助于随机序列来实现的,也就是说,都是以产生随机数为前提的。由此可见,随机数是我们实现蒙特·卡罗模拟的基本工具。

(3)建立各种估计量。

一般说来,构造了概率模型并能从中抽样,即实现模拟实验后,我们就要确定一个随机变量,作为所要求的问题的解,我们称它为无偏估计。建立各种估计量,相当于对模拟实验的结果进行考察和登记,从中得到问题的解。随着现代科技的发展,蒙特·卡罗方法在金融工程学、宏观经济学、生物医学、公共事业、系统科学、信息科学、计算物理学(如粒子输运计算、量子热力学计算、空气动力学计算)等领域都得到成功的应用。

二、抽样分布

为了更好地理解概率抽样的原理,有必要对抽样分布做一简要介绍(更为详细的介绍可参见各种概率统计教材)。抽样分布是根据概率的原则而成立的理性分布,它显示从一个总体中不断抽取样本时,各种可能出现的样本统计值的分布情况。

在概率统计中,有一个对抽样分布十分有用的"中心极限定理"。这一定理指出:在一个含有 N 个元素且平均数为 μ、标准差为 σ 的总体中,抽取所有可能含有 n 个元素的样本[根据组合计算全部可能的样本数目为 $m = C_N^n = \frac{N!}{(N-n)!\ n!}$]。若用 $X_1, X_2, \cdots, X_m$ 来表示这 m 个样本的平均数,那么,样本平均数 X_i 的分布将是一个随 n 增大而越来越趋于具有平均数 μ 和标准差 $\frac{\sigma}{\sqrt{n}}$ 的正态分布。

这一定理说明,当 n 足够大时(通常假定大于30),无论总体的分布如何,其样本平均数所构成的分布都趋于正态分布。它的图形如图4-2所示。

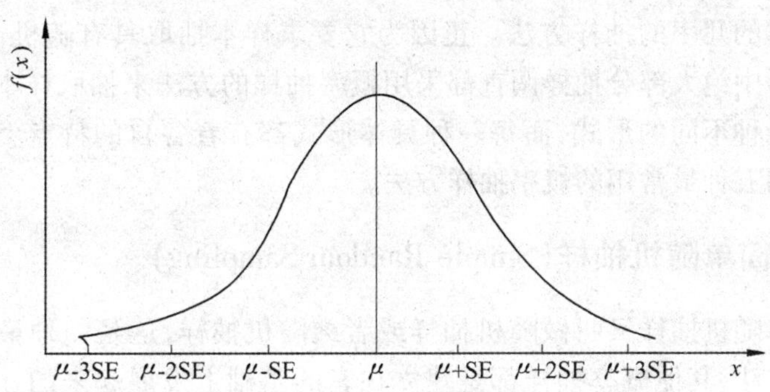

图 4－2　正态分布曲线

这种抽样分布具有单峰和对称的特点，因而其平均数、众数和中位数都相同。这就是说，图中 μ 既是样本分布的平均数，也是众数和中位数。还可以证明，全部样本平均数的平均数正好等于总体的平均数 μ；而全部样本平均数的标准差（记为 SE）则等于总体标准差除以 $\sqrt{n}$，即 $SE=\frac{\sigma}{\sqrt{n}}$（证明从略，详细的证明可参照专门的概率与统计著作）。

更重要的是，由于平均数的抽样分布是正态分布，其平均数的次数就是正态曲线下的面积。而根据概率统计理论，正态分布曲线下的任何部分的面积是可以用数学方法推算的。因此，任何两个数值之间的样本平均数次数所占的比例是可以求得的。在实际应用中，人们更多的是采用下列几组数据：

有 90% 的样本统计值将落在 $\mu\pm1.65SE$ 之间；

有 95% 的样本统计值将落在 $\mu\pm1.96SE$ 之间；

有 98% 的样本统计值将落在 $\mu\pm2.33SE$ 之间；

有 99% 的样本统计值将落在 $\mu\pm2.58SE$ 之间。

正是在这种意义上，来说明置信区间和置信水平之间的关系，而统计推论也是根据抽样分布的原理来进行的。只要我们采用的是随机抽样方法，就可以根据抽样分布，用样本的数值来推论总体的情况。

03 ｜第三节　概率抽样方法｜

概率抽样是依据概率论原理，使总体中的所有个体都具有同等的被抽取为样本的几率的抽样方法。正因为它要求样本抽取具有随机性,所以在实际生活中绝大部分抽样调查都采用概率抽样的方法来抽取样本。概率抽样有若干种不同的形式,而每一种具体形式都有着各自的特点。以下我们主要介绍五种最常用的概率抽样方法。

一、简单随机抽样(Simple Random Sampling)

简单随机抽样又叫做随机抽样或者纯随机抽样,这是一种最基本的概率抽样方法,其他概率抽样都是建立在它的基础上发展起来的。所谓随机抽样,并不是随便、任意抽样,它必须保证总体中的每个个体都有相等的被抽中的机会,且不存在重复的、遗漏的个体。

简单随机抽样的具体做法是:第一步,编制一份总体成员的名单,即编制抽样框,第二步,再给名单中的每一个成员编上一个号码。有了这样一份编好号码的名单表,第三步,就是直接抽取多个随机抽样样本了。生活中最常见的随机抽样就是掷骰子、抽签、抓阄。下面举一个简单随机抽样的例子:

某年级有 200 名学生,准备选用随机抽样的方法抽出其中 80 名学生进行调查。第一步,从学校教务处找到这个年级全部学生名单(共 200 名),然后给名单中的每个学生编号(001 ~ 200)。第二步,用 200 张小纸条分别写上 001,002……200 的号码。把这 200 张小纸条放在一个盒子里,搅乱顺序后闭着眼从中摸出 80 张小纸条。第三步,打开这 80 张小纸条找到对应的数字,对照第一步编好号的名单找出这些同学。这 80 名同学就构成了本次调查的样本。

上面例子中的抽样方法虽然并不复杂,但是只限于总体规模比较小的情况,当总体规模很大,有几千几万时,再采用这个方法就很难操作了。为了解决这一问题,人们利用计算机又发明了随机数表抽样方法。所谓随机数表,就是由随机生成的从 0 到 9 十个数字所组成的数表,每个数字在表中出现的次数是大致相同的,它们出现在表上的顺序是随机的。目前较大的随机数表是由美国兰德公司(The Rand Corporation)1955 年编制出版的 100 万字表。下表 4 - 1 就是截取该表的一部分。

表 4－1 随机数表

10 09 73 25 33 76 52 01 35 86	34 67 35 48 76	80 95 90 91 17 39 29 27 49
37 54 20 48 05 64 89 47 42 96	24 80 52 40 37	20 63 61 04 02 00 82 29 16
08 42 26 89 53 19 64 50 93 03	23 20 90 25 60	15 95 33 47 64 35 08 03 36
99 01 90 25 29 09 37 67 07 15	38 31 13 11 65	88 67 67 43 97 04 43 62 76
12 80 79 99 70 80 15 73 61 47	64 03 23 66 53	98 95 11 68 77 12 17 17 68
66 06 57 47 17 34 07 27 68 50	36 69 73 61 70	65 81 33 98 85 11 19 92 91
31 06 01 08 05 45 57 18 24 06	35 30 34 26 14	86 79 90 74 39 23 40 30 97
85 26 97 76 02 02 05 16 56 92	68 66 57 48 18	73 05 38 52 47 18 62 38 85
98 52 01 77 67 14 90 56 86 07	22 10 94 05 58	60 97 09 34 33 50 50 07 39
11 80 50 54 31 39 80 82 77 32	50 72 56 82 48	29 40 52 42 01 52 77 56 78
83 35 29 96 34 06 28 89 80 83	13 74 67 00 78	18 47 54 06 10 68 71 17 78
88 68 54 02 00 86 50 75 84 01	36 67 66 79 51	90 36 47 54 06 10 68 71 17
99 59 46 73 48 87 51 76 49 69	91 82 60 89 28	93 78 56 13 68 23 47 83 41
……………………………	……………	…………………………

资料来源：The Rand Corporation ，a million random digits ，Free Press ，Glencoe ，Ⅲ，1955，pp. 1 －3 ，with the kind permission of the publisher.

假设我们要在 3000 人中抽取 200 人进行随机抽样。采用随机数表抽样的具体步骤是：首先，找到这 3000 人的名单，并将它们编号，建立抽样框。然后，依据总体的规模确定选取随机数表的位数。在本例中 3000 人是个四位数。因此，我们可以随机选择数表任意相邻的四位数展开查找。决定取舍的标准是：将表中的上位数与 3000 进行比较，大于 3000 的舍弃，继续往下查，若表中的四位数小丁或等丁 3000，则将此号码记录下，出现重复的四位数只记一个，当表中四列数字查找到最下端后，再换到另外四列上端接着查找，直到查满 200 个符合要求的数字为止。

对照上表，我们从横排第一个四位数开始查找，符合条件的记录下来，即从 1009 开始，纵向查找，3754 大于 3000 舍弃，0842、9901 舍弃，……直到找到 200 个四位数。最后就是在抽样框中找出这 200 个数字对应的具体学生，完成这次抽样。

二、系统抽样(Systematic Sampling)

在实际的社会调查中,当样本规模较大时,比如500、1000,即便是采用简单随机数表来进行抽样,也很麻烦。人们往往采用一种与随机抽样相似,但操作步骤更简单、省力的抽样方法——系统抽样。

所谓系统抽样,又叫等距抽样或间距抽样,它是把总体元素进行编号排序后,按照公式算出抽样间距,再根据抽样间距来抽取元素组成样本的方法。具体的步骤是:

第一步,给总体中的每一个元素按顺序编上号码,即制定出抽样框,这与简单随机抽样的第一步一样。

第二步,计算出抽样间距。计算公式是用总体规模除以样本规模。假设总体的规模用 N 表示,样本的规模用 n 表示,那么抽样间距 K 可以表示为:

$$K = \frac{N}{n}$$

第三步,在最前面的 K 个元素中,采用简单随机抽样的方法抽取一个元素(假设抽取的这个元素是 A),那么它就是随机抽样的起点。

第四步,在抽样框中从第 A 个元素开始,每隔 K 个元素抽取一个元素,即 $A, A+K, A+2K, A+3K, \cdots A+(n-1)K$。

第五步,将这 n 个元素整合起来,就构成了总体的一个样本。

例如:现在要从全校4000名学生中抽取500名进行调查,按照间距抽样的方法,操作步骤如下:

1. 获得该校这4000名学生的名单,并按照顺序进行编号,形成抽样框。

2. 计算出抽样间距:$K = \frac{4000}{500} = 8$。

3. 从1~8这8个号码中随机抽取一个,假如抽中的是3,那么就从第3个元素开始,每隔8个号码抽取一个元素,即3,3+8,11+8,19+8,27+8,…,3995,共500个号码。

4. 从抽样框中分别找出代表这500个号码的名单,组成总体的一个样本,按照该样本进行调查。

从抽样过程来看,系统抽样比简单随机抽样简单多了,尤其是样本规模很大时。但是,选择系统抽样还有一个非常重要的前提条件。如果不满足这个前提条件,抽出的样本对总体就不具有代表性,甚至得出的结论与总体的实际状况完全相反。这个重要的前提条件就是，采取系统抽样必须要保证总体中元素的排列相对于所研究的变量来说应该是随机的，也就是说，不存在某种与研究变量相关的规则分布。因此，我们在使用系统抽样方法时，一定要注意抽样框的编制方法，特别是要注意以下两种情况：

一是在总体名单上，元素的排列具有某种次序上的先后、等级上的高低情况。例如，我们要从某小区 1000 户家庭中抽出 20 户家庭进行消费情况的调查。而这 1000 户家庭的名单是按照每个家庭收入的多少，由高到低排列的。根据系统抽样方法，计算出 $K=50$。

如果有两名调查者分别对这前 50 户进行随机抽样调查，抽到的分别是 6 和 48，那么，很显然根据第一个研究者所抽样本计算出的家庭平均收入一定会高于后一个调查者计算出的平均收入。因为第一个样本中的每一个家庭都要比第二个样本中的每一个家庭在收入等级中靠前 42 个位置，即前者样本中的每一个家庭都比后者中的每一个家庭在总收入上高出 42 户家庭。所以，如果我们在编制抽样框时能注意到这个情况，就可以及时采取措施，打乱其原来的顺序，重新编制总体名单，或者改用其他的抽样方法，如我们后面会提到的分层抽样法。

二是在总体名单中，元素的排列上有没有与间隔相对应的周期性分布情况。例如，在对学生抽样的调查中，如果总体名单是按照班级排列，每班人数恰好等于间距 K，且每班的名单都是按照学习成绩的高低排列时，那么，当初始号码靠前时，抽到的样本就会由各班上成绩优秀的学生组成，而当初始号码靠后时，样本就会由各班中成绩较差的学生组成。显然，不论是哪种情况，都不符合总体的全面情况，都是一个有着严重偏差的样本。

三、分层抽样（Ratified Sampling）

上述两种抽样方法，尤其是系统抽样，较适合于同质性较高的总体。而当总体明显区分成不同的类别或层次，各类别与层次之间的差异性较大，同时有些类别或层次的数目又比较小，且有时很难甚至完全抽不到某些类别或层次的个体时，在这种情况下，研究人员一般采取分层抽样的方法。

所谓分层抽样，又称类型抽样，就是先依据某一种或某几种特征（性别、年龄、职业、地域等），将总体划分成几个小的部分，每个部分称为一个层次或一类。然后，在每一个层次中，采取随机抽样或系统抽样的方法抽取一个子样本，最后，将这几个子样本合起来就是总体的样本。

例如，在总体为2000名学生的某大学进行抽样调查时，可以按照男生与女生两大类（或两个层次），采取随机抽样或系统抽样的方法分别从男生中抽取100名学生，从女生中抽取100名学生，这200名学生就构成了一个总体分层抽样的样本。当然，我们还可以按照不同的研究目的和需要，采取按照班级、年级、学生来源层次等进行抽样，都可构成更能反映总体结构，更适合研究需要的样本。

（一）分层抽样法的优点

第一，分层抽样能在不增加样本规模的前提下降低抽样误差，提高抽样的精确性。如前所述，总体的同质性越高，样本就能越容易反映和代表总体的特征和面貌；而总体的异质性越高，样本对总体的代表性就越差。采用分层抽样的目的，正是在于把异质性较强的总体分成一个个同质性较高的子总体，以便提高抽样效率，达到较好的抽样效果。例如，某中学的所有学生中，男生占70%，女生占30%。按照性别进行分层，使样本中男生和女生比例分别为70%和30%。这时样本似乎就成了总体的一个“缩影”。

第二，分层抽样便于了解总体内不同层次的情况，有利于对总体内不同的层次和类别进行单独研究，或者进行比较。例如，在一项全国调查中，大的经济区或小的行政区域，如省，往往也是需要单独研究的对象。这时就需要在样本设计时有意识地将这些总体构成部分事先进行划分，以便就各个部分进行分别的计算。

（二）分层抽样的类型

分层抽样可以划分为比例分层和非比例分层两种类型。

比例分层，是指样本所有元素在各层分配时，各层的子样本在总体的样本中所占比例与本层在总体中所占的比例相同。这种分配方法使总体各个部分按大小或比例在样本中得到代表，样本就是总体的一个“缩影”。例如，上面举到的按性别分层的例子。

但是，在很多情况下，分层样本的设计需要有意识地采取非比例分层方法。如果按照比例分层的话，有些规模小的层次分配到层样本规模也必然很小，常常满足不了起码的精度要求，因此这时就需要对那些规模小的层分配较多的样本。例如，要想了解高校本科生、研究生、博士生对职业的选择倾向，全校共1000人，三者所占比例为6:3:1，如果按比例抽取一个60人组成的样本，则博士生被抽到的数量太少，才10人，这时就采用非比例分层，每层都抽20人，这就大大提升了样本中博士生的人数，这是一个非比例分层。

(三)分层标准的选择

所谓分层标准的选择,就是在具体的抽样中,应以抽样单位的哪一种特征作为区分层次标准的问题。一般要遵循以下原则:

1. 以具体的调查所要测量、分析和研究的主要变量或与之相关的变量作为分层的标准。例如,调查不同的受教育程度对人们生育观念影响的问题,就可以文化程度作为分层标准;在调查日常消费倾向时,就可以收入作为分层标准。

2. 以保证选择各层次内部同质性强、各层次之间异质性强、突出总体内在结构的变量作为分层标准。例如,同一总体往往可以按照多个不同的相关变量进行分层(如年龄、性别、职业、收入等),但其中有些变量所区分的层次只能反映总体的某种表面特征,而另一些变量所区分的层次才能反映总体的内在结构和特点。

3. 选择具有实用性的变量作为分层标准,即利用变量可以很方便地将总体所有元素划入不同的层次中,而不因分层使工作量和费用有较大增加。例如,在以个人为抽样单位时,较重要和普遍的分层标准有性别、年龄、教育情况、职业等。

四、整群抽样(Cluster Sampling)

前面讲到的三种抽样方法——简单随机抽样、系统抽样和分层抽样,最终抽到的都是个体,而整群抽样法与它们不同的是,最终抽到的不是具体的一个抽样元素,而是一个的集合,或者说是一群抽样元素。

整群抽样的具体步骤是:首先,将总体按照某种标准或方式划分成若干个具有同一特征的子群体,并将这些子群体作为抽样的单位;再用上述概率抽样方法(简单随机抽样、系统抽样或分层抽样)在子群体中抽取若干个体;最后将所抽出的子群体中的所有个体合在一起,就构成了总体的样本。

例如,假设某大学共100个班级,每个班有30名学生,总共有3000名学生。现要抽取300名进行调查。为此,用整群抽样的方法,我们不直接去抽取一个个的学生,而是先从全校100个班级中,按照简单随机抽样(或系统抽样、分层抽样)的方法,抽取10个班,这10个班级的共300名学生就构成了整群抽样的抽样样本。整群抽样有以下优点和缺点:

(一)整群抽样的优点

1. 整群抽样可以节约调查经费和时间,提高实地调查的工作效率。因为整群抽样抽取的子群体中的元素分布相对集中，所以调查员每旅行一次可以调查多个元素，由于每一个调查点上有多个样本元素，因此找不到调查对象空手而归的可能性大大降低。

2. 整群抽样比较容易获得抽样框。例如，我们要对一个拥有几百万人口的城市进行简单随机抽样，那么首先要获得这几百万人口的排列清单，而这实际上是很难做到的。而使用整群抽样时，获得抽样框就容易多了。比如，在城市里可以居委会为抽样单位，要得到一张全市居委会的排列清单显然比获得一张全市几百万人口的排列清单更现实和容易多了。

（二）整群抽样的缺点

由于整群抽样是以子群体作为抽样单位，而不是以总体内的全部个体作为抽样单位，因此，样本的分布面不广，对总体的代表性相对较差。例如，上例中以居委会为抽样单位进行的抽样，抽出的样本元素可能受地理位置、职业等社区条件和环境的影响，往往难以体现出整个城市的不同地段、不同职业区、不同生活区居民家庭的特点。所以其对总体的代表性比起按简单随机抽样、系统抽样和分层抽样来说，显然要差得多。

（三）整群抽样和分层抽样的比较

整群抽样与分层抽样有相似之处，那就是它们的第一步都是根据某种标准将总体划分为一些子群体。但是，它们划分出来的子群体不同，更重要的是它们的抽样方法完全不同。具体表现在：

第一，整群抽样划分出的子群体往往规模较小、数量相对较多，而分层抽样划分出的子群体往往是规模较大，数量相对较小。

第二，整群抽样是抽取若干个子群体中全部的个体作为样本，而分层抽样则是在所有子群体中都进行抽样。因此，整群抽样的总体样本分布仅仅分布在总体的几个子群体中，而分层抽样的总体样本分布则遍布所有子群体中。

正是因为以上不同，所以在实际调查过程中，我们往往要依据总体的不同特点来选择采用哪一种方法。具体选择的依据是：如果总体中每一个子群体内部差异性很大，而子群体之间的差异性很小的话，我们就采用整群抽样的方法；反之，如果总体中每一个子群体内的差异性很小，而子群体之间的差异性很大的话，我们就采用分层抽样的方法。

五、多阶段抽样（Multistage Sampling）

多阶段抽样又称为多级抽样或分段抽样，它是把抽样分成几个阶段进行,每个阶段都有不同的抽样框和抽样单位。具体步骤是:先从总体中随机抽取若干个大群(组),然后再从这几个大群(组)中抽取几个小群(组),这样一层层抽下来,直至抽到最基本的抽样元素为止。

例如,从某市10000名中学生中抽出3000名,假设该市共分为5个区,每个区有4所学校,每个学校有个10班级,每个班级有50名学生。采用多阶段抽样的操作步骤是:

首先,我们在区的层次上进行抽样,可以采用简单随机抽样的方法,5个区中随机选3个。

其次,我们在学校这一层次上进行抽样,从3个区共12所学校中随机选8所。

再次,我们在班级这一层次上进行抽样,从8所学校共80个班级中随机抽取60个班。

最后,我们在学生这一层次上进行抽样,抽取这60个班的全体同学,共计3000人,至此完成了整个抽样过程。

在运用多阶段抽样方式时,有两点需要注意:

一是在抽样的各个阶段究竟要采用哪种具体的抽样方法(简单随机抽样、系统抽样、分层抽样、整群抽样),主要依据抽样框的性质和方便与否来决定。一般情况下,当抽样框的单位较少时,多采用简单随机抽样;当单位较多时,可采用系统抽样或分层抽样;而当样本规模较大时,也可以在最后阶段采用整群抽样。

二是要在多抽类别和少抽个体与少抽类别和多抽个体两种抽法之间保持平衡。具体来说,假设某市共2.4万名学生志愿者,他们分布在全市10个区的100所学校中,现在要抽取一个由1200名学生志愿者组成的样本。如果按照三阶段抽样的方法,我们就可以有下列各种不同的抽样方案。(见表4-2)

表4 2 三阶段抽样方法

	第一阶段	第二阶段	第三阶段	总计
方案一	抽10个区	抽30所学校	每学校抽4人	1200人
方案二	抽6个区	抽20所学校	每学校抽10人	1200人
方案三	抽4个小区	抽15所学校	每学校抽20人	1200人
方案四	抽1个区	抽10所学校	每学校抽120人	1200人

从样本涵盖的区和学校方面看,所涵盖的区是方案一最大,依次减少,

方案四最小(仅一个区)。一般情况下,如果仅从涵盖面广的角度考虑,则“大的类别中抽取单元相对较多,而每一单元中抽取个体相对较少”的做法效果较好(即一最好,效果依次递减,四最差)。

但是,从实际抽样效率的角度考虑,两者情形恰恰相反,因为前者抽的区多、学校也多,就意味着调查者要奔波的范围广,调查所需的时间长、经费多,而后者则是抽的区少、学校少,所以调查的地点也相对集中,所需的时间短、经费也很少。因此,要在多抽类别和少抽个体与少抽类别和多抽个体两种抽法之间保持平衡。按照惯例,应尽量在一定的人力、物力及时间所允许的范围内,尽可能地选择多抽大类,而在每一大类中少抽个体,以求得较高代表性的样本。

04 | 第四节 样本规模与抽样误差 |

一、样本规模及计算

样本规模(Sample Size)又称为样本容量,它是指样本内含个体数量的多少。样本规模的确定是抽样设计中最重要的内容之一。在统计学中,通常以 30 为界,把样本分为大样本(30 个个案及以上)和小样本(30 个个案以下)。之所以要这么分,是因为当样本规模大于 30 时,其平均数的分布将接近于正态分布,很多统计学的公式就可以运用,也可以用样本资料对总体进行推论。但是,需要注意的是,30 个个案的样本对于社会研究来说是远远不够的。统计学中的大样本与社会调查中的大样本并不是一回事。根据社会调查专家的看法,社会调查需要的样本规模至少在 100 个以上。这是因为,在社会调查中,研究者不仅需要以样本整体为单位计算平均数、标准差等统计量,同时,还需要将样本中的元素按不同的指标划分为不同的类别,进而分析不同类别之间的差别,分析不同变量之间的关系。因此,必须保证有足够的样本容量。例如,要计算某厂工人的平均工资,抽 30 个元素的样本就可以了,但是,如果要进一步计算不同年龄层次(20 ~ 29 岁、30 ~ 39 岁、40 ~ 49 岁、50 岁及以上)职工的平均收入,30 个元素的样本显然是不够的。

在许多书中都给出了计算样本规模的公式。例如,简单随机抽样中推论总体平均数的样本规模计算公式为:

$$n=\frac{t^2\times\sigma^2}{e^2}$$

其中,t 为置信度所对应的临界值,σ 为总体的标准差,e 为抽样误差。

而推论总体成数(百分比)的样本规模计算公式为:

$$n=\frac{t^2\times\rho(1-\rho)}{e^2}$$

其中,ρ 为总体成数(百分比),t、e 含义同上。

在上述计算公式中,t 可以从正态分布表中查出,e 是研究者根据需要事先确定的,但总体的标准差、成数却是难以得到的。因此,在实际抽样过程中,研究者往往无法直接运用公式计算出所需的样本容量,而只能采取一种变通的办法。一般情况下,由于简单随机抽样的总体方差 σ^2 近似等于 $\rho(1-\rho)$,当 $\rho=0.5$ 时,总方差 $\sigma^2=0.25$ 达到最大值。因此,即使我们对 ρ 一无所知,也可以采取比较保险的办法,取 $\rho=0.5$,这样,上式变为:

$$n=\frac{t^2}{4e^2}$$

它可以保证样本规模足够大。下表4-3就是根据上面公式计算出来的在95%的置信度($t=1.96$)条件下的最小样本规模。(表中为计算简便,取 $t=2$)

表4-3　95%置信水平下不同抽样误差所要求的样本规模

抽样误差%	样本规模	抽样误差	样本规模
1.0	10000	5.5	330
1.5	4500	6.0	277
2.0	2500	6.5	237
2.5	1600	7.0	204
3.0	1100	7.5	178
抽样误差%	样本规模	抽样误差	样本规模
3.5	816	8.0	156
4.0	625	8.5	138
4.5	494	9.0	123
5.0	400	9.5	110
		10.0	100

资料来源:德奥斯:《社会研究中的调查方法》,1986年版,英文版,第63页。

二、影响样本规模确定的因素

在实际调查中如何确定样本的规模呢？要从以下四个大的方面考虑：总体的规模；抽样的精确性程度；总体的异质性程度；调查中所拥有的经费、人力和时间。

（一）总体的规模

样本规模与总体规模有关，这个很容易理解。举个例子，总体规模越大，样本规模也就应该越大，这样才能保证样本所得结果的精确度越高。但是，这种想法只在一定的程度上是正确的。因为，当总体规模大到一定程度时，样本规模的增加与总体规模并不保持同等的增长速度。如图4－3，在其他相关因素一定时，样本规模的增加速度大大低于总体规模的增加速度。换句话说，当总体规模达到一定程度时，样本规模的改变量是很小的。

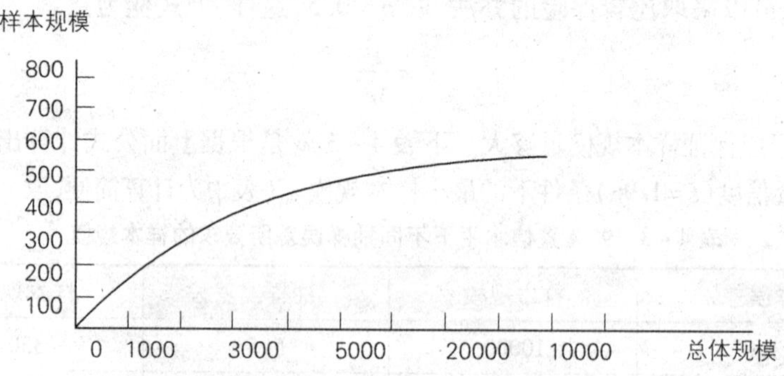

图4－3　不同的总体规模所需要的样本量（相对于95%的置信度、3%的置信区间和总体参数以50%对50%比例均分的假定而言）

资料来源：林南：《社会研究方法》，农村读物出版社1987年版，第182页。

（二）抽样的精确性

影响样本规模的第二个因素，就是对抽样精确性的要求。在社会调查中，我们用置信度和置信区间这两个概念来说明样本规模与抽样的可靠性及精确性之间的关系。一般来说，在其他条件一定的情况下，置信度越高，则所要求的样本规模就越大。例如，对一个总数为20000的总体，置信度确定为95%，此时，若要求置信区间为±5%，需要377个回答者；若要求置信度区间为±4%时，则需要583个回答者；而当要求置信区间为±1%时，则需要6849个回答者。所以，样本规模的大小也跟抽样的精确性密切相关。

(三)总体的异质性

总体的异质性程度也是影响样本规模的重要因素。一般来说,要达到同样的精确性,在同质性程度高的总体中抽样时,所需要的样本规模就小一些;而在异质性程度高的总体中抽样时,所需要的样本规模就大一些。这是因为,同质性越高,表明总体在各种变量上的分布越集中,波动越小,同样的样本对总体的反映就越准确;而异质性程度越高,表明总体在各种变量上的分布越分散,波动性越大,同样规模的样本对总体的反映就会越不准确。例如,在收入水平、文化层次相当的个体中调查消费者消费观念时所需要抽取的样本规模就比在调查收入差别和文化层次跨度较大的个体中抽取的样本规模要小。

与总体异质性程度相关的另一个因素就是,当总体中的大部分成员对某个问题的回答和选择与小部分成员的回答和选择不同时,比如80%的人选择*A*,20%的人选择*B*,那么在抽样时所需的样本规模就小一些;而如果选择*A*、*B*的比例均为50%左右时,则所需要的样本规模就为最大。表4-4就反映了这种差别。

表4-4　根据总体异质性程度和精确性要求所需要的样本规模

可接受的抽样误差	所期望的给予特定回答的总体百分比(%)					
	5/95	10/90	20/80	30/70	40/60	50/50
1%	19000	3600	6400	8400	9600	10000
2%	479	900	1600	2100	2400	2500
3%	211	400	711	933	1066	1100
4%	119	225	400	525	600	625
5%	76	144	256	336	370	400
6%	–	100	178	233	267	277
7%	–	73	131	171	192	204
8%	–	–	100	131	150	156
9%	–	–	79	104	117	123
10%	–	–	–	84	96	100

请注意:①置信水平为95%;②样本规模小于表中短横线的数字时,难以进行有意义的分析。

资料来源:德奥斯:《社会研究中的调查方法》,1986年版,英文版,第64页。

(四)调查者所拥有的经费、人力和时间

除了上述因素外,调查者所拥有的经费、人力和时间,也会影响样本规模的大小。从理论上说,样本规模越大越好,但从实际出发,不得不考虑调查所投入的人员、经费和时间,因为这些都是需要成本的。因此,从调查的可行性、简便性角度考虑,样本规模又是越小越好。那么,最终选择怎样的样本规模,往往要看调查者的需要做出决定。而这项决定的一个重要砝码,就是研究者所拥有的经费、人力和时间成本。

三、样本规模与抽样误差

抽样误差又叫抽样的精确度。允许误差(精确度)等于抽样误差与概率度 t 的乘积,t 的值取决于研究所要求的置信水平,可以从 t 分布表中查出置信水平与概率度成正比。因此,当置信水平确定后,允许误差实际上就是允许抽样误差。由重复简单随机抽样的误差公式 $\frac{\sigma}{\sqrt{n}}$ 可知,抽样误差与样本容量密切相关,样本规模越大,越接近总体,抽样误差越小;反之,样本规模越小,抽样误差就越大。因此,样本大小视研究所要求的精确度,即允许误差与置信水平而定。对样本的精确度要求越高,所允许的误差则越小,样本规模就应越大,反之亦然。

05 | 第五节　非概率抽样的方法 |

在一些调查中,调查者的主要目的如果只是想初步了解一下调查对象的有关情况,以便为建立研究假设或进行大规模的正式调查做些探讨性的工作,那么,可以选择较简单方便的非概率抽样方法。非概率抽样,不是按照等概率原则,而是根据研究者的主观意愿、判断或方便与否等因素来抽取样本。一般常采用的非概率抽样方法有偶遇抽样、定额抽样、判断抽样、滚雪球抽样。

一、偶遇抽样(Accidental Convenience Sampling)

偶遇抽样又称为方便抽样或自然抽样,是指研究者根据实际情况,以自己方便的形式抽取偶然遇到的人作为调查对象,或者仅仅选择那些离得最近的、最容易找到的人作为调查对象。例如,在商场门口、电影院门口、学校门口等公共场所向来往的人进行调查,利用报纸、杂志向读者进行调查,老师把他所教的学生作为调查对象,等等。

这种简单的抽样方法往往被有些人误认为就是随机抽样,仅从表面上看,两者的确有些相似,都是排除了主观因素的影响,纯粹依靠客观机遇来抽取对象。但是,两者有一个根本的区别,那就是偶遇抽样不能保证使总体中的每一个成员都具有同等的被抽到的机会。那些容易遇到的、最方便找到的对象具有比其他难找到的对象大得多的机会被抽中,所以,我们不能依赖偶遇抽样得到的样本来推断总体。

二、定额抽样(Quota Sampling)

定额抽样又称为配额抽样,它是一种比偶遇抽样复杂一些的非概率抽样方法。进行定额抽样时,研究者要尽可能地依据那些有可能影响研究变量的各种因素来对总体分层,并找出具有各种不同特征的成员在总体中所占的比例。然后依据这种划分以及各类成员的比例去主观选择调查对象,以取得一个与总体结构特征大体相似的样本。例如,根据性别、婚姻状况来给调查员规定不同性别、婚姻状况的调查人数。至于为了完成某个定额,具体选择哪些个体作为调查对象完全由调查员主观决定。调查员往往会选择容易找到的人或访问那些在家的人,至于那些不在家的人就被人为地排除在调查对象之外了。

在许多教材中,都谈到定额抽样和分层抽样十分相似,或把定额抽样称为分层抽样在非概率抽样中的对应方法。实际上,二者有着本质的区别。虽然它们都依据某些特征对总体进行分层,但分层的目的和抽样的依据都不同。定额抽样注重的是样本与总体结构比例上的表面一致性;而分层抽样一方面则是为了提高各层间的异质性与同层中的同质性,另一方面也是为了照顾某些比例小的层次,使样本对总体的代表性进一步提高,误差进一步减小。分层抽样方法是完全依据概率原则,排除主观因素,客观地、等概率地到各层中进行抽样,这与定额抽样中那种按事先规定的条件,有目的地寻找样本的做法是完全不同的。

三、判断抽样(Judgmental or Purposive Sampling)

判断抽样又称为立意抽样或者主观抽样,它是指研究者根据自己的主

观分析和判断，从总体中选择“有代表性的典型”单位作为样本。例如，在全部企业中选择若干先进的、居中的、落后的企业作为样本，来考察全部企业的经营情况。这种抽样方法所得到的样本对总体的代表性，完全取决于研究者对总体的了解程度、分析和判断能力。

这种抽样方法在充分发挥研究者主动性方面具有优势，特别是在研究者对总体情况比较熟悉、个人判断能力较强、研究方法与技术十分熟练、研究经验比较丰富的时候采用。但是它的本质仍然属于一种非概率抽样方法，所以选出样本的代表性往往难以判断。

四、滚雪球抽样(Snowball Sampling)

滚雪球抽样又称为雪球抽样，是一种特殊的抽样方法。它是先从几个合适的个体开始，然后通过它们得到更多的个体。

在社会调查中，当我们遇到无法了解总体状况的情形时，可以采用这种方法，即先从总体中少数合适的成员入手，向他们询问还知道哪些同样符合条件的成员。然后，再去找那些成员调查，并同样询问他们所知道的其他成员。这就像滚雪球一样，从小到大，所了解到的成员会越来越多。

例如，如果要调查某小区退休老人的生活情况，那么，首先我们可以去老人经常去的地方——公园去结识几位老人，调查他们退休后的生活情况，并向他们打听其他的一些退休老人的情况，然后再找到这些老人做调查，同时也请他们提供另一些老人的情况，如此累积……用不了很久，我们就可以基本找到这个小区中的绝大多数退休老人了。但是，这种方法也有一定的偏差，因为总有一些合适的成员无法找到，即雪球不可能滚到每一个角落。例子中那些不爱好活动、不爱去公园、不爱和别人交往的退休老人就被人为地排斥在调查对象之外，而他们也可能是另外一种生活方式的代表者。所以，在使用这种方法时应该估计到这种情况。

| 本章小结 |

抽样调查是对高度异质性、高速流动性社会现象进行调查的有效方法，其应用非常广泛。本章在介绍抽样术语的基础上重点介绍了两种抽样类型——概率抽样和非概率抽样，并对每一种具体抽样方法的操作步骤做了详细说明。抽样调查的优点是有利于提高调查的客观性和真实性，有利于对调查总体进行定量研究。但是这种方法与典型调查和个案调查比较起来,抽样的单位比较多,调查时间较短,因而调查的广度和深度往往容易受到限制。另外,在总体尚不清楚、不明晰的情况下,也很难进行抽样调查。因此,在抽样调查过程中,关键是如何提高抽样的科学性,在明确抽样框的基础上,选择科学的抽样方法,尽量在多抽类别少抽个体和少抽个体多抽类别两种抽法之间保持平衡,减少抽样误差,使抽到的样本能最大限度地代表总体。

| 关键术语 |

概率抽样　非概率抽样　抽样单位　抽样框　蒙特·卡罗方法　分层抽样　多阶段抽样

| 复习思考题 |

1. 抽样的一般程序是什么?

2. 分层抽样与整群抽样的具体操作方法是怎样的? 两者之间有何异同? 什么情况下选择分层抽样? 什么情况下选择整群抽样?

3. 在社会调查中,影响研究者对样本规模确定的因素有哪些?

4. 某市有 300 所小学,共 240000 名学生。这些小学分布在全市 5 个行政区中。其中重点小学有 30 所,一般小学有 240 所,条件较差的小学有 30 所。现在要从全市小学生中抽取 1200 名学生进行调查,以了解全市小学生的学习情况。请你设计一种抽样方案。

第五章 | 问卷调查

问卷调查是社会研究中最常用的资料搜集方法,近些年来也被广泛用于其他多个领域,通常被认为是社会研究"科学化"的基本学术工具,因此,熟练掌握问卷调查研究方法,是从事社会科学学习和研究的基础条件。问卷设计是问卷调查的核心内容,本章将在介绍问卷调查含义的基础上,详细介绍问卷设计的步骤和方法,以及在问卷设计中的常见错误。

01 |第一节 问卷的概念及其结构|

一、问卷的定义与类型

(一)问卷的定义

问卷又叫调查表,一般是指为了获得一定的信息而使用的一套由问题构成的表格。在社会调查研究中,问卷可以看做是研究主体对研究假设进行概念操作化的结果。当研究问题确定后,研究者会提出相应的研究假设,而研究假设成立与否,必须要依赖比较客观、真实的量化资料加以佐证。取得资料的前提,就是要把研究假设中所设计的学术问题进行操作化、具体化,以指标(变量)的形式表达出来,一系列的指标(变量)被设计成一整套比较系统的具体问题,就形成了调查问卷。

(二)问卷的类型

根据问卷填写主体不同,问卷可以分为自填问卷和代填问卷。自填问卷是由被调查者自己填写或在访问员指导下填写;代填问卷是由访问员通过与被调查者对问卷中的问题进行面对面的沟通,然后把答案记录在问卷上。自填问卷和代填问卷的区分,是由于二者在设计时在结构和问题表述上有着一定的差异,主要表现为:自填问卷必须要有卷首语和明确、详细的填表说明,问题的表述要尽可能的符合被调查者所处阶层、地位的语境并注意照顾到他们的理解能力;而代填问卷可以省略卷首语和填表说明,问题可以按照调查者或访问员的实际需要进行表述。

二、问卷的结构

问卷一般包括以下几个部分:问卷标题、卷首语、填表说明、问题与答案、编码、调查记录等。

(一)问卷标题

问卷标题是对调查内容的主题进行的高度概括,好的标题能使被调查者对将要回答的问题有大致的了解,增强填答问题的兴趣和责任感。因此,在确定标题时,要尽量简明扼要,不要过于冗长,引起被调查者的反感,此外,标题最好能够反映出与被调查者相一致的信息。比如"全国老年人口健康状况调查问卷",标题简明,调查对象为老年人口,且调查的主要内容与调查对象高度相关,自然能引起他们填答问卷的兴趣。标题确定太随意或没有标题,容易引起被调查者的疑惑,难以取得他们对调查工作的配合。

(二)卷首语

卷首语包括调查的目的、意义、主要内容、调查的组织单位、调查者的身份、调查结果的使用者、对受访者提供资料给予保密承诺等。卷首语实际上是通过通俗易懂的语言向受访者对调查的目的、意义、内容进行简要的解释,引起受访者对填答问卷的重视和兴趣,从而使受访者愿意接受调查。因此,卷首语的行文中尽量不要使用专业术语,要具有一定的可读性,语气要谦和、诚恳,让受访者感受到对他们的尊重,否则会引起他们的反感,影响问卷调查的顺利进行。比如,在受访者的称谓上,一定要符合调查对象的实际情况,比如对中年女性的访问,可以称呼"尊敬的女士",如果称其为"尊敬的小姐",就不恰当。

例1 卷首语举例

尊敬的____________:

为了研究影响老年人健康状况的因素,总结健康长寿经验,为政府制定有关健康老龄化政策提供科学依据,经国家统计局批准,我们正在进行"全国老年人口健康状况调查"。我们与您联系,希望您帮助我们开展关于健康

长寿影响因素的跟踪调查研究。我们希望了解与掌握影响老年人健康长寿与日常生活自理能力的社会、行为与环境影响因素。访问员将询问您一些与健康长寿有关的问题，还将为您做最基本的健康体格检查。这一调查由北京美兰德信息公司组织实施。

……

如您愿意参加此次调查，我们保证对调查中了解到的关于您的所有信息都将替您保密。本次调查数据信息仅仅用于科学研究，保证除有关科研人员以外的人不能使用这些数据。用于科学研究的数据信息绝对不会包括您的姓名、地址和电话。

……

如果您有什么疑问，可向访问员询问或直接写信（或打电话）与我们联系（电话号码和通讯地址列在下面）。衷心感谢！

此致

敬礼！

北京大学老龄健康与家庭研究中心

北京美兰德信息公司

这份卷首语对调查的意义、性质和内容进行了简要的介绍，语气谦和、尊敬，行文易于理解。

以上是自填问卷的卷首语格式，在代填问卷中，卷首语主要是通过访问员口头向受访者表述，但主要内容和注意事项大致相同。

（三）填表说明

在自填问卷中，由于受访者自己填写问卷，对问卷中的内容和填写方式的理解不可能和问卷设计者的要求一致，填表说明就是对以上内容的解释。填表说明的作用是便于受访者填答，又便于对所回收问卷进行数据录入和分析。

例2　填表说明举例

填表说明

(1)填写问卷时，请在选中的答案号码上打钩即可，如无答案选项，请在空白处填上适当内容。

(2)如选择“其他”选项，请注明内容是什么。

(3)如无特殊说明，每个题目只能选择一个答案。

(4)表中的第一部分分别由不同家庭成员填写,请您看清填写人是谁,再进行填写。

(5)问卷中的外出人员,是指至少连续3个月在外县域打工没有回家的家庭成员。

……

(四)问题与答案

问题与答案是问卷的主体和核心部分,是研究主题的具体化。从形式上看,问题可分为开放式和封闭式两种。从内容上看,可以分为事实性问题、意见性问题、断定性问题、假设性问题和敏感性问题等。在本章第三节问卷设计的具体方法部分将详细介绍。

(五)编码

调查问卷虽然是围绕一个研究主题来做,但研究主题经过具体化后往往有若干组成部分,且每一部分都有可能又包含了若干问题,为便于统计处理,最好给每一份问卷、每一个问题和答案编定一个唯一的代码,就叫编码。

问卷的编码主要是指要对每一份问卷和每一位访问员、复核人员进行编号,在问卷发生错误时便于查找。此外,问卷往往还对被调查者的地址、类型进行编码,便于对问卷进行分类和数据分析。比如在对10个省份家庭收入结构进行调查时,可以把省份按照S1～S10进行编码,把农村家庭和城市家庭分别编码为“N”和“C”。

对问题的编码,就是给每一个问题编定一个代码。对答案的编码工作可以在问卷设计时就编好,即预编码;也可以在问卷回收后再进行编码,即后编码。以封闭式问题为主的问卷主要采取预编码的方式;对开放式问题较多的问卷,由于问题答案具有多样性和一定程度的不可预知性,因此只能在调查结束后,通过对答案的分类、整理和概括等,采用后编码的方式。当然,在同一份问卷中,可能同时存在着封闭式问题和开放式问题,因而两种编码方式可以结合使用。但总的来看,问卷调查往往样本量较大,问题设计通常以封闭式问题为主,因此,预编码是最常用的编码形式。

封闭式问题一般是以选择题的形式出现的,因此,可以按照答案的个数直接用阿拉伯数字进行编码。

例3 封闭式问题编码例子

A2 您现在的婚姻状况是:

1. 已婚,并与老伴住在一起

2. 已婚,但不与老伴住在一起

3. 离婚

4. 丧偶

5. 从未结过婚

对于矩阵式问题和表格式问题答案的编码,可以参照选择题答案编码的方式把相同答案进行同样编码。

例4 表格式选择题答案编码举例

您所在社区有哪些为老年人提供的社会服务?(多选)

F14－1 起居照料	1 有 2 没有
F14－2 上门看病、送药	1 有 2 没有
F14－3 精神慰藉,聊天解闷	1 有 2 没有
……	……

在以封闭式问题为主的问卷中出现的开放式问题,如被访者的年龄、收入等数值特征资料,可以直接以填空题的形式出现,不用再进行编码。

编码中需要注意的另外一个问题是,有的数值含有特定的意思。比如缺省值、答案不适用等一般用“0”表示,不知道、不清楚等用“9”表示,因此,编码时应对这些数值用法有一个统一的规定,当这些数值和其他答案编码发生冲突时,可以通过增加位数来避免混淆。

(六)调查记录

调查记录用来对访问的一般情况进行登记,比如,访问员的一般信息、调查的起止时间和调查中遇到的特殊问题等。

02 | 第二节 问卷设计程序 |

问卷设计的基本程序是指问卷由确定调查主题至问卷完全定稿所需要的步骤和过程。一般来说,研究者在提出研究假设或研究设想后,应根据研究假设或研究设想所含涉的大致范围制定问卷纲要。但是,有了问卷纲要还不能马上动手设计调查问卷,还应该围绕纲要做一些必要的探索性工作。

一、探索性工作

和访问员的选拔不同，探索性工作必须是问卷设计者亲力亲为，因为问卷设计者是整个调查问卷的“设计师”，对问卷的整体性框架和细节性问题最为敏感。

问卷设计者在熟悉问卷纲要的基础上，要对被调查者进行大致分类，然后与不同类别的潜在被调查者进行交流。比如要进行妇女生育意愿的调查，大致要涉及的调查对象既有农村妇女，也有城市妇女，年龄组有一定跨度，她们的家庭经济状况也各有不同，探索性工作就是与这些各种类型的潜在调查对象进行交谈。交谈时采取自然、随意的态度，不必要非常正式。探索性工作的一个首要任务就是了解各种对象的一般特征、行为和态度，熟悉和了解一些基本的情况。然后再针对研究纲要的问题与各种对象进行充分交流，在交流中逐渐使问卷纲要中的问题明晰化，为问卷设计获得第一手资料。

通过探索性工作，问卷设计者可以对调查问卷的设计做到大致有数：卷首语怎样写才能让被调查者能够看懂，问题应该怎样进行设计，问题可能存在哪些答案，乃至于设计问题的顺序如何安排更有利于调查的顺利进行，等等。其中通过什么样的表述形式设计问题和答案较为重要，因为问卷是研究设想或研究假设的操作化结果，而操作化的结果难免带有较多的学术性语言，这样的表述当以问卷的形式呈现到被调查者的面前时，会影响他们对问题的理解。

总之，探索性工作的进行，可以极大的帮助设计者避免在问卷的内容上和形式上的疏漏、谬误和不当之处，是问卷设计的一项基础性程序。

二、设计问卷初稿

经过探索性工作，才可以正式设计问卷初稿。问卷设计首先要对研究课题形成的研究假设或研究设想进行操作化和具体化，形成围绕研究主题的各种问题和答案，设计问题和答案的可操作性的形式，并对问题和答案进行富有逻辑性的排列和组合，最终形成问卷的初稿。根据研究者组合问题、形成问卷的不同思路，按照先有问卷结构还是先有问题，形成问卷初稿一般有两种方法：一种是卡片法，一种是框图法。

（一）卡片法

对于初学者而言，对自己的研究课题可能难以在较深的层次上进行把握,直接根据研究的主题列出问题有一定难度,所以,卡片法是一种较为可行的办法。卡片法设计问卷的步骤如下:首先,研究者要对与研究主题的相关文献进行梳理,对要设计的问题有一个初步印象,在此基础上,通过探索性工作中与各类对象的谈话,结合自己的进一步认识和体会,从中找到各种各样的问题,然后把这些问题逐个列出,一个问题记录在一张卡片上,有多少个问题就形成多少张问题卡片。其次,给卡片分类。当卡片积累到一定程度,也就是研究者基本上将所有可能的问题都详列出来之后,浏览所有卡片的内容,把询问同一问题、同一现象或同一事件和观点的卡片分别放在一堆。再次,对卡片进行逻辑排序。第一步是对每一堆中的卡片根据其反映的问题,根据思维的逻辑性和连贯性排出问题的先后顺序;第二步是根据整个问卷的逻辑结构,整理出每一堆卡片之间的逻辑性和连贯性,根据每一堆卡片的主题理顺问卷的思路,进而形成具有内在结构的完整问卷。最后,对问卷具体调整。主要是调整问卷的内容和形式,比如内容是否符合所调查对象的实际情况;形式是否美观实用,符合所调查对象的阅读习惯和填答习惯,等等。经再三检查确认没有问题后,把排列在卡片上的问题逐一连贯的登录到白纸上,再加上标题、卷首语、编码和访问记录,就形成了问卷的初稿。

(二)框图法

与卡片法的逻辑正好相反,框图法要先形成问卷的基本逻辑结构。首先,在前期文献研究和探索性工作的基础上,对问题的基本脉络根据逻辑按照流程图的形式表明它们的内在联系,问卷分为几个部分,以及各个部分之间的先后顺序如何排列。其次,具体列出每个部分中的问题和答案,并对问题和答案的组合寻求最佳的排列顺序。再次,还要设计好问题和答案的表现形式。最后,对问卷进行调整。包括前面流程图排列的部分之间的顺序和问题及答案的顺序,根据探索性工作和对填答者的估计看看有没有不当之处。问卷设计成形后,还要通读整个问卷,尤其是对问题和答案的细节,要逐一重新审阅,做出最终的调整和修改。以上工作完成后,经过问卷其他部分的添加,问卷初稿制作完成。

卡片法和框图法是归纳法和演绎法在问卷设计中的体现,前者是从具体问题到整体结构,后者是从整体结构到具体问题。卡片法的优点是便于操作,在发现缺陷或错误时可以马上进行调整;缺点是问题为"拼凑"而成,有时难免发生问题的遗漏。框图法的优点是对问卷和问题的整体性把握较好,但问题和答案顺序的调整不如卡片法方便。因此,在进行问卷设计时,可以把两种方法结合起来使用。

三、试用和修改问卷

完成问卷初稿后,还不能马上进行正式调查,因为研究者的整体思路和问题与答案的设计不可能做到万无一失。正式调查一旦实施,就意味着调查问卷中的疏漏直接展示在受访者目前,没有了进一步完善的机会。因此,在正式调查前,还应对问卷进行试用,试用的问卷收回后通过分析再一次对问卷做出修改。

(一)问卷试用的方法

问卷试用的方法有两种:一种是客观检验法,一种是主观评价法。

所谓客观检验法,就是打印出问卷初稿,然后在正式调查的总体中选择一个与总体特征相同或相近的小样本进行一次小规模的试调查,试调查的人数可根据总体样本量的大小进行自主选择。试调查的目的不是为了获得研究资料,而是为了对问卷设计进行一遍新的核查。试调查的程序和正式调查是相同的,调查完毕后,根据对试调查回收问卷的统计分析,检查问卷在设计上是否存在缺陷,存在哪些缺陷。一般来说,试调查时出现的问卷设计缺陷在正式调查中也会碰到。经过试调查修正的问卷,如果有必要,还要进行再一次甚至多次的试调查,直至在试调查中再也发现不了问卷设计中的缺陷为止。尤其是样本量较大的社会调查,更应该进行多次试调查。客观检验法的具体检查内容一般包括以下几个方面:问卷的容量、问卷回收率、问题的填答等。

1. 问卷的容量。

问卷的容量是指问卷包含题目的多少,在调查中,主要表现为受访者对问卷填答的时间长短。问卷设计者在设计问卷时,往往想围绕研究主题尽可能地多设计些问题,即对问题的设计越细越好,这样在问卷回收之后,得到的研究资料也较为细致,便于对资料进行分析。但是这样势必会加大受访者填答问卷的难度和延长填答时间,降低填答质量甚至出现受访者对问卷的厌倦。表现在问卷上,虽然受访者对问卷整体都做了回答,但可能会敷衍了事,比如对选择题的回答比较随意,对填空题的回答比较潦草等。针对这种现象,问卷设计者应着重检查问卷中具有逻辑关系的题目受访者给出的答案有没有前后矛盾,对填空题的填答是否完整等。如果大多数受访者问卷填答时间过长,可能是由于问题设计过多,这就需要设计者仔细检查问卷问题,把可以归为一类的问题尽量归类,与研究主题关系不大的问题尽量删去,或对问题的答案进行重新设计,比如用封闭式问题代替开放式问题等。

2. 回收率。

回收率是指问卷经过填写后回收到调查者手中的比例。回收率主要看问卷回收的数量,不考虑问卷回收的质量。回收率在一定程度上是对问卷调查的总体评价,也是对问卷设计的总体评价。一般情况下,回收率不会太低,否则,要对问卷进行重新审视,找到回收率低的真正原因,对问卷进行修改。回收率低的原因主要表现在问卷的卷首语措辞不当、填表说明不够清楚、对受访者的情况不够了解(比如某些受访者可能有自身的禁忌)等。

除了回收率以外,更为重要的是问卷的有效回收率。有效回收率指的是回收上来的问卷中可供利用的合格的问卷的比例。所谓合格,就是问卷答案较为可信,能够作为资料进行分析。不合格的问卷又叫废卷,主要指填答不全的问卷、回答问题过少的问卷、答案有明显错误的问卷和有其他问题的问卷。有效回收率反映的是问卷调查过程的质量和问卷本身的质量。有效回收率过低的原因是多方面的,可能是访问者的质量控制问题,也可能是访问员本身对问卷设计没有较为深入的理解,还可能是问卷本身问题的设置有较大缺陷造成受访者难以作答等。

3. 问卷的填答。

问卷填答中容易出现的错误主要表现为填答错误、填答不全和填答相同。

填答错误主要分为两种:填答内容错误和填答方式错误。填答内容错误是指问题的答案和问题本身出现了脱离,比如在问卷中设计者问的是“您现在和谁生活在一起?”受访者的答案却是“工友”,这是由于受访者对问卷中的“生活在一起”这一问题没有理解,这样的问题出现填答错误尤其是出现具有共性的填答错误,是因为问卷填表说明没有对该问题介绍清楚。填答方式错误是填写答案的形式和填答要求不符。比如把多项选择题当成了单项选择题,填写答案编码失误等。可能的原因是问题或答案的设计过于复杂,影响了受访者的正常作答。

有些问卷不是填答错误而是根本就没有填写或者有部分问题没有填写,这就是所谓的填答不全。这种情况存在的原因可能来自于问卷本身,问卷用语学术性较强、晦涩难懂;也可能来自于受访者对问卷的敏感,比如某些问题使受访者感到不好意思填答或填答后会造成不良后果(例如关于对配偶的评价这种问题);也有的问题可能是受访者觉得属于隐私问题不愿作答等。总的来看,这些问题的出现可能来源于问卷设计中的失误,也可能来自于实际调查工作的缺陷。

填答相同是指在试调查中受访者对某些问题的答案出现惊人的一致。一般情况下,每个受访者应该在各自的背景下对某一个或某些问题的填答呈现出合理的分布特征,但在试调查时,有时会出现对某一个或某些问题的答案几乎相同,这样,这些问题就失去了本该具有的研究意义。出现这种情况,一个很重要的原因就是问题设计时夹杂了设计者的主观倾向,另外,答案设计的不合理也可能造成填答相同。比如当调查家庭人均收入时,由于对答案分类不合理,可能会造成绝大多数受访者集中到某一个答案上。

问卷试用的另一种办法叫主观评价法,主观评价法不是对问卷进行小样本的试调查,而是将问卷初稿打印出来后,送给相关领域的专家学者、业内人士和典型的被调查者等,让他们根据自己的经验和认识,从不同的角度对问卷进行评论,尤其是对问卷设计的不足、错误提出意见。问卷设计者对评论的意见进行归类,并结合自己设计问题的意图和相关人员进行充分沟通。而后对这些专家的意见和建议进行甄别,逐条检查,对问卷进行修改。

(二)问卷的修改

问卷的试用无非是为问卷的修改做准备。在上面对问卷试用的介绍中,已经包含了一些问卷修改需要注意的地方。总体来看,问卷修改需要注意以下几点:

1. 开始修改时,不要纠缠于个别问题和答案,要首先对问卷的整体结构进行修改。试调查或专家评论后,对问卷的结构问题尤其是问题的安排顺序重新梳理,然后根据试调查或专家评论中暴露出来的缺陷进行修正,修正时最好把修改的问卷和原问卷不断进行对比与思考,看是否修改后的问卷结构、顺序更趋合理。

2. 整体结构修改完毕后,就可以把注意力集中到问题与答案的具体设计上来:问题能不能扣住调查主题,哪些问题可以进行简化,答案的设计是否合理,等等。要针对发现的问题逐一核查,千万不能遗漏。

3. 最后,要重新通读问卷,对整个问卷进行形式上的修改。第一,看问卷中的措辞是否得当,表述是否准确、易懂;第二,要对问卷设计的版面进行修改，让问卷看上去更美观，填答者填答起来更加方便。

03 | 第三节 问卷设计的具体方法 |

问卷设计的具体方法是问卷设计中最直接、最重要的部分，主要包括题型及答案、问题的语言和提问方式、问题的数量与顺序等。

一、题型及答案的设计

按照备选答案给出的情况，问题可以分为开放型、封闭型、半封闭型三种类型。由于答案的设计和问题的设计有着较为密切的关系，问卷内容的具体设计其实就是三种类型的问题和答案在问卷中如何编排。

（一）开放型问题

开放型问题，就是在设计问卷时，不提供任何具体答案，而由被调查者自由回答的问题。例如：

例1 您对孩子的期望有哪些？

____

例2 您现在不买车的原因是什么？

____

可以看出，开放型的问题是没有"标准答案"的，全赖于被调查者对问题的理解和看法，有比较大的自由发挥的空间，因此，开放型问题的优点是问题设计比较简单，所获信息量较大且较为真实，可以适用于那些事先无法确切知道答案的问题，对于研究纷繁复杂的社会现象不可或缺。开放型问题的缺点是答案可能各种各样，资料整理难度较大，难以进行量化分析。

问题提出后，在问题下面要留出适当的空白，供被调查者填上自己的答案，叫做留白。留白的大小取决于设计者对问题答案复杂程度的预判。

（二）封闭型问题

封闭型问题是指将问题的几种主要答案或一切可能的答案全部列出，印在问卷上，调查时请被调查者从中选择适合自己情况的答案回答。类似于考试时的单项或多项选择题，不过答案不是指定标准答案，而是由受访者据实填写。封闭型问题设计的难点在于备选答案的设计。设计者应对问题所有可能的答案一一列出，尽可能地做到穷尽、周延。而根据问题所反映的变量的测量属性（定类、定序、定距）不同，备选答案的数量和设计方法也多有不同。

封闭型问题是问卷调查中最常用的形式,其优点是具有标准化的答案,易于对资料进行编码和分析,答案容易填写,有利于提高问卷的回收率等。以下对调查中常见的几种封闭型问题的形式进行介绍:

1. 填空式。

填空题可以看做是一种特殊类型的封闭型问题,虽然没有列出答案选择项,但空白处的答案具有客观性和唯一性,对受访者来说,易于填答。(通常只需填写数字)。

例3 您的年龄是________________周岁。

例4 您有________________个孩子。

填空题的答案多为定比测量数据,受访者填答极少出现错误,统计分析起来比较方便。

2. 两项式。

两项式也叫是否式,问题的答案只有肯定和否定两种,回答者根据自己的情况选择其一。

例5 您的性别?

(1)男　　　　(2)女

例6 您是否打算考研?

(1)是　　　　(2)否

两项式问题适用于互相排斥的非此即彼的定类问题,这是由于问题的答案客观上只存在两种情况,比如例5;或者在调查受访者对某一问题的态度和倾向性时,问卷设计者主观上把人群分为易于比较的两类,比如例6。在对待第一种情况时,两项式问题答案简单,便于受访者回答;但在调查人们的态度和倾向性时,有时过于武断,难以调查出人们的真实想法,比如在例6问题中,可能有的同学正在是否考研中摇摆不定,但只提供两种答案,这些同学就会被迫填答一种。

3. 列举式。

列举式问题是在问题后面不设计具体答案,而是给出若干条填写答案的横线,要求受访者根据自己的实际情况列出自己的回答,当然,答案要在两个或两个以上。

例7 请问您找对象时最看重对方的哪些条件?(请最少列举2个条件)

第一个条件：________________

第一个条件：________________

其实，列举式问题严格来说是开放型问题的一种，但其答案一般较为简单，受访者回答不需要多加斟酌，且可填答的内容也不复杂，因此，在问卷中，仍然被当作封闭型问题对待。设计列举式问题的原因是问卷设计者难以对问题的所有答案一一列出，受访者的答案虽能真实反映他们的想法，但统计分析时需要重新进行分类、编码。

4. 多项选择式。

多项选择式问题给出至少两个以上的备选答案，回答者选择其中一个或多个进行选择，这是问卷中最常见的形式。

例 8　您每月工资收入处在下列哪个范围内？（请在该选项上打"√"）

①500 元以下　②500～1000 元　③1001～2000 元　④2001 元～5000 元　⑤5000 元以上。

例 9　您最喜欢看哪类电视节目？（请在合适的方框中打"√"）

①□新闻节目　　②□电视剧　　③□体育节目

④□广告节目　　⑤□其他节目请写明________

多项选择式可以分为多项单选式、多项多选式、多项任选式三种类型，其中多项单选式是用得最多的题型，上面的两个例子都属于多项单选式，多项多选式要求是在答案选择项中选出两个或两个以上答案，比如，我们可以把例 9 改为如下多项多选式：

例 10　您最喜欢看哪类电视节目？（请在合适的方框中选择两项打"√"）

①□新闻节目　　②□电视剧　　③□体育节目

④□广告节目　　⑤□其他节目请写明________

多项任选式是指受访者在给出的答案中，根据自己实际情况可以任意选择答案的一种问题形式。

例 11　您最喜欢看哪类电视节目？（请在合适的方框中打"√"，答案不限数目）

①□新闻节目　②□电视剧　③□体育节目

④□广告节目　⑤□其他节目请写明________

由以上例子可以看出，多项选择式问题在设计时应针对研究意图加以区分，问卷的填表说明要准确无误，必要时对填答要求着重指出（比如在字体上与其他内容不同),以免造成受访者填答错误。

5. 排序式。

排序式是指由受访者对问题所列答案进行先后顺序排列的问题方式。在社会调查中,有时候不仅需要了解受访人选择的答案类别,还需要了解不同答案在他们心目中的重要程度。

例 12 您购买电脑时考虑哪些因素?(请在答案左边方框内按重要性进行标注,最看重的因素填 1,以此类推)

(1)□外观　(2)□性能　(3)□质量　(4)□价格

(5)□售后服务　(6)□品牌　(7)□其他______

排序式问题是多项选择题的一种延伸形式,反映了人们对某一问题的价值判断。由于在排序时已经对答案进行了编码,因此在统计分析时可以把这种定序问题加以量化。

排序式问题设计时要注意尽可能地把影响受访者进行评判的因素都列在答案中,还要注意答案的选择项不宜过多,同性质的答案尽量合并在一起,以免影响受访者的判断。

6. 矩阵式。

当问题是同类且具有相同答案形式时,可以将其设计成矩阵式。这种形式的优点是节省空间,使问卷显得紧凑。由于同类问题集中在一起,回答方式也相同,因而可以压缩卷面空间,同时节省回答者阅读和填答的时间。

例 13 您对教师的下列各项待遇的看法如何?(请在合适的方格内打√)

	非常满意	满意	无所谓	不满意	非常不满意
工资待遇	□	□	□	□	□
业务培训	□	□	□	□	□
参与管理	□	□	□	□	□
职称评定	□	□	□	□	□
科研条件	□	□	□	□	□

例 14 您觉得下列问题在您居住的城市里是否严重?(请在合适的括号内打"√")

	很严重	比较严重	不太严重	不严重	不知道
(a)噪声	( )	( )	( )	( )	( )
(b)烟尘	( )	( )	( )	( )	( )

(c)污水　　(　)　(　)　(　)　(　)　(　)

(d)垃圾　　(　)　(　)　(　)　(　)　(　)

(e)有害气体　(　)　(　)　(　)　(　)　(　)

矩阵式是把多个问题放在一起供受访者填答,因此在问卷指导说明书中要进行具体说明,以免受访者此前没有接触过而不会填答。

7. 表格式。

表格式与矩阵式很相似,不同之处在于把问题和答案列成了表格,比如将上例变成表格式。

例 15　您觉得下列问题在您居住的城市里是否严重?

	很严重	比较严重	不太严重	不严重	不知道
(a)噪声					
(b)烟尘					
(c)污水					
(d)垃圾					
(e)有害气体					

表格的形式要正确,应该注意的是要把问题项放在表格的左边,把答案项放在表格的上边,不可颠倒,否则就会影响受访者对问题的理解。

表格式容易使人觉得单调、呆板。在一份问卷中此类问题不宜用得太多。

8. 等级式。

等级式其实是一种单项选择题,设计者给出一组不同等级的答案由受访者选择。

例 16　你们学校食堂的伙食情况如何?

(1)□好　(2)□一般　(3)□差

例 17　您对学校安排的实习方式感觉如何?

(1)□非常满意　(2)□满意　(3)□无所谓

(4)□不满意　(5)□很不满意

等级式问题主要是考察受访者对某种社会现象或事件的态度、看法。答案由一组表示不同等级的词语组成,答案项的安排应该按照一定的顺序进行排列,不要随意安排,应让填答者对答案一目了然,比如上面举的两个例子。

(三)半封闭型问题

半封闭型问题是封闭型问题和开放型问题相结合的一种问答方式。半封闭型问题一般有两种方式:第一种往往是先给出一个封闭型问题,但封闭型问题的答案项可能不符合被调查者实际情况的所有答案,所以把最后一个答案设计成为"其他"选项,并让受访者填答内容(例19);第二种在封闭型问题的提供答案后,为了解受访者对这一问题或相关问题的真实看法,用开放型问题进行追问(例20)。半封闭型问题其实就是一个封闭型问题加上与此问题相关的一个开放型问题,答案设计以封闭型为主,也吸纳了开放型的优点,主要是为了解决答案的"穷尽性",同时也避免了两者的缺点,在问卷中也属于一种常见的问题形式。

例 18 您认为最喜欢看哪些电视节目?(请从下列答案中选出一项您最喜欢的)

A. 新闻　　B. 电视剧　　C. 体育节目　　D. 广告

E. 娱乐节目　　F. 少儿节目　　G. 其他(请写明)________

虽然答案项列举了较多的电视节目,但没有涵盖所有的节目类型,那么,后面留出的最后一个答案就可以供受访者自由填写,如果没有最后的"其他"选项,受访者就会在前面的选项中随便填写一个,就无法调查到他们的真实情况。

例 19 您认为国家对房价的调控政策会使房价在一年内降低吗?(请在适当的方格内打√)

(1)□会　　(2)□不好说　　(3)□不会

为什么?____

____

这类问题主要是要对受访者对问题的看法进行深度的了解,所以在设计题目时要充分考虑受访者对问题的认识程度和知识水平,保证追问的问题受访者能够回答。

二、问题的语言及提问方式

在问题和答案设计过程中,还应该注意问题的语言和提问的方式。问题的语言其实就是设计者与受访者的信息交流,所以问题语言应力求简单、精确、通俗易懂,便于受访者在较短的时间内领悟问题的要求并乐于对问卷进行填答。问题语言的设计应做到以下几点:

(一)问题的语言要尽量简单

无论是问题本身还是问题的答案,设计时的一个基本原则就是简单。简单的语言可以使受访者读起来毫不费劲,一目了然。在设计时要尽可能地使语言口语化、大众化,避免使用冷僻的词汇和专业术语,尤其是不要使用专业术语的简化词,如果属于迫不得已使用的话,应该在填表说明中进行详细解释和说明。比如下面的问题:

例20 您认为您所在的社会阶层近十年来的权利意识是否有较大的提升?

(1)□是　　　(2)□否

上述问题中出现了两个名词:社会阶层和权利意识。前者属于社会学中的专业概念,而后者属于比较抽象的概念,对于没有相关专业知识的人而言,理解它们的含义是非常困难的,那么填答时就无从下手。

(二)问题的语言要尽量简短

在能够表达清楚问题内容的前提下,问题的语言越短越好。这是因为过于冗长的语言难免会出现一些语法或表达上的错误,引起受访者的误解。此外,读起来比较费劲的句子,往往会使受访者产生厌烦,失去填答问卷的兴趣。

(三)问题要避免具有双重或多重含义

双重(多重)含义的问题就是在一个问题中,询问了两件(多件)事情,或者说是一句话中实际上询问了两个或多个问题。比如“您的父母是教师吗?”这一问题中实际包含了“您的父亲是教师吗?”和“您的母亲是教师吗?”两个问题。这样的问题往往使一部分回答者无法填写。比如那些父母中只有一个是教师的回答者就无法填答前一问题。因此,一个问题只能提及一个问题或涉及一个事件,应避免双重和多重含义问题的出现,导致受访者回答的时候无所适从。

(四)问题不能带有倾向性

问题设计时的措辞会对受访者选择答案有一定的诱导,因此,问题不能带有倾向性,应该保持中立的态度。比如,要了解被调查者的体育锻炼的喜好,一般问:“您经常进行体育锻炼吗?”如果把问题改成“您一般不进行体育锻炼,是吗?”就会造成回答者答出“是的,不太锻炼”的倾向。问题中出现具有一定价值判断的语言时,也会使受访者对问题回答受到影响,比如,“抽烟是一种不良的个人习惯,您觉得呢?”,这样的问题基本上就直接指向了答案,因为受访者会从中感受到研究者的喜好判断,就会做出特定的回答"抽烟是一种不良的个人习惯"。此外,在问题中引用或列举某些权威的话,也会使问题带有倾向性,比如"医生认为抽烟是有害的,您的看法如何?"。因此,在问题和答案的用词上要注意保持中立的原则,不要使用带有倾向性和褒贬分明的词语。

(五)不用否定形式进行提问

由于用否定形式提问容易产生误解,因此问卷设计中要避免用否定形式提问。比如,当提出"您并不认为在行人和机动车发生交通事故时应增加机动车一方的责任吧?"这样的问题时,很多人往往容易漏掉"不"字,并在这种理解的基础上来选择回答,结果许多人会做出和自己意愿相反的答案,而且,这种问题的提出本身也不符合人们的问答习惯,理解起来有一定的困难,即使理解了,给答案的时候也要多加思考。

(六)不问受访者可能不知道的问题

由于受访者具有不同的知识、能力水平,因此在问卷中出现的问题应该充分考虑到他们是否能够回答,即使是开放型问题,有的受访者可能选择了答案,如果对问题不甚了解,也属于敷衍了事,封闭式问题若超出了他们的认知范围,回答起来就更加困难。比如对农村老年人调查时,提出这样一个问题:"请谈谈您对新农合的认识",就超出了调查对象的回答能力,问题就问得毫无意义。

(七)敏感性问题的处理

问卷中应避免提出容易使人敏感或让人不喜欢回答的问题,如果确有必要,要讲究提问的方式。如果直接提问,往往会引起很高的拒答率。因此,对这类问题最好采取间接提问的方式,并且在语言上要特别注意,不要出现刺激性较强的措辞。一般对敏感性问题的处理方法主要有以下几种:

1. 间接问题法。不直接询问受访者对某事项的观点,而改问他认为其他人该事项的看法如何。比如要询问受访者家庭关系问题的时候,直接提问可能过于敏感难以回答,可以把这种问题转化为受访者对社会上其他家庭中的关系问题进行询问,这样,既能取得他们对家庭关系的真实看法,又避免了直接询问对受访者造成的尴尬情绪。用间接问题旨在套取应答者回答认为是旁人的观点。所以在他回答后,应立即再加上问题:"您同他们的看法是否一样?"

2. 卡片整理法。将困窘性问题的答案分为"是"与"否"两类,调查员可

暂时走开,让应答者自己取卡片投入箱中,以缓和困窘气氛。应答者在无调查员看见的情况下,选取正确答案的可能性会提高不少。

3. 随机反应法。根据随机反应法,可估计出回答困窘问题的人数。

4. 断定性问题的处理方法。有些问题是先假定应答者已有该种态度或行为。例如,你每天抽多少支香烟? 事实上该应答者极可能根本不抽烟,这种问题则为断定性问题。正确处理这种问题的方法是在断定性问题之前加一条"过滤"问题。

例如,您抽烟吗?

如果应答者回答"是",用断定问题继续问下去才有意义,否则,在过滤问题后就应停止。

(八)问题要明确,不能含糊

提问的问题必须使受访者在回答时有明确的范围,即问题要有内容、时间或地域上的界定,如果界定不明确,要么会使受访者难以回答,要么答案会各种各样,违背了研究者的研究意愿。比如提出这样一个问题:"请问您家中有没有外出劳动力?"、"您家人的收入是多少?",就属于难以回答的问题,因为前者缺乏时间上的限制,后者对收入的类别没有进行界定,受访者搞不清楚是回答人均收入还是家庭总收入。

三、问题的数量与顺序

所有的问题和答案设计完毕后,并不意味着问卷已经大功告成,还要考虑问题的总量和问题的先后顺序如何编排,就像写作文一样,素材有了,但还要就布局谋篇下一番工夫。

首先,要考虑问题的数量问题。就研究者而言,同样是做了一次问卷调查,总是希望问题越多越好,尽可能得到受访者对相关问题的全部资料,因此问题的数量趋向于越多越好。而对于受访者而言,填写问卷往往并不是自己应尽的"义务",需要额外的投入时间和精力,尤其是对于工作比较繁忙的受访者,所以总是希望问卷越短越好,问题越少越好,问题的难度越小越好。因此,问卷当中的问题数目应该保持一个相对平衡的规模,既可以收集到所需的资料,又要保证受访者能保质保量地完成问卷。一般问卷填答的时间,最好控制在20分钟以内,不要超过30分钟,要充分考虑受访者的个人特征和他们与问卷的关系。如果问题数量难以削减的话,要在问题的表述和答案设计上多下工夫,因为决定问卷填答时间的除了问题的数量之外,简短、简单的语言和易于填写的答案,也会缩短问卷填答的时间。

问卷中的问题数量确定下来后就是如何安排问题之间的顺序。安排顺序的原则是:使问卷条理,前后逻辑关系清楚,易于受访者一步一步地按照问卷完成填答,还要便于研究者对问卷进行统计分析。一般来说,受访者对问卷的填答也有个不断进入角色的问题,初始对问卷的印象对问卷是否能够顺利完成至关重要。如果开头的问题复杂晦涩,就会使受访者感觉到填答的难度较大,可能会放弃填答。那么,如何安排问题的次序呢?下面我们就来看看安排问题次序的一般原则:

(一)先易后难

容易回答的问题放在前面,难回答的问题放在后面;简单的问题放在前面,复杂的问题放在后面。问卷的前几道题是问卷留给受访者的"第一印象",当发现问卷易于回答后,会极大地提高他们对调查的积极性,即使后面遇到稍微困难的题目,由于前面已经作答,他们也不会轻易放弃,如果前面的问题让他们填答起来特别费力,那么他们对自己是否能完成问卷会产生怀疑,从而放弃与调查者的配合。容易的问题是指受访者不用借助于提示就能轻松回忆起来的问题和不用深入思考就能作答的问题,比如家中的人口数、学历等。安排好这类问题后,再逐渐加大问题的难度,当然容易问题向困难问题的过渡也要讲究一定的逻辑顺序,前后最好有思维上的连贯性,这样被调查者就容易回答。比较而言,有关背景的问题,调查者最熟悉、最容易回答,可以放在最前面;有关行为与事实的问题随后;有关认知的问题需要一些思考,放在最后。

(二)先一般后特殊

一般性问题是大家都乐于回答的问题,特殊性问题是指受访者回答起来有所顾虑的问题,也叫敏感性问题。一般性问题往往涉及受访者的家庭、职业等,易于填答且不会引起他们对问卷的主观情绪;当敏感性问题放在问卷前面时,容易引起被调查者的顾虑,比如对婚姻的评价问题,受访者认为是属于隐私问题;而政治态度、道德伦理评判等问题多为人们所不愿意公开表达的问题,若将这类问题放在前面,被调查者可能因受到刺激而马上放弃填答。因此问卷前面要避免类似问题的出现,当受访者完全进入问卷填答者的角色后,或因为前面的填答对问卷的调查目的有所了解后,再出现这种特殊性问题,被调查者的主观情绪往往不会强烈地表现出来,即使后面特殊性问题受访者没有回答,至少得到了一般性问题的相关资料。

（三）先具体后抽象

对具体事件或行为的问题属于具体问题，对受访者来说，这类问题是较为容易填答的，即使有的回忆起来有些困难，但不会涉及他们对问题的价值判断，因此不会引起受访者的反感。而抽象问题多为受访者对某些事件或现象的态度、意见等，这类问题既比较敏感，又需要付出较多的精力来回答，因此一般安排在具体问题的后面。

（四）先封闭后开放

封闭式问题回答起来比较简单，只需在备选答案中选择，回答者不用花费过多的时间去考虑，一般都愿意回答，因此应放在问卷前面。开放式问题则应放在问卷的最后面，这是因为回答开放式问题要比回答封闭式问题需要更多的思考和书写。而一般人因为怕麻烦，都愿意直接做选择题，不太愿意写得太多，无论是把它放在问卷开头，还是放在问卷的中部，都会影响回答者填完问卷的信心和情绪。而将它放在问卷的结尾处时，由于所剩问题不多，绝大多数回答者能够完完整整地填答完它们。

（五）问题的分类要清晰

问卷应该结构清晰，要把相同主题的问题归为一类排列在一起。每类内部具有较强的联系，各类问题又相对独立。如果问题没有归类，仅仅按照上面罗列的顺序排列，会造成受访者填答逻辑不连贯，颠三倒四，也不利于借助问题之间的关系帮助受访者回忆答案。

四、相倚问题

在设计问题时常常遇到这样的情况，有的问题只适用于一部分调查对象，而被调查者是否需要回答这一问题，常常依据他对该问题前的另一个问题的回答来定。比如，“您有孩子吗？”和“您有几个孩子？”就是这样的问题。后一问题显然只对有孩子的调查对象适用，受访者是否需要填答此题，完全由前一个问题的回答决定。所以我们通常把前一问题叫做过滤性问题或筛选性问题，而把后一问题叫做相倚问题。

例21　您有孩子吗？

①有　　——过滤性问题

②请问您有几个孩子？　　——相倚问题

在问卷设计中，相倚问题格式如下：

就设计方法而言，相倚问题分为简单相倚、复杂相倚和跳答指示三种形式。

(一)简单相倚

简单相倚即被调查者对某一个问题的回答决定了他是否需要回答另一个问题。

例22 您有孩子吗?

A. 有————→请问您有几个孩子? ________

B. 没有

(二)复杂相倚

复杂相倚也叫做相倚套相倚,如果被调查者对一个问题回答与否取决于前一个问题的回答,而前一个问题回答与否又取决于这个问题之前的一个问题的回答,则这三个问题之间就会形成相倚套相倚的情况。中间那个问题既是前一个问题的相倚问题,又是后一个问题的过滤性问题。

例23

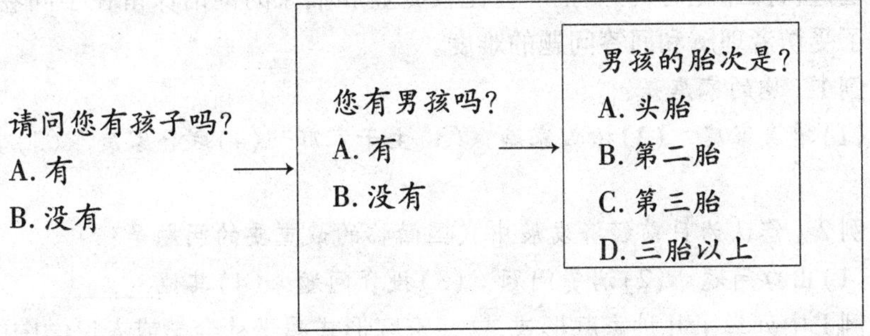

相倚问题一般是用方框框起来,与过滤性问题隔开,并通过一个箭头只是将它同过滤问题中的某种答案相连接,表示选择该答案的回答者需要进一步回答相倚问题。

(三)跳答指示

跳答指示是填表说明的 种类型,如果问卷当中有连续数个问题都只适用于部分被调查对象,则可以采用跳答指示方法,跳过这些问题直接进入符合条件的问题。

例24 请问您有孩子吗?

A. 有

B. 没有

(请跳过第6~10题,直接从第11题开始回答)

因为过滤性问题对调查对象进行了筛选,因此后面的第6~10题只是针对有孩子的调查对象所提出的问题，没有孩子的就不需要作答，而有孩子的则根据提示一步一步把相关问题填答完整。

04 | 第四节　问卷设计中的常见错误 |

通过上面对问卷设计的程序和具体操作步骤的介绍，初学者基本可以进行问卷设计了，但是要设计出质量较高的问卷，需要在长期实践中不断探索，积累经验。下面列出几种问卷设计中常见的错误，以帮助研究者在设计问卷时能够避免或少走弯路。

一、概念抽象

在问卷设计时，研究者往往基于自己的专业背景提出问题，导致在对研究问题进行操作化时，仍然把一些比较专业和抽象的词语保留在了问卷中，增加了受访者理解和回答问题的难度。

例1　您的家庭是：

(1)单身家庭　(2)核心家庭　(3)主干家庭　(4)联合家庭　(5)其他家庭

例2　您认为目前经济发展中我国面临的最重要的问题是：

(1)出口问题　(2)消费问题　(3)投资问题　(4)其他________

例1中列举了几种家庭形式，这些家庭形式属于社会学或人口学中的专业术语，对一般人来说，显得过于抽象，很难明确分清，那么在填答问卷时就会无从下手。如果直接问"您家中几代人生活在一起"，受访者就会轻松填出答案，因此，抽象概念的出现是由于没有把抽象概念的操作化为可以具体测量的变量。例2中的答案也属于类似情况，本来经济发展就是一个不好界定的抽象概念，加上后面的答案项，没有经济学常识的受访者很难把握住这些概念的具体含义，填答起来就较为困难。因此，在对概念进行操作化时，要尽可能地把抽象的概念转化为普通人可以理解的、易于测量的变量。

二、问题含糊不清

所谓问题含糊不清，就是提问的问题比较模糊，受访者很难搞清楚、弄明白，容易发生歧义。

例3 您对现在的工作单位满意吗?

(1)非常满意 (2)基本满意

(3)说不清楚 (4)不满意 (5)很不满意

例4 您现在的实际文化程度相当于:

(1)小学毕业 (2)初中毕业 (3)高中毕业 (4)大专毕业以上

例3中"工作单位"是一个较为含糊的词语,受访者在选择答案的时候,可以针对工作单位产生多种理解,比如工资福利、人际关系、干群关系、工作强度等,这就造成了受访者无所适从,或者在答案中按照个人的理解随意选择,于是研究者很难得到自己需要的研究资料。导致这种错误的原因往往是问卷设计者自身没有弄清楚到底要问什么,或者是在表述中出现了疏忽,因此在对问题进行审核时,一定要注意关键性词语的使用,看是否扣住了研究主题,有没有操作化的变量无法进一步分解。例4中的"实际文化程度"的提法也会引起受访者的含糊理解,什么是实际文化程度?用什么衡量?个人理解不同,自然填答就没有一个统一的标准,甚至造成无法填答的情况。

三、问题带有倾向性

提问问题时,有时候会带有某种倾向性,对受访者填答某一答案形成诱导,得不到反映他们真实想法和意愿的回答。

例5 醉酒驾驶给社会和当事人造成了很大危害,您同意将这种行为列入刑事犯罪吗?

(1)同意 (2)无所谓 (3)不同意

例6 有专家认为,适度的失业人数对经济增长是有利的,您同意这种看法吗?

(1)同意 (2)不同意 (3)不知道

在例5中,前面的陈述指出了醉酒驾驶的危害性,在和后面问题进行关联时,会诱导受访者选择"同意"这一答案。而例6首先提出"有专家认为",大多数普通人对专家的观点当然要高度注意,从而倾向性的选择和专家意见相一致的答案。与此类似的还有"学者表示"、"有权威媒体说"、"政府有关部门认为"、"大家普遍认为"等提法,都会对受访者选择答案形成诱导。这种问题的处理很简单,只要把倾向性的词语和句子去掉,不对受访者的心理形成干扰就可以了。

需要注意的是问卷设计者本身不要对问题的答案有倾向性，比如为了研究、分析的方便，想要得到某种调查结果，这完全违背了科学研究“价值中立”的基本原则，失去了研究的意义。

四、问题具有双重或多重含义

问卷设计中要做到每个问题只能针对一个方面进行提问，如果在一个问题中出现了两个或多个方面，也会使受访者无法回答。

例 7　您对当前的生活和工作满意吗？

(1)很满意　(2)基本满意　(3)不满意

例 8　请问您父母支持您考研吗？

(1)支持　(2)不支持

例 7 中实际上是既问了“对生活是否满意”，又问了“对工作是否满意”两个问题，受访者对工作和生活的感受和评价未必是相同的，因此选择时就会陷入矛盾状态。同样例 8 中也是两个问题，“父亲支持考研吗?”和“母亲支持考研吗?”，当父母对孩子的期望是不一致的时候，受访者将无法填答。

双重或多重含义问题的出现是问卷设计者将两个或多个问题放在了一次提问中，这种问题很难了解到受访者的真实情况，在问卷设计时，应该对不同问题分开进行提问。

五、问题与答案不协调

这种错误经常出现在封闭式问题当中，即问题和问题的答案出现了不一致，致使产生了“所答非所问”的情况。

例 9　您常看哪一类电视节目？

	经常看	很少看	从不看
新闻节目	□	□	□
电视剧	□	□	□
体育节目	□	□	□
广告节目	□	□	□

例 10　您认为是否有调离可能？

(1)不可能　(2)比较困难　(3)不很难　(4)很困难

例 9 中问的是“常看的电视节目”，那么正确的答案设计应该是列举出各种节目就足够了，而实际的答案设计却是对不同电视节目的收看频率，显然是答案没有扣住问题来设计。例10中问题是“调离可能性”，而答案中的“比较困难”、“不很难”、“很困难”则表示的是程度，已经抛开了“可能性”的问题。在对问题和答案设计完毕后，应把二者进行对照来检验答案是否扣住了问题，最简单的方法是直接把问题中表达的核心词语进行连接，如果不符合一般的表达规范，就表示问题和答案的设计出现了问题。比如在例9中，可以把问题的“哪一类”和答案进行对照，不难发现“经常看”、“很少看”等选项偏离了问题。

六、答案设计不合理

答案的设计应该遵循穷尽性原则和互斥性原则。穷尽性原则是指问题给出的备选答案必须要能涵盖所有的可能，否则就会导致被调查者在问卷中找不到符合自己情况的答案；互斥性原则是指问卷当中所给出的每个答案之间在内涵上应该相互排斥，不能出现相交甚至重叠的情况，否则就会导致被调查者在问卷中同时发现几个答案都符合自己的情况。

例11 您的文化水平是？

(1)初中及以下　(2)高中　(3)大专(学)　(4)硕士

例12 您的职业是：

(1)工人　(2)知识分子　(3)职员　(4)小商贩

(5)农民　(6)领导干部　(7)学生　(8)私有企业主

在例11中，我们看到答案被分成了四项，但是文凭类型显然没有穷尽，具有博士学位的受访者就找不到自己应该填写的答案。如果把答案(4)改为“硕士及以上”就比较妥当了。当问卷设计者对答案的穷尽性没有把握的时候，应该在最后设立“其他”答案项，供受访者填写。当然，问卷中也不宜出现过多的“其他”答案项，否则封闭型问题就过多的转换为开放型问题，增加了填答的难度，也不利于资料的统计和分析。例12中不仅没有做到答案的穷尽，而且各选项之间存在交叠，里面的“知识分子”也不属于职业类型，比如一个学者型的领导干部，在选择答案时就会面临困惑。在设计有关受访者背景资料问题时，答案的互斥将显得尤为重要。

答案设计中还要注意对频率、行为程度等变量的测量，比如“经常、不经常”、“好、很好”等，应尽量把答案做成可以测量的指标。另外，还要注意答案应在同一层次、同一维度上，即分类要坚持同一个标准。

七、表格设计中的问题

表格设计中通常出现的问题有以下几种:单个表格中包含问题过多、问卷中使用表格过多和表格形式不恰当等。有的设计者在单个表格中放入了太多的问题,失去了表格清晰、简单的特点。过多的问题和内容会增加受访者的答题负担,相比其他题目形式,表格式不仅要了解问题的内容,还要了解表格本身的形式和填答要求。因此,单个表格中的问题不宜设计过多,而整个问卷当中对表格使用的数量也要适当。

表格形式的问题主要表现为不符合约定俗成的习惯,把问题项和答案项的次序搞反了,使受访者阅读问题和答卷时感到不习惯。

例 13 您觉得下列问题在您居住的城市里是否严重?

	(1)噪声	(2)烟尘	(3)污水	(4)垃圾	(5)有害气体
很严重					
比较严重					
不太严重					
不严重					
不知道					

例 13 中问题指向的是“噪声”、“烟尘”、“污水”、“垃圾”和“有害气体”,左边表示程度的五个选项为答案项,这样安排表格,就颠倒了二者的次序,正确的做法是把二者颠倒过来。

八、其他的问题

除了以上常见的问题与答案设计错误外,问卷的其他构成部分也容易出现错误,比如卷首语的措辞不当,填表说明不够细致、准确,行文中出现语法错误,排版的美观实用性差等,在问卷正式使用之前,应当逐一进行审阅。

| 本章小结 |

问卷调查是社会研究中最常用的资料搜集方法。问卷在结构上一般包括以下几个部分:标题、卷首语、填表说明、问题与答案、编码、调查记录等。问卷设计应该在探索性工作的基础上设计问卷初稿,问卷初稿的设计方法有两种——卡片法和框图法，初稿完成后，要进行试用和修改才能开始问卷调查。问卷设计的具体方法是问卷设计中最直接、最重要的部分，主要包括题型及答案、问题的语言和提问方式、问题的数量与顺序等。

| 关键术语 |

问卷的结构　探索性工作　卡片法　框图法　开放型问题　封闭型问题　相倚问题　半封闭型问题

| 复习思考题 |

1. 问卷的一般结构包括哪些内容？
2. 问卷试用有哪些方法？
3. 问卷中应怎样安排问题的顺序？
4. 封闭型问题有哪些方式？
5. 问卷设计中常见的错误有哪些？

第六章 | 实地调查

实地调查是社会科学领域很重要的一种调查方法。该方法的特点一是强调在实地“情景中的观察”和通过进入自然背景并观察自然发生的行为和事件;二是重视调查者对被研究者在特定社会环境中思想和行动的符号关系的理解。[①] 实地调查有很多资料收集的方法,其中访问法和观察法是最为重要的两种方法。

01 |第一节 访问法的概念及类型|

一、访问法的概念

访问法,又称访谈法(Interview Survey),是研究者到被访问者的实际生活、工作或学习环境中,以口头交谈的形式,根据受访者的答复搜集个人境况、意见或有关社会实际情况,并客观地记录其所听和所见的一种资料收集方法。与问卷调查法和文献调查法相比,访问法主要依靠口头交谈获取资料,但与日常交谈不同,它是一种有特定目的和一定规则的研究性交谈。访问法具有如下特点:

访问双方互动并可控。访问是人与人之间的交往过程,在这一过程中,访问员与被访问员人际交往的质量在较大程度上决定了访问质量的好坏。为取得访问成功,访问者需要与被访问者之间建立起基本的信任关系,需要引导被访问者积极提供所要了解的信息;需要掌控访问过程,灵活处理各种

① 胡荣:《西方社会学中实地调查法的发展》,《社会》1986 年第 4 期。

预料之外的情况。访问法是需要较高访问技巧的有控制的调查。

访问过程灵活。访问具有较大的弹性。如访问员事先根据一般情况和主观想法设计调查问题,有些情况不一定考虑十分周全,访问中,可以根据受访者的反应,对调查问题做调整或展开。同样,为了深入地探索问题,访问员能够根据调查对象和访问过程的具体情况,灵活多样地选择问题、提问的顺序、提问的形式和措辞。针对被调查者不清楚或不理解所问的问题以及各种疑问,访问员也能够重复解释,同时还可根据交谈时被访者的非言语行为和表现,验证访问资料的信度与效度等。总之,与问卷调查相比较,访问法灵活得多,回答率也较高。即使在调查对象因文化程度低或其他原因不能填写调查问卷的情况下,访问也能得到被访者的合作,获得所需的资料。

访问法的灵活、互动、可控性也决定了该方法的优点和局限性。就优势而言,访问法一是能够适用于各种调查对象,不受被访者社会身份、文化程度等的限制;二是能广泛了解各种社会现象,包括现实、历史方面的问题,事实、行为方面的问题和观念、情感方面的问题;也可对被调查者的态度与动机等较深层次的内容有比较详细的了解;三是能够通过引导、解释和追询,澄清模糊的问题,并对复杂的现象进行深入的探讨,获得可靠全面有效的资料;四是能够灵活处理调查过程的问题,排除各种干扰,有效地控制调查过程。

局限性则表现为:第一,高成本,样本小。访问过程人力、财力和时间耗费较大,调查研究的成本较高,样本数量受到一定限制。第二,对访问员的依赖程度大。访问结果和质量在很大程度上取决于访问者的素养和被访者的合作态度,具有一定的主观性。如有可能被访者出现猜测和迎合访问员意图的倾向,或把自己的主观意见普遍化,把事实记错;访问员与受访人的不同生活经验和价值取向,也可能使访问员主观解释或猜测等。第三,易受环境因素的影响。被访人或因时间紧迫而来不及思索做出不负责任的回答,这就难以保证资料收集的准确性。第四,标准化程度较低、资料记录难度大。访问法收集信息资料是通过研究者与被调查对象面对面直接交谈的方式实现的,具有较好的灵活性和适应性。不过由于需要投入较多的人力、物力、财力和时间,大规模的访问受到一定限制,所以,访问法一般在调查单位较少的情况下采用,且常与问卷法、测验法等结合使用。

二、访问的类型

由于调查研究课题的目的、内容以及研究对象的不同,访问可分为不同的类型。根据访问内容的标准化程度,可分为结构式访问和无结构式访问;根据被访问者一次同时访问的人数,分为个别访问和集体访问;根据访问内容的层次,可以分为一般访问和深度访问等。

(一)结构式访问和无结构式访问

结构型访问,也称标准化访问,通常是按照统一设计的、有一定结构的问卷进行的访问,是一种对访问过程进行高度控制的访问形式。其控制形式主要表现在以下四个方面:

1. 选择受访者的标准和方式保持一致。

2. 提问的内容是受高度控制的。访问员不能擅自更改、增加或删减访问所用的调查表或问卷的主要内容。

3. 提问顺序、提问方式以及对受访者回答的记录方式都是相同的,访问员只能按照问卷上固定的问题序列进行提问,采取相同的记录方式记录受访者提供的信息。

4. 当受访者不清楚问题或答案的含义时,访问员不能随意进行解释和发挥,只能重复问题或答案。

结构式访问标准化程度高,便于对访问结果进行统计和定量研究;由于访问过程标准统一,技术难度低,易于操作,对访问员的要求不高。但是该方法缺乏弹性,访问双方很难对问题做比较深入的探讨,调查容量有限。

无结构式访问,即非标准化访问,是一种不严格要求问题统一、提问方式统一和答案记录统一的访问方法。该方法事先不预定表格、问卷或定向的标准程序,由访问员和受访人就某些问题自由交谈,受访人可以随便提出自己的意见,不管访问员要的是什么。按照自由度的不同,无结构式访问又分为半结构式访问和完全无结构式访问。半结构式访问通常有一个调查提纲,大多问题均不事先确定,而是要求在自由交谈中,边谈边形成问题;这些问题大部分是开放性的,提问方式上也具有充分的机动性、灵活性,问题可随时增减。完全无结构式的访问是事先不规定任何要问的问题,也不规定资料调查的大致范围,访问员只是给出较为宽泛的话题,与受访者就这个话题自由交谈,受访者可以随意提出自己的意见。访问员则鼓励受访者用自己的语言发表自己的看法,并在访问过程中边谈边提出新发现或新形成的问题。这种访问的气氛较为宽松、自由，它适用于深度了解受访者如何看待某一行为或社会现象，以及他们使用的概念及表述方式。

(二)个别访问和集体访问

个别访问是仅指对单个访问者的访问。一般来说，选择这样的访问对象要考虑其典型意义和特殊意义。这些访问基本上是限于访问者和被访者之间的信息传递，两人就某些问题进行交谈，回答不会受到访问外的第三者的影响。在个别访问中，受访者与访谈者之间容易建立起相互信任的关系，有利于受访者反映真实的信息；若能充分保证匿名性，访问环境只要访问者控制得好，个别访问对于那种无结构的深度访问最为有利。

集体访问是多人同时作为被访对象参与访问，由调查者搜集资料的方法。集体访问，实际上是个体访问的一种扩展形式，它不是通过与个别访问对象的个别交谈来获取信息，而是通过与若干被访者的集体座谈来进行。集体访问中，访问者和被访问者以及被访问者之间互相影响、互相作用。因此，集体访问的优点是可以迅速地收集到对同一问题的不同看法以及人们对该问题认识的差异性；如果被访问者的意见分歧，在某些情况下还可以通过争论使意见得到统一；另外，即使看法一致也有助于在讨论中不断相互启发充实原有的观点，使调研者得到一份比较完备的资料。但由于“团体压力效应”的存在，无法排除某些被访者不说出自己对某事物的看法。如果访问中有职位较高、权力较大的人，他们的意见有时会左右现场倾向，影响调查结论。此外，集体访问对访问人的组织水平要求较高，也就限定此种访问的范围不可能太大。按照研究主题调查形式不同，集体访问可分为头脑风暴法和反向头脑风暴法。

(三)一般访问和深度访问

一般访问也称初步访问。此类访问在形式上控制比较严格，即有一套完整的访问提纲，访问人只需按照顺序提问和记录即可，无需探讨式的相互商洽。一般访问的目的通常是为了验证一种假设理论或政策，所以访问中不考虑与调查主题无关的因素。

深度访问(In－depth Interview)是一种无结构的、直接的、一对一的访问形式，它是为搜集个人特定经验的过程及其动机和情感资料所做的访问。对于一些复杂行为和敏感话题(如吸毒、同性恋等)，或者个人动机、态度等无法通过表面的观察和普通的访问就能获得。深度访问则是希望通过掌握高级访问技巧的调查员对调查对象的深入访问，来揭示某一问题的潜在动机、态度和情感。深度访问选取研究主题的某些方面提问,访问机动或结构松散,但有重点和焦点。深度访问的优点是可以获得比较全面的资料,适合了解一些复杂的问题,而缺点是由于采用无结构访问,是否成功取决于访问员的技巧和经验。调查对象通常是一些特殊人群,因此较难联系。

02 | 第二节 访问的实施 |

一、访问的过程

要取得访问成功,访问员必须熟练掌握和运用访问过程各环节中的访问技巧。访问的一般过程,通常包括访问前的准备,访问中问题提出和听取以及访问后资料的整理等环节。

(一)访问前的准备

访问前的准备工作有两种,一是访问项目主持人的准备工作;二是访问员的准备工作。

作为项目主持人,首先要根据研究目的选择适当的访问方法。如果是探索性研究,则一般选择无结构式访问;若为验证某一假设,则选择结构式访问。一旦访问方法确定,研究者需要根据研究目的和访问方法制作相应的问卷或访问大纲。

其次,选择好访问的对象并作好必要的了解;根据访问内容需要选择访问的对象,尽可能选取最了解情况的人回答问题。要对被访者的性别、习惯、职业、经历等基本情况以及其社区特性尽可能多地了解,以便确定正确的进门、联络、提问等方案。

第三,选择和训练访问员。

第四,选择适当的时间、地点和场合进行访问。访问时间最好是在被访者工作、家务不忙或心情愉快的时候,这样可以更好取得被访者的配合,使访问得到更好的效果。

第五,其他必要准备。如访问工具准备,包括所需的仪器设备、文具等。当然也要做好联系服务工作。

(二)进入访问

访问是整个过程的主要阶段。包括进入现场、提问、记录等环节。

1.进入现场,接近受访者。

在实地访问前,首先应与调查对象所在地的有关管理部门取得联系,争取他们的支持与合作。进入现场前最好先与被访对象"约定"访问的时间和地点。作为访问者,对于被访者必须说明如下问题:首先介绍自己是谁,来自哪里,并将有关的证件出示给被访人员,以便让被访者对你有初步的了解;其次要将来访的目的告知被访对象,如介绍研究课题和说明选择被访者访问的理由,以消除被访者顾虑,征得被访者配合,以便顺利访问。

为接近访问对象,访问者和被访者之间建立融洽的信任关系非常重要。接近访问对象的方式有:正面接近,即开门见山,先做自我介绍,直接说明调查目的、意义和内容,然后访问。这种方式通常在对方没有顾虑的情况下使用。自然接近,如先与被访者通过各种方式攀谈,等建立起初步感情后再说明来意。这种方式在公开说明来意前,很难进行深入系统访问。发觉被访人的优点,真城关怀被访人,以被访者关心的事为话题也可帮助建立融洽的关系。建立融洽的关系无论是在进入现场阶段还是正式访问过程中,都是为进一步的访谈打一个基础,所以不能在这个过程中耽搁太久时间。

2.正式访问。

正式访问中特别需要注意访问技巧。

(1)首先,访问要遵循共同的标准程序,以避免只凭主观印象,或访问者和被访者之间毫无目的、漫无边际的交谈。其中关键是要准备好访谈计划,包括关键问题的准确措辞以及对访问对象所做回答的分类方法。

(2)提问。提问是访问调查的主要手段和环节,提问技巧在访问中也显得尤为重要。访问中的问题通常有两类,一是为掌握访问调查所要了解的实际内容而提出的问题,即实质性问题;二是在访问过程中为了对访问对象施加某种影响的问题,如"你身体好吗","你负责什么工作?"。这类问题属于功能性问题,目的是为了接近被访者,或者是为了试探访问对象是否合适,也可以是检验回答的真实性和可靠性,如先问"你对工作满意吗?"过段时间再问"你想换工作吗?"。访问者不仅要善于用恰当方式提问各种实质性问题,而且要善于灵活运用各种功能性问题,促进访问过程的顺利进行。

具体的提问技巧。具体的提问方式有很多,但不管采取哪种方式,都需考虑三个方面的因素:一是问题本身的性质和特点,一般比较敏感、尖锐的问题,应采取谨慎、迂回的方式提出;二是考虑被访者的具体情况。对思想上顾虑重重、多疑，或对情况不太熟悉、理解能力较差的被访者，应采取循循善诱，逐步渐进的方式提出问题；三是考虑被访者和访问者之间的关系。在二者尚未建立基本信任和初步感情的情况下，应以耐心、慎重的方式提出问题①。就具体的提问技术而言，访问中还要遵循先易后难的原则，提问时必须注意口齿清楚、语速适中、语气中立，提问之后应等待一段时间，不要急着催促对方回答。在无结构式访谈中，提问的措辞和问题的顺序是灵活的，没有定规的。主要根据被访对象的个人特点和当时的语境，由访问员自行处理。

(3)倾听。

听取回答是访问过程的另一重要环节，"会听"是一个熟练访问员不可缺少的一个方面。"会听"的关键是专心、积极。

积极倾听首先是一个正确态度，访问者不仅要集中精力连续倾听，还要边听边记；对被访者的回答要虚心，不能不懂装懂；被访者回答错误或偏离方向，应以适当方式解释、引导，不能无礼打断对方。同时，访问者还要对被访者的回答做出恰当反应，如表达同感，用目光和手势等非语言信息鼓励对方谈下去等等。

第二，积极倾听还要做到排除各种障碍。彻底排除下列障碍：对被访问者的偏见、访问者的主观臆断、疲劳过度、难懂的被访者语言、周围环境干扰等，这是有效倾听的基础和前提。

第三，积极倾听还要求敏锐的观察力。提问时应注意观察被访者的表情，从中判断他是否真正理解了问题，在倾听对方回答时，也应尽量注意观察对方的情感反应、眼神、肢体动作等非语言信息以及环境因素，借以判断对方是认真地作回答，还是随意地作答；是讲真话，还是有所隐瞒或欺骗。还可判断出被访者的心情态度是否已感到厌烦或感到劳累，以便及时地调整访谈节奏。

(4)记录。

访问的目的就是要获得资料。在访问调查中，资料是由访问员记录而来的。做好记录也需要一些特殊的技巧。结构式访问记录比较简单，只需按照规定的记录方式把答案记录在问卷和表格中即可。而无结构式访问、深度访问等记录却比较复杂。通常有当场纪录和事后记录两种方式。当面

---

① 林聚任、刘玉安：《社会科学研究方法》（第一版），山东人民出版社2004年版，第193页。

记录需要征得被访问者的同意。可以逐字逐句记录,也可重点记录。逐字逐句记录的优点是资料完整,不带偏见,但忙于记录可能会丧失对方的表情、动作等表达出来的信息;重点记录即仅记重点及有特色的事件和情节,这种方法可避免逐字逐句记录的缺点,但在重点挑选上可能掺入主观成分。如果征得被访者同意下使用录音方式,那么资料的详细完整以及访问中非语言信息等都能得到很好的保证。当面记录资料较为完整客观,但往往会影响记录的速度,削弱访问员的注意力和改变被访者的情绪。事后记录是在访问后靠记忆记录,它不破坏访问双方的互动,提高了无记名的相信程度,但受记忆偏好和能力的限制,访问者可能只会记录他认为重要的东西,这样使调查资料具有很强的主观性。

除了记录被访者的回答外,记录中还应对访问的环境如居住环境、邻里情况,是否他人在场等进行描述,对访问中观察到的观点和行动,如重要表情与姿势也要记录在案,并记上访问者的评价,以便分析调查资料的真伪或意义。

(5)访问过程的控制。

为了保持适当的访谈气氛,不影响被访者的情绪和观点,或者是为了有效处理无回答现象,整个访问过程中还需应用必要的控制技术。控制技术在整个访谈过程中的运用都只能为保证得到客观、真实、全面的调查资料服务,而决不能用来影响被访者,使其按访问员个人的某种意图作答。不仅如此,访问员还必须注意控制技术在无意中带来的影响,并努力消除这些影响。常见的控制技巧如:

自我表情的控制。通常注意力集中于对方以及谦虚诚恳的表情,是有利于交谈的,应尽量防止流落出不感兴趣、厌倦、嘲笑、盛气凌人等消极表情。一个成熟的访问者,既要善于控制自己的面部表情,又要善于观察被访者的面部表情,并恰当地运用面部表情来传达信息,调节和控制访问的过程。

追问。追问是为通过更具体、完整的引导来帮助被访者更好地回答问题。在访问中,常会遇到“不清楚、不了解、不知道”等虚假的无回答现象。这一现象的原因一方面是怕谈了以后影响自己利益;另一方面可能是记忆问题,感到记忆不清,干脆回答说不知道,也可能是麻烦心理,觉得难以表达自己的看法,以不知道作搪塞,或者对某个问题的内容或措辞有抵触情绪,不愿意回答。对待虚假无回答现象,应当追问以弄清无回答的原因,如发现不是真的无回答时,应努力引导对方作出真实的回答。

客观中立。访问过程中,访问员既不能进行暗示或诱导性提问,也不能根据自己的偏好对被访者的答案任意取舍,更不能因对被访者的偏见,对其回答漠然置之。因为由访问员偏差所得到的资料,已失去了科学研究的价值。客观中立,如实记录是整个访问过程坚持的基本原则。

(三)访问后资料整理

访问后工作主要有两个方面,一是资料的整理和核实;二是考虑必要的补充访问。访问结束后,要及时整理访问记录,主要看记录是否完整、准确,调查是否真实、可靠。对部分关键数据要进一步查证核实,对遗漏的问题和搞错的事实都要进行补充调查。

二、访问员的培训

访问员是访问中的中心人物,研究结果在很大程度上取决于访问者的个人品质、特征和能力。因此,访问员的挑选和训练至关重要。

(一)访问员的选择

访问员应该具备两个条件:

1. 任何研究的访问员都应具备的条件。

任何研究都需要访问员具备良好的学识能力,较强的交际能力,适当的性格气质以及较高的职业道德水准,如高度的责任心,谦逊的工作态度和诚实认真的个人品质。诚实认真,是访问员必须具备的最基本的品质。访问员必须准确地遵守工作细则,忠于访问事实,不得把自己的揣测加进去,否则会影响调查的客观性。访问过程也是非常辛苦的,有时还会遭到冷遇和拒绝,若访问者没有责任心,就很难完成任务。在访问中,访问员只有抱着虚心求教、尊重对方的态度访问对方,被访者才会知无不言、言无不尽,访问才会顺利进行下去,否则很容易造成双方人际关系紧张,甚至导致访问失败。

2. 由研究主题的性质、社区类型及调查对象的特点所规定的条件,也称特殊条件。

访问员在性别、年龄、教育、地区等几个方面与被访者相同或大致相同,访问效果越好,特别是敏感性问题如性、民族、宗教等。从研究主题来看,通常男性访问员适合访问有关政治、经济问题;而女性访问员更适合访问婚姻、家庭问题。

（二）访问员的培训

培训访问员的目的是为了提高其访问技巧和能力。训练的内容一是使访谈员对调查内容和调查工具有充分的了解；二是必要的方法训练，使访问员具备必要的访问能力和技巧。

访问员培训通常有以下几个步骤：

第一，研究者介绍研究的目的、意义、调查范围、调查步骤、调查对象及每人的工作量、所需时间、报酬等。

第二，组织访问员阅读访问问卷、访问手册或与研究相关的材料，使访问员更好地理解和明确项目内容和基本要求。通常要让访问员了解为什么要如此进行访问，访问得来的资料如何使用；访问员对研究计划了解得越深，对访问越有帮助；

第三，模拟访问和讨论。可以模拟现场，训练访问员的访问技巧。研究指导者应从旁观察，发现潜在的问题并严格纠正。结合模拟访问，全体访问员与指导者一起讨论发现的问题，并将疑问逐一加以解决。

经过训练后的访问员，需要做到以下几点：

一是有办法为调查对象所接受；

二是能清楚地表述问题；

三是有能力征询对方的回答；

四是能准确如实地做好记录；

五是能应付各种意外情况，这要求访谈员对整个调查工作的组织有充分了解。

03 | 第三节 观察法 |

一、观察法的概念

观察法是观察者有目的、有计划地运用自己的感觉器官和辅助工具，能动地了解处于自然状态下的社会客观现象，以搜集研究资料的一种方法。

它与访问法一样，都是常见的定性研究收集资料的方法。但与访问法相比，它可以实地观察现象或行为的发生。观察者到现场观察现象或事件的实际过程，不但可以了解事情的来龙去脉，而且可以注意当时当地的特殊

环境和气氛。观察者置身于观察对象之间,与观察对象融为一体,搜集到的资料既原始又真实,有时还具有相当的隐秘性。观察法能够得到不愿作答或不便作答者的资料,如在访问调查中,常常会遇到一些不友善的合作者,或问题过于敏感,受访者不愿意作答的情况,观察法一般不会发生这种情况。观察法中,受观察者通常不知道自己在被观察,因而不会影响自己的行为,收集到的资料比较客观。不过,观察法也有其缺陷,如想观察的事件、现象可遇不可求;观察者难免带有自己的主观偏向,因而影响结果的客观性;有些现象、行为、态度等不能直接观察;观察结果难于量化统计;观察法对观察者的业务水平要求比较高,调查结果也容易受到观察者的思想、经验和知识水平等因素影响,等等。

观察法的主要作用在于收集到真实可靠的资料,并通过对资料的科学分析得出正确的结论。它通常用于在实地调查中收集社会初级信息或原始资料,而且通常结合其他调查方法共同使用。观察法与日常生活中观察不同,作为系统的专业调查方法,必须符合以下要求:(1)有明确的研究目的。(2)预先有一定的理论准备和较系统的观察计划。(3)观察者经过一定专业训练,利用自己的感官和辅助工具有针对性地了解社会现象。(4)观察记录是系统的。(5)要求观察者对所观察到的事实有实时性、规律性解释。

二、观察法的类型

研究者为了取得合适的资料,可以根据不同的情况,采取不同类型的观察方法。作为收集资料的方法,观察法可以根据不同的标准划分为不同的类型。如根据观察程序的不同,观察法可分为结构式观察和非结构式观察两大类;根据观察者的角色不同,观察法可分为非参与观察和参与观察两大类;根据观察对象的不同,观察法可分为直接观察和间接观察两大类等。根据观察场所的不同,观察法可分为实验室观察和实地观察两大类等;

(一)结构式观察和非结构式观察

结构式观察(Construction Observation)也称有结构观察、有控制观察或系统观察,是根据事先设计好的观察项目和要求进行观察的类型。它要求观察者事先设计好观察项目和要求,统一制定观察表格或卡片。在实地观察过程中,要严格按照设计要求进行观察,并作详细观察记录。结构式观察有些类似于问卷调查,对观测数据的整理、分析也近似于对问卷资料的处理分析,即可进行定量分析和相关分析。但它缺乏弹性,而且比较费时。

非结构式观察(Non-construction Observation)又称无结构观察、无控制观察,是没有先期具体设计要求的观察类型。它一般只要求观察者有一个总的观察目的和要求,或一个大致的观察内容和范围,然后到现场根据当时环境和条件变化随时进行观察内容和观察角度的调整。非结构式观察比较灵活,适应性较强,而且简便易行,因此最为常用。但它所得的材料比较分散,也没有制定适于量化的观察结构,故无法进行定量分析和严格的对比研究。它主要用于对观察对象的定性分析。

(二)参与观察和非参与观察

这种分类是根据观察者是否参与到被研究的社会群体或单位中,是否参与被观察者的活动而划分的,即根据观察者是否隐匿身份和参与研究对象活动的程度划分的。

参与观察(Participant Observation)也称局内观察,就是观察者参与到被观察人群之中,并通过与被观察者的共同活动观察,收集与分析资料。按照参与程度的不同,它又分为完全参与观察(Complete Participant Observation)和不完全参与观察(Semi-participant Observation)。完全参与观察,就是观察者隐匿自己的身份,完全参与到被观察的人群之中,作为其中一个成员进行活动,并在这个群体的正常活动中进行观察。不完全参与观察中,观察者并不掩饰自己的研究者身份,在得到研究对象许可后进行的深入观察互动,也即观察者以半“客”半“主”身份参与到被观察人群之中,并通过这个群体的正常活动进行观察。一般地说,参与观察比较全面、深入,由于观察和被观察者的行为都是真实自然的,资料更具信度和效度。但方法中,观察者的成员身份可能会影响到所观察的社会过程,研究者也可能在共同生活中有被同化的风险,可能全盘接受研究对象的观点,从而不能客观地分析多观察到的问题。

非参与观察(No-participant Observation)也称局外观察,就是观察者不加入被观察的群体,完全以局外人或旁观者的身份进行观察。相对于参与观察,非参与观察获得资料比较客观、真实,但它观察范围有限,只能获得某些表面现象。非参与观察一般用于探索性研究。

(三)直接观察和间接观察

直接观察,就是对当前正在发生的社会现象所进行的观察。间接观察,就是通过对物化了的社会现象所进行的对过去社会情况的观察。所谓物化了的社会现象,是指反映过去社会现象的各种物质载体,例如写实性绘画、

古迹或遗址、各种腐蚀性或积累性物质痕迹以及反映一定社会现象的物体或环境等。一般地说，直接观察简便易行、真实可靠。间接观察比较复杂、曲折，它需要比较丰富的经验和知识，有时还需要科学的鉴定手段和方法，而且在推论时可能发生种种误差。但是，它可弥补直接观察的不足，更是对过去社会现象进行观察的唯一可行的方法。

三、观察的实施

（一）实施观察的步骤

各种类型观察法的实施都包括三个阶段，即准备阶段、实施阶段和整理资料撰写报告阶段。在实际操作中，三个阶段的分界并不十分清楚，各自之间有不同程度的交叉和融合。下面以参与观察为例，简要介绍观察法实施的基本过程。实施参与观察，一般分为选择观察现场、进入现场、建立良好关系、确定观察内容和制定观察计划、进行实地观察并做好观察记录、撤离现场，整理资料撰写报告六个环节：

1. 选择观察现场。

当决定采用参与观察法收集资料后，研究者要解决的首要问题是选择什么样的现场进行观察。选择观察点可以以研究主题为基础，也可以以研究焦点的概念为基础，如研究的产业属于高科技产业，就应该从高科技产业中选择观察点[①]。选择观察现场通常应尽量选择那些既与所研究的问题或现象密切相关，又容易进入、容易观察的背景。

2. 进入现场。

进入现场是参与观察的第一步，也是实地研究中十分关键的环节。

进入观察现场时，要注意选择恰当的方式。进入观察现场的方式有隐蔽和公开两大类，两者的区别在于观察者是否让观察对象知道自己的真实身份。能够自然地、直接地、公开地进入现场当然十分理想，但往往比较困难。因此，观察者有时需要采取逐步进入和隐蔽进入的方式。逐步进入是在刚开始时，并不向有关人士介绍观察的全部内容或者观察的最终目的，以免对方因困惑不解或配合难度过大而拒绝观察者进入；等以后观察有了一定进展、对方习以为常时，再提出扩大观察范围或延长时间等要求。

隐蔽进入的方式就是观察者始终不暴露自己的身份，将自己装扮成普

---

① 范明林、吴军：《质性研究》（第一版），格致出版社2009年版，第127页。

通游客或当地居民进入观察现场。对于一些特殊的参与式观察,如对自我封闭的群体或社区的观察、对违犯法律或社会道德规范的行为的观察等,这种方式较为适用。例如观察者装扮成乞丐在车站、码头、餐馆等地接近乞丐集团内部人员了解情况,又如观察者以教师或学生的身份到大学校园内进行各种观察等。隐蔽进入的好处是避免了协商进入现场可能遇到的困难,行动也比较自由,但缺点是观察者不能像公开的观察那样广泛接触各类人员,深入了解情况,还得时刻注意不要因暴露身份而节外生枝。

选定研究现场后,研究者通常需要获得现场"守门人"的同意或某些"关键人物"或"中间人"的帮助,方能进入现场开展研究。"取得同意"和获得"关键人物"的支持不仅在研究之初非常重要,在整个研究过程中,它也是研究进行的关键。这些关键人物生活在研究对象的社区,他们既认识研究者,又认识研究者希望研究的对象,从而能够十分便利地将研究者带入到研究对象的生活世界中。获准进入现场,一般都要经有关部门的允许或受其委托,如无这种正式关系,则要充分利用好个人的人际关系网络,通过熟人关系进入。为获准进入现场,也可采取合作研究策略,为当地人解决某些困难等。

3. 建立良好的关系。

参与观察中,与被观察者建立良好的关系是顺利开展研究的一个必要条件。研究者应当尊重当地的风俗习惯和道德规范,最好能学会使用当地语言,参与他们的活动。要使被观察的群体或社区接受,与之建立相互信任的关系,研究者可以采取不同的策略:如表现出谦逊、谨慎态度,消除被观察者的顾虑;也可借助上级机构和领导人的支持,显示出自己的重要地位,使当地人认识到你的研究重要性;或者取得当地关键人物的支持,如重点选择若干有威信、有影响、有能力的当地人作为重点依靠对象,首先与他们建立良好的关系,然后再通过他们去做好其他被观察者的工作。

良好关系的维持也是研究进行的必要保障。进入现场后,研究者对所建立关系的维持非常重要。以下技巧仅供参考①:

(1)施些小恩。在力所能及的范围内,帮助被观察者解决某些困难。有时候,研究者只需提供很小的帮助,就可以获得成员接受。研究者可以提供

① 张雯勤:《从旅行到田野研究:谈田野调查与参与观察》,齐力、林本炫主编:《质性研究方法与资料分析》,台湾南华大学教育社会学所,第73~94页。转自范明林、吴军:《质性研究》(第一版),格致出版社2009年版,第131页。

一些不需要回报的小忙，让成员不至于感到内疚，当与研究者享有共同经验又再度碰面时，成员会想到那些小恩小惠，就会打开方便之门。

(2)尽可能在现场内的冲突中保持中立。在任何情况下都不要介入被观察者之间的宗族、房头、派系纠纷，遇到这类问题应尽可能做好团结工作，起码是严格保持中立。不然，研究者一旦与某一方结合，就会失去接近另一方的渠道，如果这样，研究者便会以某一方的观点来判断整个研究情势。

4. 确定观察内容，制订观察计划。

观察内容应根据调查的目的来确定，一般包括四个方面：一是被观察者活动的舞台及其背景。二是被观察者的工作、学习、娱乐、行为习惯等活动。三是被观察群体人际、群际关系的状态，如有没有非正式群体，谁最活跃，谁最孤立等。四是被观察者的某种行为的目的和动机。

在每日的观察中，研究者也可根据谁（Who）、什么（What）、何时（When）、何地（Where）、为什么（Why）、如何（How）勾画出自己的观察工作概要①。

(1)谁。包括谁在场？有什么特征？他们扮演了什么角色？他们如何变成成员？变成了什么样的成员？谁在负责这个团体？

(2)什么。包括发生了什么？他或她做了什么？说了什么？如何表现？这些互动和行动怎样开始？哪些是日常生活的通则？参与者用什么的语调说话？有哪些肢体语言？

(3)何时。包括这个行动什么时候发生？行动和事件的关系如何？行动持续了多长时间？什么时候发生较为有利或不利？

(4)何地。包括在哪儿发生？为什么在这个地点发生？这个地点的特征是什么？是否发生在其他地方？参与者是否可以辨别不同的空间？

(5)为什么。包括为什么发生？促使事件互动的原因是什么？对于发生的事件有何不同的看法和观点？

(6)如何。包括这个事件如何发生？发生要素之间的相关性如何？有什么明显的规范或规则？这个事件是否不同于发生在其他环境中的事件？

5. 进行实地观察，做好观察记录。

在实施观察时，要做好观察记录。做好观察纪律涉及两方面问题，一是

① 胡幼慧：《质性研究：理论、方法、及本土女性研究实例》，台北巨流图书公司，第278～283页。转引自范明林、吴军：《质性研究》（第一版），格致出版社2009年版，第132页。

观察者应在什么时候或场合下记录,二是记录应该如何累积和保存。

最好的记录时机应是同步记录,即在现场观察的同时记录下观察情况,这样可以避免事后记忆错误;如果不宜做同步记录,就应在观察后尽快追记。现场记录时应做到专心观看和聆听,集中研究焦点,寻找人们谈话的主要用词等。但在不少场合,不宜当场或公开做观察记录。如许多活动同时进行,边观察边记录难以做到,像突发事件的观察更不适合现场记录。有时当场记录还容易引起观察对象的不自然甚至反感。在这样的情况下,比较好的方法就是在现场用简短文字和特殊符号做简略记录,事件后再立即把观察到得东西详细地整理出来。如果在观察中使用照相机、录音机等现代化的观察工具,则可以弥补观察笔记的不足,增强该方法的效率。

记录的原则是"能记尽记",尽可能把所有知道的细节记下来。一方面是因为记录时,并不知道哪些是真正重要的;二是有时看起来琐碎的细节能使人记起很多重要的事情。记录时也应该把观察的事实和对观察事实的思考结合起来。对观察事实的思考是即时感官刺激的直接反映,对后期的分析资料非常重要。如果在撰写报告时再回顾当时的所思所想,记忆可能不会完整。

记录的方式常见的有:

(1)频率记录。即记录特定时间内特定行为出现的频率。

(2)等级记录。即按照事先确定的等级的划分和含义,记录等级或者在相应的等级处做记号。

(3)行为核查记录。即事先编制行为核查记录表,把要核查的行为按照一定的类别列出,对观察对象的某些行为是否出现、出现的时间、频率等进行核查后的记录。

(4)现象描述记录。即对观察对象的有些行为和事件用语言进行描绘叙述,例如,按照事件发生的先后顺序进行描述,比如观察学生课间的行为,可以按其顺序记录。

(5)图形记录。即对某些运动性的行为、或者人际互动行为,可以运用符号、线条、箭头等绘出行为图。这种图形直观、具体。

记录的格式可采用实地笔记、个人笔记、方法笔记、理论笔记等形式分别记录观察者看到或听到的事实性内容、观察时的感受和想法、所用方法和作用以及对观察资料进行的初步理论分析。

6. 撤离现场,整理资料,撰写观察报告。

撤离现场后，首要的任务就是对观察资料的整理分析，一般步骤有：

(1)对资料的初步整理，以确保资料的准确性和完整性。

(2)对原始资料的再次整理，进行编码、分类；编码是用分析的概念或者数字、符号对记录的文字进行标注。编码要根据研究的课题来设计，常见编码有：过程编码，指对事物过程和状态的编码，其编码名称主要是时期、阶段、步骤等。活动编码，即对经常发生的活动或者行为按照一定的种类进行的编码。策略编码，是对人们完成一定任务所用方法、策略的编码。分类是在编码的基础上，把同一类编码的资料归拢在一起，装在文件夹里，然后在每一个编码题目的下面，标出资料所在的页码、行数等，并把各处的资料编上序号。

(3)在整体把握观察事件的基础上，确定分析单位和进一步分析的分析工具与框架。

(4)借助于确立的概念和分析工具，对原始资料进行量化处理(行为的分布统计和差异检验)或定性分析和建构理论等。

(二)观察的信度和效度问题

1. 信度和效度的含义。

信度系指测验结果的一致性、稳定性及可靠性，简单地说信度就是指测量数据和结论的可靠性程度，也就是说测量工具能否稳定地测量到它要测量的事项的程度。如用同一架磅秤称某一物体，多次称量的重量是相同的，则说明该磅秤信度高；反之说明该磅秤不可信。

测量过程中，信度是受随机误差影响的，随机误差越大，信度越低。系统误差对信度没什么影响，因为系统误差总是以相同的方式影响测量值的，因此不会造成不一致性。大部分信度指标都以相关系数(r)表示，即用同一样本所得到得两组资料的相关系数作为测量一致性的指标，成为信度系数。信度系数可以解释为在所测对象实得分数的差异中有多大比例是由测量对象本身的差别决定的。信度系数愈高即表示该测验的结果愈一致、愈稳定与可靠，测量误差小。

效度即有效性，它是指测量工具或手段能够准确测出所需测量的事物的程度，即所测量到的结果反映所想要考察内容的程度，测量结果与要考察的内容越吻合，则效度越高；反之，则效度越低。效度是科学的测量工具所必须具备的最重要的条件。

2. 影响观察信度和效度的因素。

要真实、准确、可靠地反应所调查的社会现象，必须提高观察的信度和效度。影响观察信度和效度的因素主要包括以下三个方面：

观察者的影响。首先，观察者没有严谨的工作作风和严谨的科学态度就会影响调查的信度和效度。如实地调查时，当选定的调查对象不在场而随便替换观察对象，或对观察对象给予一定“启发”或暗示，引导观察对象做出自己期望的行为等，都会影响调查的信度和效度。其次，观察同一对象的感受和结论，受到观察者所持立场、观点、方法的影响。再者，观察者的知识水平和结构不同，实践的经历和经验不同，观察问题的参照系就会不同，因而对同一对象的观察重点、观察结果会产生很大的差异。俗话说“内行看门道，外行看热闹”，到一个现代化工厂观察，内行人可能在生产工艺、技术设备、车间管理等方面观察到许多重要情况，发现许多重要问题；反之，门外汉却只能看看厂区环境、厂房、忙碌的工人等表面场景。参观一个所谓的先进单位，饱经风霜、经验丰富的人可能较快地发现哪些是真相那些是假象，而初出茅庐的学生却很可能被种种假象所蒙骗。可见，知识和经验不足，是产生观察误差、影响观察信度和效度的一个重要原因。此外，观察者各种感官的感受能力的局限性以及观察者的兴趣、需要和情绪等心理因素也会对观察结果产生一定的影响，从而产生观察误差，影响观察的信度和效度。

观察对象的影响。如当观察者进入被观察者群体观察时，在一定程度上会引起被观察对象心理和行为的改变，即由于观察活动引起被观察者的反应性心理和行为，也可能造成反应性观察误差。一个初登舞台的演员，在众目睽睽之下表演，可能显得非常紧张、笨拙，甚至说错了台词；闹哄哄的课堂因校长到来而鸦雀无声。被观察者的这类反应并无欺骗观察者的动机，但足可使观察者的观察发生一定的误差。社会中的人为假象也是大量存在的。背地做坏事的人，公开场合表现的往往会很积极；为了骗取上级信任，有人会有目的有计划地制造假象；加之常见的观察对象“报喜不报忧”的心理，往往会使观察者陷入“雾里看花”境地。此外，人们的认识不仅受着科学条件和技术条件的限制，而且也受着客观过程的发展及其表现程度的限制。在客观事物发展不成熟，其本质尚未通过现象充分暴露出来，这些因素都会使观察者难以把握其规律而产生误差。观察时受到外界因素的干扰，记录中出现的疏忽或差错，都会降低观察的信度和效度。

3. 减少观察误差，提高观察信度和效度的方法。

任何观察都不可能完全符合客观实际，重要的是观察者应坚持科学标准,通过有效方法,尽量减少观察的误差。首先,必须努力提高观察者自身的素质,特别是保证观察者要有认真负责的态度,以及对观察课题的意义重要性的认识;其次,可以通过改善观察活动的组织来提高观察的信度和效度,或努力控制自己的观察,尽可能减少或消除观察活动对被观察者的影响,这是减少反应性观察误差的重要途径;再次,在实地观察中,务必力求深入细致,采取多次多组多点重复对比观察以降低观察的误差。当然,调查者也可利用现代化的观察工具如照相机、录音机、录像机等弥补调查者观察能力的不足,扩展其眼界,延长其手足,增强其记忆,提高观察的效果和质量。

四、观察中的伦理学问题

观察法通常需要研究者介入他人的生活与环境,与被观察对象发生直接的接触,因此特别容易产生伦理问题。

观察中首先遇到的问题是"是否告知被研究对象本次研究的目的""是否如实告知被研究对象本次研究的目的"。能否在不告知的情况下,偷偷地观察人们的一举一动?这种"偷窥"通常是有悖伦理的,但若告知了,被研究对象就会变得拘谨、守规范,变得刻意掩盖自己的行为,这样,观察的结果与真实世界会有差异。可见,告知与否是个伦理问题。观察过程中有时为了获得真实有效的第一手资料,研究者往往会隐匿自己的身份;或为了达到某个研究目的,研究者掩盖一些真实的研究目的,而告知一种无关的研究目的,以放松被研究者的警惕,求的较真实的结果。而骗人是不道德的,哪怕是出于社会研究的目的。

作为社会科学研究一种调查方法,观察研究为规避伦理问题也应该遵循以下几点:一是观察者一定要遵守宪法和其他法律规定,绝不可在没有得到许可的情况下,私闯民宅,窥视他人隐私,或做出其他违法的事。二是要遵从一般的道德规范,尊重被观察者的意愿等,不能欺骗和伤害研究对象,在社会科学研究中应尽量避免引起研究对象的不愉快,避免伤害到他们的自尊。三是研究报告或记录应注意匿名和保密,承诺资料不用真实姓名、不将研究资料泄露给无关的第三机构或个人。

针对观察现场,伯格登(Bogdan)给出了几个简明的伦理建议①:

1. 非常小心地收放现场记录,确定不要将现场记录留在任何人可能拿

---

① 转引自林聚任、刘玉安:《社会科学研究方法》(第一版),山东人民出版社2004年版,第186页。

到的地方。

2. 不要和其他人讨论或谈到研究内容或研究中的任何人。

3. 在现场记录和最后的研究报告中,使用研究对象或场所假名。

4. 不要将所发现的任何资料,告诉可能用这些资料使研究对象困窘或受伤害的人们。

5. 和研究对象有个清楚的协议,让研究对象知道他们能期望从研究中获得什么和需要完成什么任务。

| 本章小结 |

访问法是研究者到被访问者的实际生活、工作中,以口头交谈形式,根据受访者的答复收集个人境况、意见或有关社会实际情况,并客观记录所听、所见的一种资料收集方法。相对于其他方法,访问法是灵活、互动、可控的。根据调查研究课题的目的、内容以及研究对象的不同,访问法可以分为结构式访问、无结构式访问、个别访问、集体访问、一般访问、深度访问等。

为访问成功,访问员必须掌握访问的程序和熟练运用访问技巧。访问过程一般包括访问前的准备、访问中问题提出和听取以及访问后资料整理等环节。访问前准备包括项目主持人的准备和访问员的准备。访问员是访问中的中心,其挑选和训练至关重要。访问技巧主要包括提问技巧、倾听技巧、记录技巧以及访问过程控制技巧。

观察法是观察者有目的、有计划地运用自己的感觉器官和辅助工具,能动地了解处于自然状态的社会客观现象,以搜集研究资料的一种方法。根据观察程序、观察者角色以及观察场所等方面的差异,观察法又分为结构式观察和非结构式观察、参与观察和非参与观察啊、直接观察和间接观察等。各类观察法的实施通常都包括准备、实施和整理资料撰写报告三个阶段。如参与观察具体分为选择观察现场,进入现场,建立良好关系,确立观察内容和制定观察计划,进行实地观察并做好观察记录,撤离现场、整理资料、撰写报告六个环节。

观察者的工作作风、知识经验以及被观察者由于观察者进入现场引起的心理和行为的改变都会影响观察的信度和效度。通过提高观察者自身的素质、改善观察活动的组织过程或采取现代化观察工具以弥补观察能力不足等方法,可以提高观察信度和效度。

| 关键术语 |

访问法　访问法的类型　访问实施　访问员培训　观察法　观察法的类型　观察法的实施　观察的信度　观察的效度

| 复习思考题 |

1. 访谈法的类型有哪些？
2. 如何组织访谈？
3. 观察法的类型有哪些？
4. 观察组织实施的主要环节有哪些？
5. 影响观察效度的因素有哪些？

第七章 | 文献调查

文献调查法也称历史文献法，就是通过搜集各种文献资料，摘取对课题有用的信息的研究方法。文献调查法主要是收集第二手资料进行分析，具有明显的历史性、间接性和无反应性，在国外通常被称为"非介入性研究"或"无回应性研究"。文献法是社会科学研究中最基本的方法之一，既可以作为独立的研究方法，又是其他社会调查的基础和前导，问卷法、访谈法或观察法等方法进行的社会调查，必须要从文献资料开始。

01 | 第一节 文献的概念与种类 |

一、文献的概念

文献原指典籍与贤者。《论语. 八佾》中说"夏礼吾能言之，杞不足征也；殷礼吾能言之，宋不足征也；文献不足也故也"。后南宋朱熹注"文，典籍也；献，贤也"。看来，文献一词由来已久，原意既指古典文籍，又指熟悉这些古典文籍的人。到了近代，文献的内涵发生了较大的变化，专指古典文籍或图书资料等物。现代，随着社会的进步，文献的内涵和外延进一步扩大，人们把以文字、图形、符号、声频、视频等方式记录人类知识和理论的东西统统称为文献。

总的说来，文献就是人们用一定技术手段建立起来的储存与传递信息的载体。文献有三个基本要素：第一，有一定知识内容或信息。没有记录任何知识内容的物体，不能算做文献，比如空白磁盘、空白录像带等。第二，有一定的物质载体。物质载体可以是纸质的，也可以是其他非纸质的固态载

体，比如历史典籍、存有内容的磁盘等。没有物质载体的信息形式都不能称作文献，比如口头传说和故事等。第三，有一定纪录手段。一定的记录手段反映了人们对知识、信息储存和传递的主观性，如果仅仅具备了前面两个要素，没有一定的记录方式，也不是文献，比如某些历史古迹、文物等。

文献是知识、载体和记录方式的统一体。对于社会研究来说，文献的内容是一切研究的基础，任何研究都不能脱离前人的相关成果，闭门造车式的研究，要么会无谓的重复前人的工作，要么就会陷入盲目。文献的载体是文献得以在更大的空间和时间中传播的基础，正是这些文献形式的出现，使研究者能够比较便利的获取大量的有用信息。

20世纪以来，特别是第二次世界大战之后，世界各国的文献数量急剧增加，分布日益分散，人们可以在较短的时间内通过不同的渠道获取大量信息，为从事社会研究提供了便利。但同时，文献的质量良莠不齐、鱼龙混杂，加大了研究者对所获信息进行甄别和取舍的难度。

二、文献的种类

根据不同的标准，文献可以分为不同类别。这里介绍几种主要的分类方法。

按照记录技术的不同，可以把文献分为手工型、印刷型、声像型、感光型、录制型和电子数字型。手工型文献是指用手工刻、铸、写的文献，如甲骨文、青铜文以及手写的信件、日记、稿件等，这是最原始的一种文献方式。印刷型文献是以纸质材料为载体，以印刷为记录手段而形成的文献形式，包括木印、铅印、胶印。复印等多种方式，是目前整个文献中的主体，也是有着悠久历史的传统文献形式。它的特点是不需要特殊设备，可以随身携带，随处随时阅读。但存贮密度小，体积大，占据空间大，不便于保存。感光型文献是以感光材料为载体，以照相、摄影等光学技术为记录手段而形成的一种文献形式，包括图片、各种文字、缩微胶等。感光型文献的优点是体积小，便于收藏和保存，价格便宜等，但阅读需要有较复杂的阅读设备来支持。目前在整个文献中，所占数量较少，在一般的图书馆入藏亦较少。录制型文献是以磁性和感光材料为介质记录声音、图像等信息的一种文献形式，包括录音带、录像带、光盘等。其优点是存取快捷，可闻其声，见其形，易理解。电子数字型文献是以计算机处理技术为核心记录信息的一种文献形式。这种文献存贮容量大，检索速度快捷、灵活，使用方便，是目前最常用的一种文献方式。

依据文献传递知识、信息的质和量的不同以及加工层次的不同,人们将文献分为四个等级,分别称为零次文献、一次文献、二次文献和三次文献。

(一)零次文献

这是一种特殊形式的情报信息源,主要包括两个方面的内容:一是形成一次文献以前的知识信息,即未经记录,未形成文字材料,是人们的“出你之口,入我之耳”的口头交谈,是直接作用于人的感觉器官的非文献型的情报信息。二是未公开于社会,即未经正式发表的原始的文献,或没正式出版的各种书刊资料,如书信、手稿、记录、笔记和包括一些内部使用,通过公开正式的订购途径所不能获得的书刊资料。零次文献一般是通过口头交谈、参观展览、参加报告会等途径获取,不仅在内容上有一定的价值,而且能弥补一般公开文献从信息的客观形成到公开传播之间费时甚多的弊病。

(二)一次文献

这是人们直接以自己的生产、科研、社会活动等实践经验为依据生产出来的文献,也常被称为原始文献(或叫一级文献),其所记载的知识、信息比较新颖、具体、详尽。一次文献在整个文献中是数量最大、种类最多、所包括的新鲜内容最多、使用最广、影响最大的文献,如期刊论文、专利文献、科技报告、会议录、学位论文等,这些文献具有创新性、实用性和学术性等明显特征,是科技查新工作中进行文献对比分析的主要依据。

(三)二次文献

二次文献也称二级文献,它是将大量分散、零乱、无序的一次文献进行整理、浓缩、提炼,并按照一定的逻辑顺序和科学体系加以编排存储,使之系统化,以便于检索利用。其主要类型有目录、索引等,如《中文科技资料目录》、《中国科技期刊数据库》等。二次文献具有明显的汇集性、系统性和可检索性,它汇集的不是一次文献本身,而是某个特定范围的一次文献线索。它的重要性在于使查找一次文献所花费的时间大大减少,二次文献是查新工作中检索文献所利用的主要工具。

(四)三次文献

三次文献也称三级文献,是选用大量有关的文献,经过综合、分析、研究而编写出来的文献。它通常是围绕某个专题,利用二次文献检索搜集大量相关文献,对其内容进行深度加工而成。属于这类文献的有综述、评论、评述、进展、动态等,这些对现有成果加以评论、综述并预测其发展趋势的文献，具有较高的实用价值。在查新工作中，可以充分利用反映某一领域研究动态的综述类文献，在短时间内了解其研究历史、发展动态、水平等，以便能更准确地掌握待查项目的技术背景，把握查新点。

总之，从零次文献、一次文献、二次文献到三次文献，是一个由分散到集中，由无序到有序，由博到精的对知识信息进行不同层次的加工过程。它们所含信息的质和量是不同的，对于改善人们的知识结构所起到的作用也不同。零次和一次文献是最基本的信息源，是文献信息检索和利用的主要对象；二次文献是一次文献的集中提炼和有序化，它是文献信息检索的工具；三次文献是把分散的零次文献、一次文献、二次文献，按照专题或知识的门类进行综合分析加工而成的成果，是高度浓缩的文献信息，它既是文献信息检索和利用的对象，又可作为检索文献信息的工具。

此外文献还可以按照资料的来源不同，分为个人文献、社会组织文献、大众传播媒介文献和官方文献。按照学科领域不同，分为社会科学文献、自然科学文献等。

02 | 第二节 文献资料的搜集和摘取 |

一、文献搜集的方法

文献的查找是搜集文献的第一个步骤，要找到对自己有用的文献资料，必须要掌握最基本的文献查找的方法。一般来说，查找文献有以下三种方法：

（一）工具法

工具法，即利用已有的检索工具查找文献资料的方法。所谓文献检索工具，就是指用以积累和查找文献线索的工具。工具法可以细分为手工检索工具查找法和机读检索工具查找法。迄今为止，人工文献检索仍然是查找公开发表的文献的主要方法。这种方法主要借助两类工具，即有关机构编制出版的文献检索工具和图书馆编制的目录。前者按著录形式可分为目录、索引、文摘和全文等几种形式，而后者是更为常用的检索工具。

1. 手工检索工具查找法。

手工检索法常用的有顺查法和倒查法两种。

顺查法,即按时间顺序从远到近、逐年逐月进行查找。例如,要做关于我国计划生育政策演变的课题,如果用顺查法查检有关资料的话,就要找到最早的计划生育政策制定的年份,然后按照时间顺序一直查到当前的最新文献。顺查法收集的文献线索性较强,可以清楚地了解与课题有关的各类问题发展过程的全貌,但需要花费较多的精力。

倒查法,是指按时间顺序从近而远往前查找。同样做关于我国计划生育政策演变的课题,如果用倒查法查检有关资料的话所选用的检索工具同顺查法一样。所不同的只是时间顺序相反,从最新的文献一直回溯到最早的计划生育政策制定的年份。倒查法可以较快地了解到与课题相关问题的发展动态,相比顺查法也相对省时省力,但找到的文献可能不如顺查法全面、系统一些。

2. 机读检索工具查找法。

所谓机读检索工具查找法就是利用电子计算机进行检索。计算机网络普及以来,机读检索工具查找法其实可以称作网络检索工具查找法。在互联网上查找文献,主要有两种方式:一是登录专门网站检索。目前,国内外绝大多数图书情报机构、政府部门、学校、科研机构、大众传媒机构、企事业单位都有自己的网站,其中建有各种数据库。只要按照其网址上网登录,即可从容查找有关信息。二是利用大型门户网站的搜索引擎查找。例如著名的"google"网站,有的门户网站还有专门的学术搜索引擎。人们就常用其搜索引擎检索文献,具体操作办法主要是主题概念(文献名称或主题词)检索。

(二)追溯法

追溯法,也叫参考文献查找法,即对作者在文章、论著中所列出的或所引用的参考文献目录进行追踪查找相关文献资料的方法。具体做法是,对已经掌握的文献资料,查看它们的参考文献和引用文献,并进行查找,然后再从找到的文献中继续查找它们的参考文献和引用文献,一步进一步的直至查找出较为完整的文献资料。比如在研究家庭结构变动的相关课题时,我们可以找到发表在《社会学研究》2011 年第二期上的一篇文章《中国城市家庭变迁的趋势和最新发现》,后面所列举的参考文献如下:

……

李建斌、李寒:《国家与乡村社会糅合下的宗族:一种历史的反思》,《社

会主义研究》2008 年第 1 期。

李树茁、靳小怡、费尔德曼:《中国农村子女的婚姻形式和个人因素对分家的影响研究》,《社会学研究》2002 年第 4 期。

李银河:《一爷之孙——中国家庭关系的个案研究》,上海:上海文化出版社 2001 年版。

李银河、陈俊杰:《个人本位、家本位和生育观念》,《社会学研究》1993 年第 2 期。

李银河、王震宇、唐灿、马春华:《穷人与富人——中国城市家庭贫富分化调查》,上海:华东师范大学出版社 2004 年版。

刘宝驹:《现代中国城市家庭结构变化研究》,《社会学研究》2000 年第 6 期。

刘炳福:《我国城市家庭结构的现状与发展趋势》,刘英、薛素珍主编:《中国婚姻家庭研究》,北京:社会科学文献出版社 1987 年版。

……

在这些参考文献中,有的和我们的研究课题密切相关,那么我们就找到这些文献,而这些文献后面又附有参考文献,我们可以继续选择和查找,直至文献资料已经足够。

(三)循环法

循环法,也叫分段查找法,就是将工具法和追溯法结合起来,交替使用的文献查找方法。比如说,你可以先采用工具法查找出有用的文献资料,然后再根据文献中所开列的参考文献名目,去查找更早一些的文献;这个过程也可以反过来进行。

一般来说,工具法适用于检索工具比较齐全的部门;追溯法适用于检索工具不够齐全的部门;而循环法则具有广泛的适用性。因此,进行文献调查时要根据具体情况,使用不同的方法。

二、文献信息的摘取

文献查找的目的是得到与调查课题有关的信息,在通过检索发现并搜集到文献之后,就可以对其中的信息进行摘取。

(一)摘取信息的基本步骤

1. 浏览。

通俗地讲,浏览就是将搜集到的文献资料普遍地、粗略地翻阅一遍。通过浏览,对文献有个初步认识,即大致了解文献的内容,初步判明文献的价值。

浏览时要带有明确的目的,不能随便翻看,要在短时间内找到与课题有关的信息,并判断信息对课题研究的价值。浏览还要做到速度快,通过查找得到的大批文献资料,精读、细读会耗费大量的时间,再说,并不是所有的文献对课题都有较高的价值,因此要争取用最短的时间获得更多的信息。为此,应注意两点:第一,首先要对文献的目录或者摘要进行浏览,争取对文献全貌有个大致的了解;第二,注意文献的筋骨脉络、主要观点和有关数据,跳过那些无关紧要的过渡段落、引义和推理过程等。

2. 筛选。

筛选就是在浏览的基础上,根据调查课题的需要,从所搜集的文献中选出可用部分。筛选文献的依据是看文献中有用信息数量的多少和质量的优劣。要注意选用具有一定代表性的、可靠性和有用性强的文献资料。在筛选时,可以把文献进行预分类为必用、应用、备用、不用几个部分,然后通过浏览,分层次的把文献资料进行归类,先淘汰掉不用的部分,然后在有用的部分中逐级筛选,直至找出应用部分和必用部分。

3. 阅读。

阅读是从文献中摘取信息的重要步骤。根据文献对课题的意义,可以采取粗读和精读两种方式。略读是为了掌握文献的基本内容,评价其对调查课题的意义,只要抓住文献的脉络,对文献的主要观点、理论有一定的了解,找出课题研究意义重大的文献,进行精读。精读就是对于筛选出的可用文献要认真、仔细地阅读,同时着重在理解、联想、评价等方面下工夫。文献越重要,下的工夫也要越大,那些必用和应用文献往往需要反复地阅读、思考。在精读时,不但要认真理解文献所阐述的观点,详细了解文献所引用的事实,而且要把它们与其他文献联系起来进行反复对比和研究,还要对文献所引用的事实和阐述的思想同调查课题之间的关系做出客观判断和全面评价。在此基础上,要进一步明确对于调查研究课题有价值的信息。

一般可以采取以下方法对文献进行阅读:先读文摘,后读原文;先读综述性文献,后读专题性文献;先读现刊文献,后读过刊文献;先粗读,后精读。

4. 记录。

记录就是把在精读中确认的有价值信息记录下来,供进一步分析研究之用。记录信息要和精读同步进行,边读边记,或者读完一部分接着记录。

如果记录太滞后,当需要文献里的有用信息时,就可能查找不到。

(二)记录信息的主要方法

长期以来,文献的主体一直是各种印刷文献,因此传统的记录信息方法主要是印刷文献的记录方法。主要有以下几种。

1. 标记和批注。

标记就是在书上把重要的内容根据自己赋予的意义用各种记号标出。在阅读过程中,在属于自己的书刊上用笔划波浪线、直线、加着重号、圈点等,有助于在阅读中把握重点,同时也便于摘录。批注就是在图书、期刊正文上面的空白边或正文下面的空白边注上简单的订误、校文、音注、心得、体会、评语或疑问等。

常用的几种标记方法

着重号……	表示关键性的字
直线——	表示比较重要的内容
曲线~~~~	表示特别重要的内容
夹线≈≈	定义或经典论述
惊叹号!	对某些内容表示欣赏
问号?	对某些观点表示疑问

2. 抄录。

抄录就是把有价值的信息抄下来。抄录有全录和摘录两种方式。全录就是一字不漏,全文照抄,这种情况比较少,因为全文可以通过复印的方式摘出,只有无法得到原文资料的情况下才全文抄录。一般对文献是通过摘录的方式保存下来,从文献中得到的有价值的、自己需要的信息要么做成活页卡片,要么抄录在笔记本上。抄录时,要将文献的详细信息一一注出,这样在使用这些文献时才可以查有出处。

3. 撰写提纲。

撰写提纲就是把整本书或整篇文章的框架结构、基本观点、主要事实和数据,用概括的语句和条目的形式依次记载下来。写提纲的好处是,便于掌握文献的主要内容和逻辑结构,加深对文献的认识。

4. 撰写札记。

撰写札记就是阅读文献后,写出读完文献后的认识、体会、感想及收获,甚至对文献做出评价。札记是一种最高级的记录形式,已经带有初步研究的性质。

03 | 第三节　文献综述的写作 |

一、什么是文献综述

文献综述是在对文献进行整理筛选、分析研究和综合的基础上,研究者用自己的语言对某一问题的研究状况进行综合叙述的情报研究成果,是高度浓缩的文献产品。

文献综述有这样几个基本特征:

第一,综合性。文献综述要对一定时期内或是某一时期一定空间范围的同一课题的所有主要研究成果的综合概括。因此,搜集文献资料时,尽量做到全面、系统,不遗漏任何一个具有代表性的重要流派及其观点,并对文献进行认真的整理和分析,对课题相关的文献形成清晰的脉络体系。

第二,客观性。文献综述的一个重要部分就是对文献中各种流派的学术观点进行介绍。客观性要求在介绍时,应"原汁原味"的进行转述,不能按照自己的理解对文献中的学术观点进行解释、延伸甚至歪曲。研究者必须要做到价值中立,目前存在的一个不良现象是,有的研究者为了迎合自身研究的需要,对文献断章取义,故意回避与自己的研究相同或相近的重要观点,以突出自己研究的创新性和重要性。

第三,评价性。文献综述不是原有研究成果的简单罗列,描述文献的目的是理清研究课题相关领域在一定时间和空间内的发展状况,因此要对各种成果进行恰当而中肯的评价,并表明作者自己的观点和主张。文献综述的重点在于"述",要点在于"评"。由于评价的倾向性,通过文献综述,就会引导出对课题今后发展动向或趋势的说明。

综述的目的是反映研究课题的新水平、新动态、新技术和新发现。从其历史到现状,存在问题以及发展趋势等,都要进行全面的介绍和评论。在此基础上提出自己的见解,预测技术的发展趋势,这是保证课题研究质量的重要基础。

二、文献综述的格式

文献综述的格式与一般研究性论文的格式有所不同。这是因为研究性

的论文注重研究的方法和结果,而文献综述介绍与课题有关的详细资料、动态、进展、展望以及对以上方面的评述。因此文献综述的格式相对多样,但总的来说,一般都包含以下四部分:即前言、主题、总结和参考文献。

(一)前言

前言部分主要说明写作的目的,介绍有关的概念、定义以及综述的范围,扼要说明有关主题的现状或争论焦点,使读者对全文要叙述的问题有一个概括的了解。前言部分要写清楚以下内容:

1. 写作的目的。

2. 有关概念的定义。

3. 综述的范围,主要指"专题涉及的学科范围"。综述范围切忌过宽、过杂。

4. 扼要说明有关问题的现况或争论焦点,引出所写综述的核心主题,这是广大读者最关心而又感兴趣的,也是写作综述的主线。

(二)主题

主题部分,是综述的主体,主要是将所搜集到的文献资料归纳、整理及分析比较,阐明有关主题的研究脉络、研究现状和研究的最新动向,以及对这些问题的评述。主题部分的写法没有固定的格式。可按年代由过去到现在的顺序进行综述,也可按有关主题中不同观点分开综述,不管用那一种格式综述,都要主题部分应特别注意代表性强、具有科学性和创造性的文献引用和评述。主题部分可根据内容的多少分为若干个小标题分别论述。

(三)总结

总结部分,与研究性论文的小结有些类似,将全文主题进行扼要总结,提出自己的对前面文献的见解,指出前人研究中的不足和有待深入之处,还可对未来研究发展趋势进行展望。总结部分往往篇幅较短,但是研究者表达自己观点的重要部分,直接反映了研究者对文献的整理、分析能力,也体现着研究者的理论水平和研究能力。

(四)参考文献

参考文献是指在文后一一列出综述中引用或参考的文献的有关信息,如篇名、作者、出处、出版时间、出版单位等。它表示对被引用文献作者的尊重及引用文献的依据,也为评审者审查提供查找线索。参考文献的编排应条目清楚,查找方便,内容准确无误。参考文献的著录有两种形式,一种是将引用的文献直接在引用的那一页下做脚注,将参考的文献列于文末;一种是引用文献和参考文献全部列于文末。参考文献著录的次序也有两种形式,一种是按参考的程度大小排列,参考得多的列在前面,参考得少的列在后面;另一种是按在文中引用和参考的先后次序排列,先引用、参考的序号在前,反之在后。

三、文献综述的写作步骤

(一)分类概括文献

对文献进行阅读和摘取后,要根据一定的标准对文献进行分类概括,考虑把不同类别的文献材料用什么样的线索组织到一起,也就是形成文献综述结构的大体思路,尤其是形成主题部分的大体思路。

(二)拟定提纲

文献综述成文前应先拟提纲,决定先写什么,后写什么,哪些应重点阐明,哪些地方融进自己的观点,哪些地方可以省略或几笔带过。重点阐述处应适当分几个小标题。拟写提纲时开始可详细一点,然后边推敲边修改。多一遍思考,就会多一分收获。

(三)撰写初稿

撰写初稿是根据提纲的逻辑顺序,逐个问题、逐个层次的加以论述,准确表达原文的观点与内容,传递原始文献中最重要的信息;说明问题;运用分析与综合的能力,表明观点,得出结论。大体完成综述文章的撰写工作。

(四)修改与定稿

初稿完成后,肯定存在着不少问题,因此,必须重新审读全文,对文章进行修改,包括对结构、内容和形式三方面的修改。结构修改:看全文的布局是否合理,结构是否完整,有没有缺少或是多余的内容。主次、详略是否得当,条理是否清晰。内容修改:论点、论据是否清楚、明确,没有歧义;数据引用、运算和推导是否正确,没有错误;论证是否严密,逻辑是否清晰;综述、分析是否客观、全面;评价是否恰当,预测是否科学。形式修改:用词是否准确,语言是否精炼,标点、符号、单位是否正确、统一;标题之间的逻辑关系是否合理;图、表安排是否美观,易于阅读;有无错别字。从以上的三方面对全文进行全面审查、校核和修改。经过以上四个步骤,综述的具体写作就基本完成了。从这时到综述发表这一段时间,还要根据出版要求和参考别人的意见进一步修改和完善。

(五)列出参考文献

按照规定(国家标准)的格式在文章后列出文中引用和参考过的相关文

献的有关信息。列参考文献要杜绝虚假参考文献。这类虚假参考文献会将那些想参考原文的读者引入歧途,浪费大量时间;也要杜绝故意遗漏现象,将参考过的内容直接利用,而不说明为参考资料,有剽窃别人成果之嫌。

四、文献综述写作需要注意的问题

文献综述不应是对已有文献的重复、罗列和一般性介绍,而应是对以往研究的优点、不足和贡献的批判性分析与评论。因此,文献综述应包括综合提炼和分析评论双重含义。

文献综述要文字简洁,尽量避免大量引用原文,要用自己的语言把作者的观点说清楚,从原始文献中得出一般性结论。

文献综述不是资料库,要紧紧围绕课题研"问题",确保所述的已有研究成果与本课题研究直接相关,其内容是围绕课题紧密组织在一起,既能系统全面地反映研究对象的历史、现状和趋势,又能反映研究内容的各个方面。

本章小结

文献调查法主要是收集第二手资料进行分析。依据文献传递的知识、信息的质和量的不同以及加工层次的不同,可将文献分为零次文献、一次文献、二次文献和三次文献四个等级。查找文献有三种常用方法:工具法、追溯法和循环法。摘取文献信息的基本步骤包括:浏览、筛选、阅读和记录。文献综述的结构一般分为前言、主题、总结和参考文献等部分;写作时遵循以下步骤:分类概括文献—拟定提纲—撰写初稿—修改与定稿—列出参考文献。

关键术语

文献　零次文献　一次文献　二次文献　三次文献　文献摘取　文献综述

复习思考题

1. 根据加工层次不同,文献可以分为哪些类型?
2. 查找文献的方法有哪些?
3. 如何摘取文献?
4. 文献综述一般包括哪些内容?

第八章 | 资料处理

01 | 第一节 原始资料的审核 |

一、原始资料的类型

从资料的来源和性质上来看，资料一般分为定性的资料与定量的资料两类。

定性资料一般来源于两个方面：一是实地研究中获得的资料，它来源于无结构式访问记录以及观察结果的记录。二是在文献研究中，研究获得的以文字形式叙述的文献资料，如一些组织的档案资料、会议的记录、文件，或者个人的日记、传记、信件以及从杂志或报刊上已经公开发表的论文等。

定性的原始资料，主要包括各机关档案、文件、会议记录及个人的日记、调查报告等。这些来自不同途径的定性资料，其呈现方式不同，信息的显现也不一样，不能用统一的规格和标准去组织和衡量。

定量资料既包括问卷资料、结构性访问和观察的记录等获得的原始资料，也包括从文献中获得的一些数据统计资料。

由于这两类原始资料的性质和来源均有不同，因而所采用的整理方法与分析方法亦不同。但一般地说，定性统计资料的整理较问卷资料和结构性观察资料要简单，步骤要少。

原始资料的整理就是对收集到的原始资料进行审核、分类和汇编，使之系统化、条理化，为进一步分析提供条件的过程。原始资料的审核是资料整理的第一步，就是对原始资料的收集是否齐全、是否存在错误、是否真实可靠等进行检查，为后续的资料分析工作提供准确而完整的信息。下面将对定性与定量两种原始资料审核进行阐述，为资料的进一步的整理提供良好的数据基础。

二、定性资料的审核

定性资料无论来源上有何差异,在资料运用之前,都要经历:审核、分类和汇编三个阶段。下面我们先从定性资料整理的第一步入手,即资料的审核。

(一)定性的原始资料资料审核

资料审核的目的是消除原始资料在搜集的过程中,出现的资料虚假、资料差错、资料短缺等现象。资料审查能够保证资料的真实可信性以及有效完整性,从而为进一步整理分析,得出真实可信的结论打下基础。对定性资料的审查主要集中在真实可靠性、准确无误性和适用性上。

1. 资料的真实可靠性审查,是指资料是否真实可靠地反映了调查对象的客观情况,一般我们可以用以下几种方法对定性资料的真实性进行审查:(1)根据经验和常识对资料进行真实性判断。一旦调查者发现所搜集的资料与自己的经验和常识相违背,那么就要根据事实进行核实,以证实资料的真实性。例如,一个男孩只有9岁,但是在职业却填答为警察,这种资料不符合我们的日常经验。(2)根据材料的内在逻辑进行核查。调查者如果发现对同一个人所搜集的资料前后矛盾,或者其资料违背正常的逻辑,那么就要找出问题所在,并对不符合事实的材料进行删除或修正等对资料的处理。(3)根据不同手段获得的资料内容进行横向比较和审核。例如对某个问题或对某个个体的资料进行收集,既有访谈资料,又有文献资料及观察记录,那么就可将这些资料进行比较,看看有无出入,以辨资料的真实性。(4)根据资料的来源进行资料真实性的判断。一般地说,有文字记录的情况比口头传播的情况可靠些,当事人反映的比局外人反映的情况更可靠些,引用率高的文献更可靠一些,等等。在实地研究中,调查者停留的时间可以作为衡量资料真实性、可靠性的一个标准。真实性是资料审查中最重要的问题,因为我们会在原始资料的基础上,进行分析和研究。一切错误和虚假的资料会直接导致错误的研究结论,导致研究的失败。

2. 定性资料的审查除了真实性的要求外,还必须准确。资料的准确无误性指的是资料对于事实的描述是否准确。资料描述的事实只有准确,才能让我们的研究更加细致和精准,才能得到正确的结论。在资料收集与审查的过程中,有关的事件、人物、时间、地点、数字等一定要准确无误,切忌事实资料含混不清、模棱两可,数据资料笼统模糊。

3. 定性资料的审查还要考察资料是否适用,也就是考察资料是否适合分析与解释。在庞杂的原始资料审查中,研究者要注意将那些效用不大、离题远或不符合研究要求的资料坚决清除。资料的适用性具体主要包括:资料的分量对于研究来说是否合适、资料的深度与广度能否支持现有的研究、资料是否完整等。

(二)文献资料的审核

定性资料除了原始的资料,还包括第二手的文献(即研究者将原始资料或调查资料总结概况)。文献资料的评价可以从两个角度进行审核:

1. 对文献进行外部因素的审查。即对作者编辑文献的地点、时间、目的、方法以及作者本人情况进行审查。文献的真实可靠性、准确无误性和适用性与以上这五个方面密切相关。

2. 对文献进行内在因素的审查。我们需要了解编写资料的作者在什么条件下编写的这些资料,表达的内容是什么。由于作者的价值观、对不同事情的态度和学术观点以及编写目的对文献的编辑影响很大,所以内在的审查要特别注意:(1)要特别注意区分作者对"客观事实"的描述和对"事实的解释与推理"。弄清楚是对资料的客观描述还是主观推测,对我们评价资料有重要意义。(2)对作者使用的评价语言进行推敲,以探求作者本人的态度。(3)要进行多方面的求证,以探究作者是否真实地反映了客观事实,资料的叙述是否正确。只有在进行了上述审查之后,我们才能判定这些文献资料在多大程度上是适用的。

(三)资料搜集中的审核工作

资料的审核工作一部分是在搜集资料的过程中进行的,边搜集边审核;有的是在资料收集完毕后集中进行的。

1. 访问和观察资料过程中的审查。

访问和观察资料更要注重收集过程中的审查,这样可以防止研究者遗忘,也可以在发现错误、遗漏和矛盾时能够及时地补充和改正。而且也能针对新发现的问题和出现的新线索及时地收集新的资料,对于社会研究来说,也是一个非常好的补充资料的机会。另一方面在收集资料的过程中,访问者通过对资料提供者的考察,对事件资料产生的实地社会背景进行考察,并通过互相讨论或抽查等方式,对影响资料的各种因素进行分析和控制,对资料的信度和效度进行评估,奠定了资料的可靠性和有效性。

2. 实地研究中的资料审查。

一般地说,实地研究获得的资料较文献研究获得的资料更为可靠。对于观察资料,在搜集过程中的检查要特别注意研究者与研究本身进入实地,对实地事件和进程产生的影响。观察者的参与,会改变了被观察对象的自然状态,被观察者或单位可能做出种种假象来掩饰事实的本来面目,使真实状态的测定变得不可能了。同样,研究者本身的感知和解释对资料信度与效度都会有影响。社会现象的感知和解释都要通过观察者这面棱镜,通过他的价值标准和以往的经验再折射出来,从而使观察资料不再是纯粹的客观,带有了因研究者不同而具有的不准确性。对于访问资料,在搜集过程中的审查应特别注意被访问者的态度和本人素质对资料效度和信度的影响,被调查者对调查对象的信任程度以及理解力、记忆表达能力等都会影响所提供资料的可靠性和准确性。

从以上的叙述中,大家能够深切地感受到:资料的审查是一项重要而又细致的工作。所以这就要求研究者要认真对待资料的审核,不能草率从事。

三、问卷资料的审核

定量资料的整理过程通常包括资料的审核、分类与编码及汇总三个阶段。在定量资料的整理中,问卷资料的整理显得尤为突出。因为在社会研究的应用中,问卷的应用很普遍,而结构化的观察记录在形式上与问卷资料相似,所以本书主要介绍问卷资料的整理。问卷资料是以定量地把握社会现象和人们的态度为目的而收集的,因此,审查与整理要求更细心,人手更多,是没有误差的客观化程序。

下面本节就问卷资料的审核的内容、原则和过程进行具体的讲解。

(一)问卷资料审核的原则

问卷资料的审核无论是对研究总体的审查,还是对研究个体的资料、数据的审核,都集中在资料的完整性、统一性和合格性上。

1. 资料的完整性。

问卷资料整理的第一步就是资料的审核。问卷资料的审核可以从研究的不同角度上来看,应该包括两个方面的内容:

(1)资料总体的完整性审核,是指对研究目的所要求的各个方面的资料、数据等要检查其是否收集齐备。这一审核包括问卷或量表是否全部回收、数据是否全部收集、某项目的数据数量是否达到标准等。如果问卷未全部回收或数量有遗漏,应查明原因并尽量补齐。达不到一定的回收率,某些研究将会被视为无效。若检查抽样调查中的样本数目没有达到要求或问卷回收率很低时,则要分析其原因,并评估其对调查结论的影响。研究总体的审核确保了数据的分析和研究过程可以顺利进行。

(2)每份个体资料的完备性审核,是指要检查每一个被试的资料、数据有无缺失或遗漏,有无前后矛盾之处,结果登记中有无错行、错号等差错。例如,统计报表是否填报完全,问卷上各个项目是否都有回答,等等。我们必须尽量避免问卷上留下空档,如果访问时得到"不知道"或"无可奉告"的回答,必须原封不动地登记。个体资料的审核能够确保每名被试的资料都是完整的、无误的。

2. 资料的统一性。

资料的统一性审核,首先在填报方法上,要检查所有问卷、报表登记填报方法是否统一;其次在统计方法上的检查,确切地说是对同一指标的计算方法是否统一的检查。对于统计资料,统一性检查更为重要,其统一性审查包括两个方面:第一,审查指标的定义和分组的标准是否与自己研究的分类相一致,若不统一则不能使用这些资料,要想使用,必须根据自己的研究目的重新分类。第二,审查指标统计总体范围是否一致。例如,我们查得某城市2002年有40万人口,而在2010年的人口为50万,不能据此就下结论说该市人口增加很多,而应先审查两个年份该市的行政区域是否相同。

3. 资料的合格性。

资料的合格性审核包括:(1)资料提供者的身份是否符合所规定的调查对象的身份。例如,一份问卷不是当事人填写,而是委派他人填写的,就属于资料不合格。(2)所提供的资料是否符合填报要求。例如问卷要求从数项答案中仅择一项作为自己的回答,而回答者却选择了几项,这些问卷资料就不合格。(3)所提供的资料是否正确无误。例如,有的男性在"流产次数"一栏中也做了回答、小学文化程度的人填写自己的职业是中学教师等,就属于不合逻辑的情况。有些项目还可以通过各种数字运算来检验各项数字的正确性,如各部分之和不等于总量,各部分百分比之和是否不等于1等情况的发生。

(二)问卷资料审核的过程

问卷资料的审查在资料收集时就已经开始了。研究数据、资料审核的组织方式应根据内容和研究者的具体情况而定。如果每份资料的量较小且较简单,可以采用全部审核的方式,即研究者逐一审核每份研究结果的全部内容;如果每份研究结果的量较大、项目较多或问题较复杂,则可以采用部分审核的方式,即由每一研究者负责某些部分或项目的结果的审核,采用"流水作业"的方式进行审核。问卷资料的整个审查工作要经历三个阶段。

1. 实地调查员的审查。调查员要对每一个调查对象回答完所有问卷上的问题时,对问卷进行初次检查。调查员要详细查看有无漏记项目,记录不全项目和登记回答的错误等。在一天的调查结束后,调查员还要再次对问卷进行检查,包括检查有无计算错误,每份问卷回答登记方法是否统一,有无不易辨认的字等以及是否当天调查的对象都已调查完毕。

2. 现场专职的检查员的检查。在调查员上交自己的调查问卷时,检查员要当着调查员的面,把他们拿回来的问卷进行核查。检查的内容包括有无登记疏漏、登记不完全处、登记上的错误、模糊不清的字、回答的登记方法是否统一、是否所有调查者都进行了调查等。

3. 调查活动组织单位的检查。在所有的调查结束之后,调查单位的调查员要对整个调查活动进行检查。检查的重点是有无回答登记错误,计算错误及调查员是否对应调查对象均进行了调查,有无作弊等。为检查后两项内容,可以让值得信赖的调查员再去访问,或通过电话,信件进行确认。也可用其他客观资料与登记的被调查者的情况进行对照。

02 | 第二节　定性资料的整理 |

定性资料的来源一般有两个:一个是以实地研究为来源的无结构式访问和观察的记录;另一个是来自文献源途径的,以文字形式叙述的文献资料,如公私机关的档案、文件、会议记录、个人的日记、传记、信件、公开发表的调查报告和研究论文等。定性资料由于资料来源上的差异,整理方法上也略有不同。但都要经历三个阶段,即审核、分类和汇编。

定性资料经过前面第一步的审核之后,要对审查合格的真实资料进行进一步的整理,即资料的分类。经过真实可靠性、准确无误性和适用性审核后的资料,仍是没有统一的表现形式,依旧杂乱无章。所以研究者必须经过进一步的加工这些资料,使之条理化和系统化,以便于日后对资料的分析。

一、定性资料的分类

分类就是将已获得的原始资料进行分门别类,使繁杂的资料条理化、系统化,为找出规律性的联系提供依据。资料的分类有利于对资料所包含内容的存取,同时这种行为也加强了研究者对调查对象的深入认识。

(一)分类的标准

分类的关键在于选择和确定分类标准。分类标准一经选定,研究的重点必然突出在此标准下的性质差异,而将其他标准下的差异掩盖起来。

一般来说,分类标准可分为以事物内在品质为划分的标准和以数字表示的数量标准两大类。事物的内在品质标准,就是指能反映出事物属性差异的标准。例如性别、民族、户口类别、企业的所有制等,均属于此类标准。以数字表示的数量标准,就是以能够反映事物数量差异的标准,例如以年龄的大小作为划分的标准,而学业成绩是一种数量标准。

也有的学者将分类标准定为现象标识类标准与本质概况类标准两类。[①]前者是反映事物的外部特征与外在联系的标准,如年代、地域等。后者则是反映事物的本质特征或事物内部联系的标准,如划分阶级对社会思想的控制。按现象标准分类能够便于建立资料的档案系统,也便于资料的存取和查找。按本质标准分类不仅是资料的存取、鉴别系统,也是研究者对客观事物和规律认识的总结。按本质分类常常反映出研究者的理论观点。

(二)分类的原则

社会学的研究对象具有各种社会属性,例如人具有年龄、性别、种族、职业、等各种属性。确定分类标准要遵循下述原则:

1. 有效性原则。

分类的有效性是指这一分类方式对于研究目的是有效的,而且也能有效地反映社会现象。为此,首先分类必须服从于研究目的。例如要研究企业的经营情况,可以经济效益作为分类标准。如果不是按研究的需要设立分类标准,研究问题就无法得到恰当的解释。其次,分类必须能反映现象的本质特征。社会现象的特征是由本质特征决定的,因此,分类要有效地反映社会现象的真实情形,必须抓住其本质特征。

2. 互斥性原则。

---

① 袁方:《社会研究方法教程》,北京大学出版社 2005 年版,第 427 页。

互斥性是指分类标准应当互斥，以使同一资料只能归于一类，不能既属A类，又属B类。例如人口出生地区，若按北方人、南方人、山东人分类，则在济南出生的人既可以划入北方人一类，又可划入山东人一类，这种分类标准就违反了互斥性原则。

3. 穷尽性原则。

全面性是指分类标准的确定应当能使每一份资料都有所归属，分类结果要使所有资料全部包容进去，无一遗漏。如将人按性别分类，就是一种穷尽的分类标准；若将学生按小学生、中学生、大学本科生分类的话，则研究生将没有办法归入任何一类，这就违反了全面性原则。此时如果研究者设置一个"其他—"的选项就会保证整个分类的全面性和穷尽性。

4. 同层次分类原则。

在对资料进行分类时，必须要首先保证各类别处于同一分类层次。例如把职业分为工人、农民、商人、学生、士兵、司机等就混淆了层次界限，犯了分类的错误。

(三)分类的作用

1. 分类可以反映总体的内部结构，便于对总体的分析和表达。

当研究者将一个总体分为性质相异的若干组成部分，我们就可以很容易地看出总体是由哪些部分构成的，各部分之间的联系和区别，每一部分对总体的影响，等等。所以一些社会研究工作者通常用社会阶层来反映社会结构现状与变迁，以性别、年龄、民族等反映人口结构的分布状态。

2. 分类可以分析社会现象间关系，从而解释社会规律。

事物是普遍联系的，所以各种社会现象之间也都是相互联系、制约和依存的。只有通过恰当的分类，研究者才能以数量来揭示各个类别间的这种关系。例如通过交互分类揭示性别和行为间的关系、社会阶层和学历的关系等。

3. 分类构成了比较的基础，达到了比较社会现象的作用。

社会现象通过分类，获得了社会单位，由此奠定了比较的基础。只有通过分类才能对不同类型的社会现象进行比较，分析产生差异的原因，进而做出合理的解释，并形成一定的理论。例如将大学生按生源地分类，比较其参加群体活动的意愿，通过对这一意愿上差异的比较，分析出经济发展水平、文化水平以及家庭教育等对活动意愿的影响。

分类不仅是一种整理资料的程序，同时本身也是一种分析和认识问题的方法。对于定性资料来说,其整理与分析不能截然分开,这样才能有助于研究对问题的深入认识。

二、定性资料的汇总与编辑

当研究者设计好分类标准后,接下来就要将资料归类,并按一定的逻辑结构进行编排,实现定性资料的汇总和编辑。资料的汇总和编辑(即资料的汇编)是资料整理的最后一步。资料通过汇总和编辑,使得各种类别的资料变得层次分明,更容易把握。而且经过研究者的精心工作,繁杂的文字和数字信息会使用更加简明的表达方式:如概括性的语言以及图表等形式,简单明了地呈现。通过资料的汇总,原始数据会更加系统和整齐,同时也会更加简明集中。

在资料的汇总和编辑阶段,研究者需要将已经分类好的资料进行编码、撰写备忘录以及勾画概念图,从而完成对资料的整理。通过编码,定性资料便具有定量数据那种可操作性的特征;而通过撰写备忘录,研究者就会对研究的思维过程有个动态的记录和进一步研究的思路;通过勾画概念图,研究者及其他人员会对整个研究概念间的关系有更加清晰的认识。总之,经过对定性资料的进一步处理,研究者会对资料有更好的把握和认识,以便于对研究整体的控制。

(一)定性资料的编码

在对资料进行编辑的时候,研究者可以根据后面的分析的需要,按人物以及事件发生的时间顺序或按事件发生的背景等进行编辑。例如要分析影响学生学习成绩的原因,就可按照原因的种类编辑,例如家庭情况(家庭的完整性、家庭的经济社会地位)、学校与班级环境、个人的情况(如智力情况、学校态度、学习习惯)等。

在定性的研究中,脱离不开对个案资料的整理和分析。为了对个案做出正确的分析,就需要将个案资料数量化,使之便于分析研究。

拉扎菲尔德和罗宾逊针对个案研究的定量化,提出以下操作步骤[①]:

一是定义对个案进行分类的标准。(为此要明确规定个人归属分类轴。)

二是决定在各个案记录的指标中登载于这一分类标准上的项目或与这

① 袁方:《社会研究方法教程》,北京大学出版社 2005 年版,第 429 页。

一分类有关的项目。(如果要采用“统治与服从”的分类轴,为了要知道某人是统治还是服从,至少也要挑选一些有用的项目。)

三是根据各指标在标准上的位置,给予数值和符号。(要分别给各个案以正值和负值,如表示某人是处于统治地位的事例都是+1,表示处于服从地位的事例都是-1。当然,如有必要可使用更详细的等级,如+0.5,-0.3等,不属于任何一方的中间状态则是0。)

四是为了决定表示各个案位置的最终指数,要汇总各个案记录的分数。(一个个案的指标的分数的最有效的表示方法是算数平均数,当然分数取值范围是在+1和-1之间。)

上述资料对个案研究的定量化操作步骤中,在对个案进行分类之后,紧接着就要进行资料的编码。通过编码,这样定性资料就更加具有定量数据那种可操作性的特征了。编码是研究结果整理的继续,实际上是研究结果的分类与汇总。

在对定性资料处理过程中,一个关键的过程就是编码。编码就是对个体的信息进行分门别类,并用数字来代表文字。或者说编码就是将研究所获得的资料转换成计算机可以识别的数字、代码的过程。因为在现代研究中,研究者要将众多资料变成计算机可以识别的符号,然后运用各种统计工具进行电脑操作,得到隐藏着的文字和数字符号后面的规则。换句话说:编码的目的是便于资料进行分析,而资料分析的目的则是要发现资料之间的模式——指向对社会生活进行理论性理解的模式。

不管人们是进行过参与观察、深度访谈、收集传记材料、进行内容分析,还是其他形式的定性研究,研究者都要面对大量的资料——而且基本上都是文本形式的素材。如果你所有的记录都根据主题分类了,那么你就可以直接、轻松地找到相关素材。一个简单的编码和检索格式,起码要求在文件夹上写明其相关的主体,比如研究社会经济生活中“品牌”的作用。在这个例子中,资料检索指的就是抽出“品牌”这个文件夹,并在其中搜寻你所需要的记录。

编码有一个非常重要的目的。在编码过程中,编码和概念之间的关联是相当关键的,它需要的是一个相当精确的系统,而不是简单的文件夹。以下内容讲授如何进行手工编码以及电脑程序在定性资料分析中的应用。

一是编码单位。

在编码之前先明确分析的标准化单位。比如,你要比较美国小说和法国小说，你可以对其中的句子、段落、章节或者整本书进行评估和编码。只有对每一个小说中的同一单位——段落——都进行同样的编码，我们才能够做出类似于“16%的段落包含了××比喻”这样的总结。

在定性资料的编码中，一定要牢牢记住，概念才是定性编码的组织原则。在一个给定的文档中，适合于进行编码的文本单位也有多种。例如，在一项组织研究中，关于热烈的股东大会的长篇描述也可以编码成“内部意见分歧”。

对于定性资料来说，既定的编码分类完全可以应用到长短不一的文本素材。比如，某些关于组织任务的介绍可能很简短，而有些则很长。

二是手工编码。

约翰和洛夫兰对手工文档整理进行过这样的描述：在20世纪80年代末，个人电脑普及前，编码都是手工操作。研究者都需要建立一个很庞大的文件夹，其中都会有一个编码簿——这个编码簿要么搁在资料中间，要么就在某个合适的文件夹中间……在影印普及之前，一些田野工作者还用复写纸来复印他们的田野记录，并在记录的复印件的空白处编上编码，然后用剪刀剪下来。接着，他们就将这些纸片搁在相应的文件夹中。[①]

在个人电脑普及化的今天，虽然我们通过电脑简化了编码工作。但是以前那种使用文字内容并代表着编码分类的纸片，对于理解编码过程还是非常有帮助的。

三是建立编码。

面对庞大的资料，研究者如何如何分类、整理？研究者在考虑到，并出于检验自己已有理论假设这个目的，而对资料进行编码。在这种情况下，研究者对资料的编码就是由理论决定的，而且通常是以变量的形式出现。这些以变量形式出现的分类的数字化让研究者对概念间联系的思考，很容易变成变量间关系的思考，并实现统计操作。

在对定性资料的处理中，开放编码非常重要。施特劳斯和科宾将其界定为[②]：开放编码是与对象进行命名和分类相关的分析的一部分。没有这个基础性的第一步，后面的分析和交流就不可能完成。在开放编码中，资料被分解成不连续的各个部分，并进行严密的分析、比较异同，研究者还会进而

① ［美］艾尔·巴比：《社会研究方法》，《社会研究方法》，华夏出版社2006年版，第368页。

② ［美］艾尔·巴比：《社会研究方法》，《社会研究方法》，华夏出版社2006年版，第368页。

质疑资料所反映的现象。借助这个过程，个人和他人关于现象的假设就受到了质疑或者探究，从而引起新的发现。

下面就是一个说明你如何进行这一过程的具体例子。假定你想知道人们为什么那么厌恶男人的女性倾向。你可以调查一些人的态度，其意见如下：

(1)男人不应该像女人一样穿着和打扮，这样很令人讨厌。

(2)如果一个男人通过手术，从外貌上变成了一个女人，但是他还是个男人，而且这种行为也很令人讨厌。

现在我们来分析一下上述内容：研究者可以将这两段编码为“男人的女性倾向”。这显然是我们分析中的一个核心概念。不过，需要注意的是，禁令似乎只注意到男性情况；而女性情况则没有被提及。这说明了编码的两个重要方面：(1)每一单位可以有超过一个的编码；(2)等级编码(一个包含了另一个)。上面的两段就是都有两个编码。

此外，还可以用一个更一般化的编码：“被厌恶的行为”。这个编码很重要，因为在刚才引用的两段内容中，还有个很重要的概念：“讨厌”。由此，我们还可以给这两段赋以两个新编码。

(二)备忘录

备忘录，即在定性研究中所做的记录，它是分析资料的一部分。备忘录既可以描述、界定概念，涉及方法论问题，或者提供初始的理论陈述。备忘录实际上是一个记录观点争议和思维混乱的过程，但最终发现其中的规则。

在一些研究中，编码过程可不仅仅是对文本的简单分类。当你对资料进行编码时，你还需要用到备忘录这种技术。备忘录帮你把你当时的想法和思想记录下来，并在后续的研究中，为你提供线索和思路。而你在分析中所写的部分内容还可能成为你最终报告的一部分；其中的大部分内容起码也会刺激你的写作。

备忘录的撰写是个持续时间比较长的工作，是贯穿整个资料收集和分析过程的工作。日后，当你重读记录或者抄本、文本的编码，或者与他人讨论方案的时候，以前的想法就会重新浮现在眼前。研究者在日常的研究工作中，要养成这样一个好习惯：一有想法便马上记下来，将想法记录备案，以供日后阅读查找。

一般来说，有三种类型的备忘录来帮助我们整理定性资料：编码记录、理论记录和操作记录。

编码记录会将编码标签及其意义对应起来。编码记录相当重要,因为我们所用到的每一个名词的意义(即研究概念)都可能不同于其日常意义。所以,就很有必要记下你的分析中所用到的编码对所对应的清晰含义。无论是研究者本人还是其他关注此项研究的人,通过阅读编码记录中对每一个概念清晰的定义,就会从科学的角度更好地理解本研究的各项内容。

理论记录是研究者对所从事的研究从理论上思考的记录,它通常覆盖了很多主题:维度和概念的深层含义的思考,概念之间的关系,理论假设与理论框架等。每一个研究都需要不断地思考所研究事物的本质,并试图发现其本质、理解其中的意义。在定性资料的理论分析中,随时记下这些想法是非常重要的。很多研究的顿悟都来源于平时出现的思考火花。即便有些想法在后续的研究中没有被用到,或者没有更大的益处,但它们毕竟帮助我们进一步思考,而且有一些也能为现有的研究提供依据或者更丰富的素材。但是为了能够分类和组织,你应该将其归纳为单一的主要想法。

操作记录所关注的主要是方法论问题。其中部分会关注资料收集环境,这对后面理解资料也有关系。还有一些则是指向以后的资料收集的记录。

约翰和罗浮兰对备忘录的分类则多少有所不同。他们所说的备忘录主要是跟最后的写作阶段相联系的。在他们的分类中,有基础性备忘录、分类备忘录和综合备忘录。

基础性备忘录是对某相对具体的事件的详尽分析透视图。这种备忘录的数量,这取决于不同的方案规模。备忘录建立在选择性代码和编码的基础上,它是整个方案的储备库。

分类备忘录建立在几个基础性备忘录基础上,并代表着分析中的核心主题。一旦头脑中浮现出想法,研究者就可以立即建立基础性备忘录,无须特定的意义和理由。而撰写分类备忘录,则需要研究者发现或者建立资料之间的关系。一个分类备忘录能将一组相关的基础性备忘录联结起来。而几个不同的分类备忘录也就可以对应方案中的不同方面。

综合备忘录是将几个分类备忘录串联起来,并由此突现整个研究的内在逻辑。它讲述了一个连贯的、全面的故事,并将其投影在理论背景上。不过,任何一个现实的研究计划都有可能存在多种不同的结果。由此,资料分析也可以具有几个综合备忘录。

(三)概念图

在定性资料分析中,研究者通常要花费大量的时间将自己的想法记录下来。在记录的过程中,如果将一些概念放在一个图表上,我们常常能够更好地发现概念之间的关系,而这张图表就是概念图。概念图,即指概念以及概念之间的关系的图表表示。概念图在理论形成过程中很有帮助。

有些研究者将其主要概念按照一定的次序,排放在一张纸上。而有些研究者则愿意将多个概念排放在若干张纸上、电子文档及其他媒介上。下图8-1就是展示了我们是如何将一些概念联结起来的①。

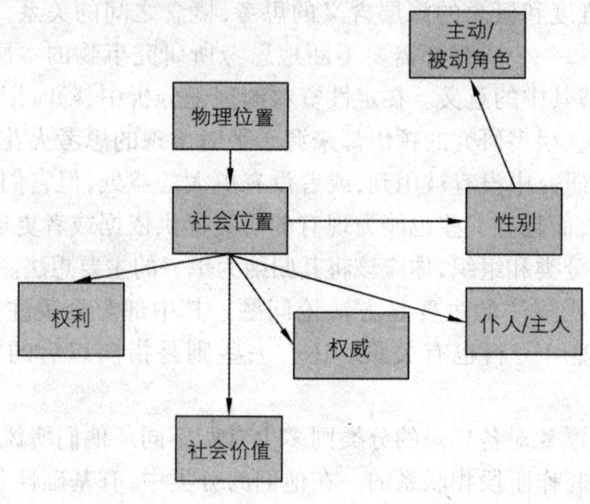

图8-1 概念图

三、定性资料的计算机处理

个人计算机的出现,及其快速完成复杂统计计算的本领,为定量研究带来了极大的便利。与此同时,它也使得我们对定性资料的研究更加快捷。一些研究者可以迅速地利用电脑的基本功能来处理非数字化的任务。目前,已经有好几个强大的电脑程序被开发出来,用来处理那些符合定性研究的资料。

电脑工具中,那些简单的编辑和复制,就相当于我们对纸质资料的剪切和复制。除了基本的资料记录和保存、简单的文字处理程序之外,我们可以利用电脑中的"查找"或"搜寻"命令,以便于我们很快就找到包含关键词的

① [美]艾尔·巴比:《社会研究方法》,华夏出版社2006年版,第372页。

那一段文字内容。而且你还可以在一些段落旁边标上编码，以便于你可以方便地找到这些关键词语。

在定性资料分析和处理中，我们同样可以使用一些表格和和资料库。例如下表8-1就说明了对《利未记》中的部分章节的处理。左边的三列代表的是研究涉及的三个概念。"X"的意思是说右边的内容包含了该概念。这样就可以对那些关涉到死刑的段落进行归类。同样电脑中简单的"分类"命令也可以对关涉到性、同性恋或者其他编码概念的段落进行分类①。

表8-1 《利未记》的编码

性别	同性恋	死亡	诗节	段落
X	X	X	20:13	如果一个男人像和一个女人睡觉那样和一个男人睡觉，那么他们都做了一件令人憎恨的事情；他们都应该被判处死刑，并将他们的血洒在他们身上。
X		X	20:12	如果一个男人与其儿媳妇通奸，那么两个人都要处死；这是乱伦，将他们的血洒在他们身上。
X		X	20:15	如果男人和动物发生性关系，那么处死他；动物也要处死。
		X	20:09	任何一个人，如果诅咒其父母，都要处死，并将他们的血洒在他们身上。
		X	20:02	不管是以色列人，还是逗留在以色列的任何其他人，如果他将他的孩子奉献给闪米族神，都要处死。
X	X		18:22	你不应像和一个女人睡觉那样和一个男人睡觉，这是一件让人感到憎恨的事情。

近些年发展的一些定性资料的统计软件，例如，The Ethnograph，HyperQual，HyperResearch，HyperSoft，NUD＊IST等为定性资料的处理提供了极大的便利。

① ［美］艾尔·巴比：《社会研究方法》，《社会研究方法》，华夏出版社2006年版，第373页。

03 | 第三节　问卷资料的整理 |

一、问卷编码

与定性资料的编码意义一样，问卷的编码也是定量资料整理的一项重要工作，它将原始资料按照资料的内容分门别类，整理成系统的资料。编码是将资料系统化、类别化的过程。它要求将资料按一定的标准加以分类，然后以符号（数字或字母）来表示各种类别，因此编码的作用在于简化各种资料，记忆符号代替文字资料，从而为资料的统计分析创造条件。

一般情况，我们使用阿拉伯数字作为编码的符号。因为用数字输入资料的速度快而且便捷；另外用数字作为编码符号在其转换或再编码时比较方便。因此，所谓编码更为简单的定义是：用阿拉伯数字代替问卷中的文字资料，即将问卷中的文字答案转换成数字的过程。

问卷通常是由多项调查内容组成的，每一份回收的问卷反映了一个具体的研究对象对调查问题的具体回答。在这些回答中，有些问题就是用数字表示的，如年龄、收入等。但问卷的大多问题是由非数字化回答表示的，例如调查人的性别、职业等。为了进行定量分析，必须把这些非数字化的回答转化成数字形式，即用数字来代表文字。编码实质上就是将文字资料转化为数字形式的过程。编码的目的是用一组变量表示各项调查问题，用每一变量的不同取值表示对这一问题的不同回答，从而使文字资料转化为数字形式。例如，回答者的性别，可用数字“1”表示男性，数字“2”表示女性。需要指出的是，这种数字仅起到一种代表的作用，并不说明任何数量上的意义。

用问卷进行的社会调查一般都是大样本调查，很多的时候都会采用统计方法整理和分析资料，并借助计算机进行统计和分析。因此必须把问卷上的文字资料转换成计算机能够识别的符号，然后输入到计算机。

（一）编码的类型

编码就是将研究所获得的资料转换成计算机可以识别的数字、代码的过程。编码的基本方法有两种：前编码和后编码。

1. 前编码。

前编码是指在研究设计的同时做编码设计，使研究结果在采集的时候，能直接编录入编码表的编码方法。由于编码框架和代码系统事先已经确定，研究者可以在研究的同时将被试的行为、答案编录入编码表，因此又称“立即编码”。前编码适用于变量答案类别事先已知的问题，如封闭式问题卷、内容分析的编码等。例如，在问卷中的“年龄”变量进行编码，用“1”代表“6 岁以下”儿童，“2”代表“7～12 岁”儿童，“3”代表“13～18 岁”的青少年，“4”代表“19～24 岁”青年……

2. 事后编码。

许多研究在收集研究资料之前并不能预期全部的答案或反应类型，因此这种研究就要使用事后编码。事后编码是指在研究完成之后，研究者根据研究目的和所记录的被试的反应（或答案），构建出一份编码系统，由此可以对收集来的资料进行编码的方法。这种编码特别适合于开放式问卷或一些事先不知道全部情况的观察、测量等。例如，进行员工在特殊时期需要的问卷调查，而最后一个或几个开放性题目的答案很多，我们通过问卷的收集把这些答案全部列出来。得到全部的答案之后，研究者根据自己的研究目的和对答案的分析，可以自行将同一类型、同一性质或相近的答案归为一类，设计出一个新的名称来概括，由此获得对各被试答案的逐一编码。

以上两种编码，除了编码时间的不同，其余的工作，如编码系统的制定、编录记录过程及原则等都是相同的。

（二）编码的分类原则

（1）分类应该有效，并根据研究的问题和目的进行评价。在编码分类过程中，要注意随时检查分类的类别是否符合研究问题的要求，能否检验变量关系的假设。

（2）每次分类必须在同一分类维度上进行。每次分类应使各类别处于同一分类维度下，应是同一层次的。不可将不同的变量或不同层次的分类混合进行分类。

（3）分类的类别必须穷尽而且互斥。分类后的类别包括所有可能的类别，保证任何一个被试的反应或答案都能分配到其中某一个类别。同时，各类别之间应该是互相排斥，互不重复或包容，保证每个被试的反应或答案只能被分配到一个类别中，而不能既属这个又属那个类别。

（4）类别之间要有显著的差别，同类资料应有相同的性质。为此，分类的标准应尽可能详尽。这样，分类就可以反映出材料之间的细微的差别，使分析更加深入。

(三)编码的步骤

编码可以分为两步,第一步是对问卷回答的答案进行分类,第二步是建立回答类别与变量数值间的对应关系。对某以特定变量如何分类,没有固定不变的方法,应视研究的具体情况而定。例如,对回答者的职业这个问题,回答可能有几十种,如教师、大学教师、中学教师、幼儿园教师、工人、司机、公务员、外企员工等,可以相应将之分成几十类,编成几十个数字.也可以将其分成几类,如工人、农民、商人、学生、军人等,从而编成几个数字。在某些研究中,例如研究具有不同职业的人对国内城市房价持续高涨的态度,把职业分成几十类,变成几十个数字可能是适宜的,能够更加细致地反映出不同职业人的态度差异;在另外一些研究中,如居民健身情况调查,把回答者的职业仅分成两类:比如体力劳动者和脑力劳动者,可能更易于验证假设。

对于问卷中的封闭性问题,答案的分类在问卷设计工作中已经完成,这种情况下的编码就变得非常容易,而且只剩下第二步的工作可以操作,即建立回答类别与变量数值间的关系。对于问卷中开放性的问题,因事先不能预料到答案的情况,故无法在设计问卷时先分类,这时的编码就要从第一步,即对问题的回答进行分类开始。为此需要从回收的问卷中抽选出一些问卷(例如50~100份),首先将问卷中开放性题目的所有答案全部抄录下来(如果回答过长,则可适当摘抄)。然后根据研究假设与研究目的进行分类。此时,分类的数量以多少为宜,是一个较难把握的问题。由于研究的不同,所以说过多或过少的类别都会给分析带来极大的困难。而类别过少,更可能失去大量异质性的、有独特价值的东西,这对我们的研究来说是一种损失。一般地讲,对于开放式问题答案的编码,开始时的分类可细一些。如果我们的分析不要求过细的分类时,这时我们就可以放心大胆地将某些类别进行合并。分类的多少会影响到统计分析。如果我们的类别太多,那么不同分类交互作用后的统计分析就不容易达到要求。

无论是问卷对开放性问题的答案分类,还是封闭性问题的答案分类,都必须同样遵循有效性、穷尽性、互斥性和同层次分类等原则。

(四)编码系统的设计与制定

编码系统包括编码指导手册和编码表。编码指导手册是编码的基本要求和依据,它包括变量的分类和答案代码。编码者根据指导手册对被试的反应或答案进行编码,并将代码或数码填入编码表,以便于计算、列表或输入计算机。编码系统的设计与制定过程,实际上就是编码指导手册和编码表的设计与编制过程。

1. 编码指导手册的内容。

编码指导手册详细说明了编码的规则及注意事项,其主要内容包括:

(1)变量表。为了使研究资料的编码不出现遗漏、错编等情况,在编码手册中应将研究所涉及的所有变量全部列出来,完整地表示出全部变量。在编码手册中,一般变量表与代码表合并列出,如表 8 - 2 所示。

(2)代码表。代码表是编码的依据,它通常与变量表结合在一起排列。研究者可以将各个变量的不同答案,以及不同类别赋予不同的数值,下面是某研究的代码表的一部分:

表 8 - 2 某研究的代码表

变量号码	变量名	代码说明
3	年龄	1 - 6 岁以下 2 - 7 ~ 12 岁 3 - 13 ~ 18 岁 4 - 19 ~ 24 岁
4	性别	0 - 女 1 - 男

2. 问卷问题答案的代码,由于答案的不同类型,其代码也有所不同。

(1)确定答案代码。单项选择题和多项选择题是按照答案的数量直接用数字表示每个答案的代号,答案的数量在 9 个以内,分别用 1、2、3……代表每个答案(参见表 8 - 3 中 A4 题);如果答案数量超过 10 个,分别用 1、2、3……10、11、12……代表每个答案。

表 8 - 3 问卷节选

A2 您的年龄——周岁

A4 如果您有工作的话,您的职业是:

(1)工人□	(2)农民□
(3)商业和服务人员□	(4)学生□
(5)军人□	

A8 您觉得您的校园设计如何?

	(1)非常好	(2)较好	(3)一般	(4)较差	(9)非常差
绿化					
布局					
方便					

A9 下列物品中，您有哪几件，有的话请在方格内打钩:

	(1)有	(0)没有
笔记本电脑	□	□
U 盘	□	□
数码相机	□	□
数码摄像机	□	□
手机	□	□
自行车	□	□

矩阵式问题或表格式问题实际上是把具有相同答案的问题归并在一张表上，它可以采用后编码的方法。

答案特别多的任意选择题，例如家庭拥有的耐用消费品或闲暇活动，供选择的答案可能在 20 个以上，为了使编码更为简便，减少数据文件的长度，答案的类别只有两个："有"与"无"，或者"是"与"否"，分别用"1"表示"有(是)"，用"2"或者"0"表示"无(否)"(参见表 8-3 中 A9 题)。这样的任意选择题相当于矩阵式问题或表格式问题，也是把具有相同答案的问题归在一起。

以封闭式问题为主的问卷中有一些开放式问题，即填空题，通常是一些数值型问题，例如收入、年龄、家庭人口数等，可以直接把数字填在空白处，这些数字严格地说不是编码，而是属于定比测量的调查资料，是具有数学特征的编码。在这种情况下，这些真实的数字也可以算做是编码(参见表 8-3 中 A2 题)。

编码中的某些代号具有特殊的意义，一般而言，"0"通常作为缺省值，或无回答、不适用、没有等。"9"通常作为特殊值，如不知道、不详或其他。当然，编码数值在 9 个以上(两位数)，这时"9"可能是有实际意义的，此时用来表示特殊值的应该是“99”，例如年龄；如果是月收入，通常用“9999”表示不详，如果月收入在1万元以上，编码的数字范围只有四位数，可以用“9998”表示。需要强调的是“0”和“9”的运用还是要根据具体情况加以规定。

(2)栏码的确定。所谓栏码是指问卷中的每个问题在数据文件中的位置。如果我们把问卷中的每个问题比作一个家庭，那么栏码相当于“家庭地址”。栏码一般放在问卷的最右边，是用来填写答案编码的地方。

栏码是从问卷的第一个项目(通常是个案编号)或问题开始，根据每个项目或问题所占的“宽度”分配栏码的位置。所谓宽度是指一个项目或问题在数据文件中占有的位数，即几个位置或几格。一个项目或问题的宽度主要取决于两个因素：问题答案的位数；允许选择的次数。一个问题在只允许选择一个答案的情况下，栏码的宽度根据答案的位数决定(见表8-4所示)，即答案为个位数，只给一个位置，宽度为1。答案为两位数，要给两个位置，宽度为2。如果允许一个问题可以选择两个以上的答案，宽度的大小就是以答案的位数乘以允许选择的答案数。例如，一个问题允许选择三个答案，如果答案位数是个位数，那么宽度为3，给三个位置。同理，如果答案位数是两位数，那么宽度是6，给六个位置(见表8-4中的A8、A9题)。属于定比测量的变量或问题，则要根据具体的变量安排相应的位置，例如年龄一般给两个位置(见A2题)，住房面积给三个位置，月收入给四个位置。按照以上方法，上面的表的栏码可以作如下分配。①

表8-4 栏码分配表

项目或问题	宽度	栏码
街道编号	2	1~2
个案编号	3	3~5
A1 您的性别：(1)男□ (2)女□	1	6
A2 您的年龄——周岁	2	7~8
A3 您的教育程度： (1)小学及以下□ (2)初中□ (3)高中、中专、职校□ (4)大专(高职)及以上□	1	9

① 风笑天：《社会研究方法》，高等教育出版社2006年版，第245页。

A4 如果您有工作的话，您的职业是： 1 10

(1)党政机关企事业单位负责人□

(2)办事人员(职业、一般公务员和管理人员等)□

(3)各类专业技术人员□ (4)商业和服务人员□

(5)军人□ (6)生产运输工作者(工人)□

(7)农林牧渔业劳动者□ (8)其他(请注明)____□

A5 如果您没有工作，您是： 1 11

(1)在校学生□ (2)离退休人员□

(3)下岗人员□ (4)失业人员□

(5)其他(请注明)____□

A6 您的婚姻状况： 1 12

(1)未婚□ (2)已婚(原配)□

(3)离异□ (4)丧偶□

(5)再婚□

A7 您经常参加的闲暇活动是什么(限选三项) 6 13～14

(1)看电视□ (2)欣赏音乐□ (3)看书□ 15～16

(4)看电影□ (5)健身或体育锻炼□ (6)玩网络游戏□ 17～18

(7)跳舞□ (8)逛街□ (9)搓麻将□

(10)会友聊天□ (11)唱卡拉 OK□S

(12)其他(请注明)____□

A8 您觉得您的小区及周围以下环境问题如何？

	(1)不严重	(2)不太严重	(3)比较严重	(4)很严重	(5)不清楚	4
噪音						19
灰尘						20
垃圾						21
污水						22

A9 下列物品中，您家有哪几件，有的话请在方格内打钩： 15

	(1)有	(0)没有	
彩电	□	□	23
电冰箱	□	□	24
洗衣机	□	□	25
抽油烟机	□	□	26
空调	□	□	27
照相机	□	□	28
电脑	□	□	29
自行车	□	□	30

3. 编码手册的编制过程。

编码指导手册主要有以下几个编制步骤:

(1)列出研究涉及的变量。将研究设计时所考虑的变量全部列表排出,根据研究结果决定取舍。

(2)将答案分类。研究者将被试对每个变量(如问卷问题)的答案逐一分类。分类时应注意分类的有效性、穷尽性、互斥性和同层次分类原则。

(3)设置代码。给变量、不同类别的答案规定一个代码,编制编码说明。一定要注意:同一变量的不同答案类别中不能出现相同的代码,但不同变量的不同答案类别可以有相同代码。

(4)编码手册的使用说明。结合研究的实际情况举例说明如何使用编码手册及注意事项。

(5)修改与完善。编码指导手册编完后,还需要进行测试。如发现问题,应及时修正、补充,使编码手册完善起来。

经过编码的研究结果就可输入计算机,建立数据库,进行各种统计运算了。

4. 编码手册举例。

编码手册是用来说明数据文件中每个项目或问题及其答案(变量)的符号所代表的意义以及编码细则,是编码员对问卷进行编码时的根据。编码手册主要包括项目或问题、变量名、宽度、栏码和编码细则等,其中项目和问题就是指问卷上所列的调查项目或问题号码,变量名是用一个代号表示项目或问题号码,变量意义是对变量名的说明,编码细则要说明答案赋值和在编码时应该注意的问题。以下是上表编制的编码手册①。

表 8-5　编码手册示例

项目或问题	变量名	变量意义	宽度	栏码	编码细则
街道	S	街道	2	1~2	01 = 南京路; 02 = 张江路; 03 = 清远路
个案编号	ID	个案编号	3	3~5	各街道从 001 开始编号
A1	X1	性别	1	6	1 = 男;2 = 女

① 风笑天:《社会研究方法》,高等教育出版社 2006 年版,第 247 页。

（续表）

项目或问题	变量名	变量意义	宽度	栏码	编码细则
A2	X2	年龄	2	7～8	按调查结果填写
A3	X3	教育程度	1	9	1＝小学及以下；2＝初中；3＝高中，包括中专、职校、技校；4＝大专及以上，包括高职
A4	X4	职业	1	10	1＝党政机关企事业单位负责人；2＝办事人员 3＝各类专业技术人员 4＝商业和服务人员；5＝军人；6＝生产运输工作者；7＝农林牧渔劳动者；8＝其他在学、离退休、下岗、失业者，此格为 0
A5	X5	无工作状况	1	11	1＝在校学生；2＝离退休人员；3＝下岗人员；4＝失业人员；5＝其他。有职业者，此格为 0
A6	X6	婚姻状况	1	12	1＝未婚；2＝已婚（原配）；3＝离异；4＝丧偶；5＝再婚
A7	X7	闲暇活动	6	13～18	01＝看电视；02＝欣赏音乐；03＝看书；04＝看电影；05＝健身或体育锻炼；06＝网络游戏；07＝跳舞；08＝逛街；09＝搓麻将；10＝会有聊天；11＝唱卡拉 ok；12＝其他。分别在 13～14、15～16、17～18 填上所选的闲暇活动编码；编码若是个位数，前一格填 0

（续表）

项目或问题	变量名	变量意义	宽度	栏码	编码细则
A8	X81	噪声	1	19	1 = 不严重；2 = 不太严重；3 = 比较严重；4 = 很严重；9 = 不清楚
A8	X82	尘灰	1	20	1 = 不严重；2 = 不太严重；3 = 比较严重；4 = 很严重；9 = 不清楚
A8	X83	垃圾	1	21	1 = 不严重；2 = 不太严重；3 = 比较严重；4 = 很严重；9 = 不清楚
A8	X84	污水	1	22	1 = 不严重；2 = 不太严重；3 = 比较严重；4 = 很严重；9 = 不清楚
A9	X901	彩电	1	23	1 = 不严重；2 = 不太严重；3 = 比较严重；4 = 很严重；9 = 不清楚
……	……	……	……	……	………
A9	X914	电脑	1	29	1 = 有；2 = 没有
A9	X915	自行车	1	30	1 = 有；2 = 没有

在编码过程中，编码者应严格按编码指导手册中的规定和要求进行编码。编码者应该注意以下几点：

一是按顺序进行编码。对整个研究资料来说，应按资料（如问卷）编号逐一进行编码；每份资料都应按从头到尾的顺序进行编码。

二是码值或记号必须填写在规定的位置上，以免造成错编或漏编等错误。

三是在赋予码值的编码表中不能出现空格，如果资料缺乏，可用“0”代替。

四是编码完毕后应复核一次，以免遗漏。

编码误差主要会出现漏编、错编和误编等情况。这就要求编码者在编码时要认真仔细，严格按照编码手册的要求进行编码。

二、数据录入与清理

(一)数据的录入

在以上的编码工作完成后,我们已经将资料转化成定量形式。但如果想进行定量分析的研究还需要将资料转化成机读格式,这样,电脑才能够读取并处理资料。

如果研究所用资料是通过问卷收集来的,那么研究者可以在问卷上进行编码。然后就可以将资料录进 SPSS 资料矩阵,或者先登录进 Excel 电子表格,然后再转到 SPSS 上。利用 SPSS 统计软件上强大的统计功能进行数据的进一步处理。

还有些时候,资料登录跟资料收集同步进行。比如,电脑辅助的电脑访谈就是如此。访谈者直接将受访者的回答输入电脑以供分析。

一旦资料完全量化并且登录进电脑,那么研究者就可以着手进行数据的定量分析了。

(二)数据的清理

原始数据输入到计算机的过程,难免会存在一些差错。输入数据的错误主要有两种:编码幅度错误和逻辑错误。针对两种错误的数据清理方法就是幅度纠错和逻辑纠错。

1. 幅度纠错。

如果在某项研究的编码中,对教育程度的编码是:1 = 小学及以下;2 = 初中;3 = 高中或中专;4 = 大学;5 = 大学以上。如果出现 6、7 等编码值,那么 6、7 就是错码。而这种幅度错误就是指编码值超过了编码的范围或幅度,这种纠错就属于幅度纠错。出现错误的编码通常也叫错码或非法码。

编码幅度纠错的方法首先要查错。若用 SPSS 软件查错,可以执行软件上计算变量频数分布的命令。根据计算结果(频数统计表)查找输入数据时可能发生的错误;如果发现错误,可以在 SPSS 软件上执行查找(Find)命令,即可发现发生错误的问卷编号(个案号码),然后查找原始问卷,根据问卷上的答案改正。

例如,某调查中变量 X3 是工资水平,编码幅度或有效范围 1 ~4,数据输入结束后,频数统计结果见下表。在表中可以看到超过编码范围或幅度的两个编码值,即 5、6,其编码值为 5 的有两个个案,编码值为 6 的有一个个案,执行 SPSS 的“查找”命令发现出现错码的个案在第 18、120、156 三份问卷上,找到原始问卷,根据原始问卷的答案进行修正。

表 8-6 计算结果

	Frequency	Percent	Valid Percent	Cumulative Percent
Valid 1	16	2.9	2.9	2.9
2	258	47.1	47.3	50.2
3	214	39.1	39.2	89.4
4	52	9.5	9.5	98.9
5	4	7	7	99.6
6	2	4	4	100.0
Total	546	99.6	100.0	
Missing	0	2	4	
Total	548	100.0		

2. 逻辑纠错。

逻辑纠错是指在一份问卷上前后两个或多个有关联的问题,回答的结果出现了明显的矛盾,不符合日常经验生活。例如,在对住房面积和房间数的统计结果中,我们发现一个被试只有 9 岁,却记录为已婚,并已经工作 10 年,而另一个被试有 55 岁,职业却是中学生。这不太符合我们的生活经验。还有的父亲或母亲的年龄小于子女的年龄,或者两者之间的年龄差距过大或过小。比如有的父亲的年龄小于子女年龄的有 1 例,年龄差距在 13 岁以下的有 2 例。发现上述问题都要核查原始问卷,如果原始问卷的确没有错误的话,那么就要与被调查对象核实。

在逻辑纠错中,研究者需要检查研究数据、资料的内容是否合乎逻辑,有无不合理的地方。例如,某量表的每一项目均只有"是"和"否"两个选择项,分别用"1""0"表示,但是在答案中出现了"3""4"等数字。这显然是错误的。又如,在问卷前面"你有几个孩子"一栏的答案中填写了"0",而在后面"其中____个男孩,____个女孩"中却填上了"1"和"1",这就自相矛盾了。对于出现逻辑错误的问题,应该调查其原因,尽量使研究结果有效。

逻辑纠错的方法可以根据变量的测量层次采用不同的方法。

(1)对于定类、定序或者定距变量来说,可以采用列连表的方法,检查变量之间是否存在逻辑矛盾。如果发现问题的话,可以按照幅度纠错的方法,

执行 SPSS 上的“查找”命令,找出被认为是错误的编码值,然后根据原始问卷对照另外一个变量,分析到底是哪个变量出错。如果都按照上面的办法找不到错误出处,那么研究者就要与被调查对象进行情况的核实。

(2)对于定比测量变量可以采用 SPSS 上的建立新变量的命令(Compute),分析两个变量中存在的逻辑错误,然后运用幅度纠错的方法加以纠正。比如,通过 Compute 命令,用父(母)亲年龄减去长子(女)年龄得到结果,然后根据原始问卷中纠错的方法纠正有疑问的年龄。

3. 数据、资料的剔除与补充。

按照上述两种方法对研究数据、资料进行质量审核后,研究者应该对于一些有明显错误的资料和数据进行深入调查,追其原因,尽量加以纠正。如果的确无法纠正,那么在不影响抽样效果、保证研究数据与资料的一定有效性(一般规定为 80%,某些研究 95% 以上)的基础上,应对这些错误结果予以剔除。值得注意的是,研究数据、资料的质量审核的正确性与研究者的水平、经验以及对研究对象了解的密切程度相关,因此,切忌凭主观臆测进行判断。如果的确不能肯定某些研究结果的正确性和合理性,那就应请有关方面的专家或熟悉该方面情况的其他研究者审核。

经过审核,若研究数据、资料不完整(如部分问卷未回收、某些被试的部分资料或数据缺失),就应该查明原因,想办法补充。一般的做法是找出全部研究数据、资料中缺失、遗漏等有问题的地方,及时访问研究对象,解决其中的疑问。因此,研究结果的补充应在研究过程中进行,要及时,以防被试因遗忘等原因,使缺失遗漏的数据、资料得不到补充,从而影响研究结果的完整性。

| 本章小结 |

研究者收集到的资料有两种,定性的资料和定量的问卷资料。本章主要阐述了对收集的原始资料如何进行审核以及资料如何整理。原始资料的整理包括资料的汇总、编辑,数据的录入以及不良数据的清理。本章的难点在于:第一,定性资料的梳理和编码;第二,定量的问卷资料如何审核,以及将问卷进行编码和数据的处理。

| 关键术语 |

原始资料、定性资料、问卷资料、备忘录、概念图、编码

| 复习思考题 |

1. 定性与定量两种原始资料的审核有什么具体差异?
2. 定性资料分类的原则与作用。
3. 问卷资料的分类与编码,试举一例加以说明。
4. 定性资料如何实现资料的汇总与编辑?
5. 如何对问卷资料的数据错误进行清理?
6. 试编制一份问卷的编码手册。

第九章 ｜ 资料的统计分析

01 ｜第一节 经验数据的统计描述｜

一、比率与相对比

经验数据的统计描述是对研究变量的数量特征所作的描述，它是最简单也是最基本的统计，是对研究变量大量数据的统计概括。

经验数据的统计描述离不开对变量分布特征的分析。变量的分布可分为两类：一类是频次分布，一类是比率或频率分布。所谓变量的频次分布就是变量的每一取值出现的次数。对于连续性变量，如定距变量，频次的计算必须分组进行。其中每组上限即下一组的下限，通常将下限包括在本组中，每组用组中值表示。频次分布可以把原始资料作初步简化，并对变量特征作出清晰的描述，但它不能用来比较不同的样本。比率或频率分布由于是用变量每个取值的频次数除以总个案数，它是一个相对指标，排除了样本规模的影响，因而可以用来比较不同的样本。比率或频率分布的计算公式为每一变量取值的频次数/总个案数 ×100（或 1000 或 10000 等）。

此外，在分析定类层次的资料时，也可以计算两数值的对比值，即相对比。A 值与 B 值的相对比，就是 A 除以 B。如某地有 52，100 名居民和 39 名医生，医生与总人口的相对比就是 1∶1336，即每 1336 人有一名医生。又如该地总人口中有 28，600 名男性和 23，500 名女性，则性别相对比为男性人口数∶女性人口数 = 28600∶23500 = 1217∶1000，即每千名女性有 1217 名男性。

二、集中与离散趋势

（一）集中趋势分析

集中趋势分析是从一组数据中抽象出的一个代表值，以代表现象的共性和一般水平。除可以说明某一社会现象在一定条件下数量的一般水平外;集中趋势还可以对不同空间的同类现象或同一现象在不同时间的状态进行比较;以及分析某些社会现象之间的依存关系。常用的集中趋势测量指标有众值、中位值和平均值。

1. 众值(Mode)Mo 众值就是出现频率(次)最高的变量值。众值可以适用于任何测量层次的变量,对于定类和定序变量,众值可直接从变量的频率分布中观察到;对于定距变量,如果变量是在第 i 组具有最高的频率密度,则用第 i 组的组中值表示变量的众值。

2. 中位值(Median)M_d 中位值是将观察总数一分为二的变量值。因此中位值应该是位于数据序列中央位置的变量值,若将数据按从小到大顺序排列,则 M_d 取值于 $N+1/2$(N 为观察案例总数)处的变量值。当 N 为偶数,由于 $N+1/2$ 处无数值,这时中位值为中间位置左右两数的平均值。当变量是以频次分布的形式给出的,则用 $N+1/2$ 算出中位值所在的位置,然后利用累积频次查找这一位置所对应的变量值。对于经过分组的资料,中位值的位置则是通过计算累计百分比频率得到的。即首先计算出含有累积频率50%的区间,然后求出这个区间的上下限值(U、L)最后利用公式 $M_d=L+\frac{\left(\frac{N}{2}-cf\right)}{n}(U-L)$ 计算中位值(其中 N 为调查案例总数;n 为中位值所在组的频次;cf 为中位值所在组以前的累积频次)。中位值一般用于描述定序及定序以上的测量尺度的变量的集中趋势。

3. 平均值(Mean)平均值仅适用于定距及定距以上变量,但有时也可用于定序变量。平均值 = 全体调查对象的观察值总和/调查对象总数。在原始数据较少时,可直接将这些数据累加,然后除以调查对象总数。在原始数据经过整理,得到它的频次分布时,平均值的计算用加权平均值公式。对丁分组值,一般用组中值来代替变量值,然后加权平均计算平均值。需要指出的是,用组中值计算的加权平均数只是用原始数据计算的平均数的近似值。由于分组是人为的,所以在变量分布不均匀的情况下,不同的分组会有不同的结果。此外,平均值主要是为了描述平均水平,它对每个案例的取值都十分敏感,在分布中如果有少数非常极端的变量值,则平均值要受到较大影响,反而不能代表大多数观测值,这时用中位值描述变量的集中趋势更有益。

(二)离中趋势分析

离中趋势分析是用以概括描述数据间差异程度的统计指标。与集中趋势一样,离中趋势也是对变量特性进行描述的指标。但两者不同的是:集中趋势描述的是现象的共性,而离中趋势描述的是现象的差异性,如果离中量数大,说明数据分布很分散,这时集中值对数据的代表性低;反之,则说明数据的分布很集中,集中值对数据的代表性高。在由样本资料推论总体时,集中值告诉我们的是如何去估计与预测总体,而离中趋势则告诉我们这一估计与预测的误差大小,因此,两者是相互补充的。常用的离中趋势测量指标有异众比率、极差、四分互差、方差与标准差。

1. 异众比率。

异众比率即非众值的各变量值的总频数在观察总数中的比例。可见,异众比率是对众值的补充,异众比率越小,说明众值的代表性越好。

2. 极差。

极差是对定序及定序以上尺度的变量离散程度的测量。它等于最大观察值与最小观察值的差。极差越小说明资料分布越集中。

3. 四分互差。

四分互差也是对定序及定序以上测量尺度的变量离散程度的测量指标,它的优点是可以克服极差中极值对资料离散程度度量的干扰。

把一组数据按序排列,然后分成四个数据数目相等的段落,各段分界点上的数叫做四分位数,即第一个四分位数 Q_1 以下包括了25%的数据,Q_2 是中位数,第三个四分位数 Q_3 以下包括了总数据中的75%的数据。四分互差就是第三个四分位数与第一个四分位数的差,即 $Q = Q_3 - Q_1$。四分互差的间距越小,说明中位数的代表性越大,数据分布越集中。

对于分组数据,求 Q_1 与 Q_3 的方法也可以用线性插值法或直接用下列公式进行计算。

$$Q_1 = L_1 + \frac{\left(\frac{N}{4} - cf_1\right)}{n_1}(U_1 - L_1) \qquad Q_3 = L_3 + \frac{\left(\frac{3N}{4} - cf_3\right)}{n_3}(U_3 - L_3)$$

其中 L_1、L_3 为含有累计百分比25%与75%的区间的下限,U_1、U_3 为对应上限,n_1、n_3 为含有累计百分比25%与75%的区间的频次,cf_1 与 cf_3 为含有累积百分比25%与75%所在组以前组的累积频次。

4. 方差与标准差。

方差与标准差只适用于定距变量。方差等于每一观察值与其平均数的差的平方和除以观察总数,即 $\sigma^2=\frac{\Sigma(x_i-\bar{x})^2}{N}$;而标准差则是它的正平方根。

5. 离散系数。

离散系数是标准差与平均数之百分比,即 $cv=\frac{\sigma}{\bar{x}}\times100\%$。离散系数可用于两组数据的离散程度的比较。例如,甲厂平均工资水平为70元,标准差为6.5元;乙厂平均工资60元,标准差为6元。则甲厂的工资离散系数为6.5/70×100% =9.3%,而乙厂的离散系数为6/60×100% =10%,这表明乙厂职工工资差距大于甲厂。

三、正态分布与 Z 值

(一)正态分布

正态分布也叫常态分布或高斯分布,是连续随机变量概率分布的一种。而对于任何变量,不管其分布如何,如果把它们几个加在一起,当 n 大于一定数之后,那么其和的分布必然接近正态分布。自然界、人类社会、心理和教育中大量现象均按正态形式分布,例如能力的高低、学生成绩的好坏等都属于正态分布。

正态分布密度曲线呈钟形,因此人们又经常称之为钟形曲线。

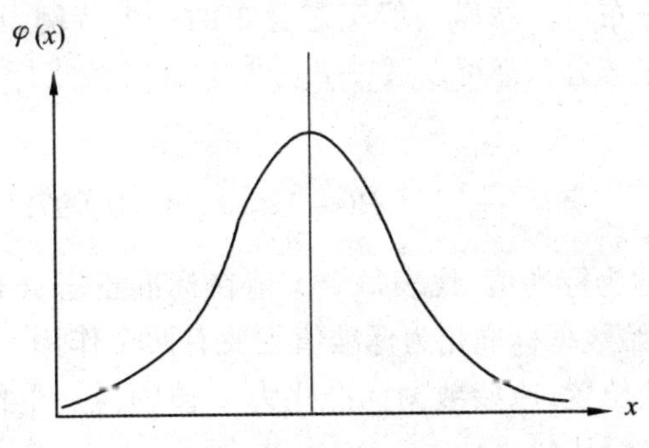

图9-1 钟形曲线图

正态分布密度曲线的特征:(1)曲线是单峰,有一个最高点。(2)曲线在高峰处有一个对称轴。在轴的左右两边是对称的。(对称轴 $x=\mu$)。(3)曲线无论是向左或向右延伸,都会愈来愈接近横轴,但不会和横轴相交,以横轴为渐进线。从上图中也可以看出,正态分布的众值、中位值和均值三者是重叠的。

根据实践的经验和理论的分析,正态分布的概率密度表达式为:

$$\varphi(x)=\frac{1}{\sqrt{2\pi}\sigma}\cdot e^{\frac{-(x-\mu)2}{2\sigma^2}}$$

其中,μ 和 σ 为两个变量,是正态分布的参数,不同的 μ、不同的 σ 对应不同的正态分布。即服从正态分布的变量的频次分布由 μ、σ 完全决定。其中,μ 是正态分布的位置参数,描述正态分布的集中趋势位置。正态分布以 $X=\mu$ 为对称轴,左右完全对称。正态分布的均数、中位数、众数相同,均等于 μ。σ 描述正态分布资料数据分布的离散程度,σ 越大,数据分布越分散,σ 越小,数据分布越集中。也称为是正态分布的形状参数,σ 越大,曲线越扁平,反之,σ 越小,曲线越瘦高。

实际工作中,正态曲线下横轴上一定区间的面积反映该区间的例数占总例数的百分比,或变量值落在该区间的概率(概率分布)。不同范围内正态曲线下的面积可用公式计算。在统计分析中几个重要的面积比例经常用到。横轴与正态曲线之间的面积恒等于1。正态曲线下,横轴区间($\mu-\sigma$, $\mu+\sigma$)内的面积为68.268949%,横轴区间($\mu-1.96\sigma$, $\mu+1.96\sigma$)内的面积为95.449974%,横轴区间($\mu-2.58\sigma$, $\mu+2.58\sigma$)内的面积为99.730020%。

(二)Z 值

标准正态分布可以看做一般正态分布的一个特例,具有正态分布的所有特征。所有正态分布都可以通过 Z 分数公式转换成标准正态分布。Z 值的计算公式为:

$$Z=\frac{x-\bar{x}}{\sigma} \qquad P(-3\leqslant z\leqslant 3)=0.9973$$

上式 Z 值称为标准值,代表每个 x 值在标准正态分布上的数值。在统计分析中,将原始数据标准化为标准值主要有两个作用,一是确定原始数据在总体分布中的位置,原始数据标准化为 Z 值的另一个作用是对不同分布的各原始数据进行比较。

从标准值的公式,可以推算出标准正态分布的 μ 和 σ 分别为0和1,通常用 Z 表示服从标准正态分布的变量,记为 $Z\sim N(0,1)$。一般正态分布与标准正态分布之间的区别只在于对称轴不同,前者以 μ 为轴,后者以0为轴。几个典型取值区间:$P(-1\leqslant z\leqslant 1)=0.6827$ $\quad P(-2\leqslant z\leqslant 2)=0.9546$ $\quad P(-3\leqslant z\leqslant 3)=0.9973$

02 | 第二节 总体推论与方差分析 |

一、置信区间

总体推论是抽样调查资料分析的特有内容,因为抽样调查的目的不是对样本本身的认识,而是通过样本来认识总体,总体推论就是达到这种认识的桥梁。总体推论分两类:参数估计与假设检验。所谓参数估计就是根据一个随机样本的统计值,来估计总体的参数值。假设检验则是首先对总体的情况作出假设,然后抽选出一个随机样本,以这一样本的统计值来检验原先的假设是否正确。这两种总体推论的逻辑思想是不同的,前者是先看样本的情况,再论及总体,后者则是先构想出总体的情况,然后才进行抽样和分析样本的情况。

参数估计分为点估计与区间估计两类。点估计就是从一个适当的样本统计值来估计总体的未知参数值。点估计的缺点是无法了解这种估计和推测的可信程度如何,区间估计可以弥补这一缺陷。所谓区间估计就是通过样本统计值来推测总体未知参数的可能范围。这一可能范围的大小,取决于我们在估计时所要求的可信度(即置信水平)的高低,对于同一样本,如果要求这种估计的可信程度越高,则总体参数的可能范围越大;反之越小,这一可能的范围称为置信区间,显然,置信水平与置信区间成正比。

区间估计的一般程序是:确定置信水平;计算标准误差;根据样本统计值和标准误差确定置信区间。

1. 平均数的置信区间:(1)当总体方差 σ^2 已知的时候,根据抽样分布理论,$Z=\dfrac{\bar{x}-M}{\dfrac{\sigma}{\sqrt{n}}}$满足标准正态分布 $N(0,1)$,式中 n 为样本容量,M 为待估总体平均数。区间$\left[\bar{x}-Z_{\alpha/2}\left(\dfrac{\sigma}{\sqrt{n}}\right),\bar{x}+Z_{\alpha/2}\left(\dfrac{\sigma}{\sqrt{n}}\right)\right]$为待估平均数 M、置信水平为 $1-\alpha$ 的双侧置信区间。在置信水平为 95% 时,总体平均数的置信区间为:$\left[\bar{x}-1.96\left(\dfrac{\sigma}{\sqrt{n}}\right),\bar{x}+1.96\left(\dfrac{\sigma}{\sqrt{n}}\right)\right]$。(2)当总体方差 σ^2 未知时,分两种情况:①当时 $n\leqslant 100$,总体平均数的双侧置信区间为$\left[\bar{x}-t_{\alpha/2}\dfrac{S}{\sqrt{n}},\bar{x}+t_{\alpha/2}\dfrac{S}{\sqrt{n}}\right]$。值需

要查 t 分布表。②当 $n>100$ 时，总体平均数的双侧置信区间为 $\left[\bar{x}-Z_{\alpha/2}\frac{S}{\sqrt{n}},\bar{x}+Z_{\alpha/2}\frac{S}{\sqrt{n}}\right]$。从上面的公式可知，置信区间与样本大小成反比。只要将样本加大，就可以提高估计的精确程度。

2. 方差的置信区间：(1)当样本 $n\leqslant100$ 时，由抽样分布理论可知，$\frac{n-1}{\sigma^2}S^2=x^2$ 满足自由度为 $n-1$ 的 x^2 分布。对于给定置信水平 $1-\alpha$，区间 $\left[\frac{(n-1)S^2}{x^2_{\alpha/2}},\frac{(n-1)S^2}{x^2_{1-\alpha/2}}\right]$ 即待估总体方差 σ^2 的双侧置信区间，$x^2_{\alpha/2}$，$x^2_{1-\alpha/2}$ 的值可由 x^2 分布表查出。(2)当样本 $n>100$ 时，总体方差在置信水平 $1-\alpha$ 下的双侧置信区间为 $\left[\frac{(2n-2)S^2}{\sqrt{2n-1}-Z_{\alpha/2}},\frac{(2n-2)S^2}{\sqrt{2n-1}+Z_{\alpha/2}}\right]$。由总体平均数与方差的讨论可知，总体参数的区间估计方法的选择除考虑参数的类型以外，还应考虑样本的规模。在大样本的情况下，常采用正态分布，而在小样本时，则要采用其他类型的分布。

3. 总体成数的置信区间：当样本规模 $n>100$ 时，总体成数的双侧区间估计是：$\hat{p}\pm Z_{\alpha/2}\sqrt{\frac{P(1-P)}{n}}$，其中 $\alpha=1-$置信水平，$Z_{\alpha/2}$ 值由查正态分布表得到；$\hat{p}$ 为样本成数；P 为总体中某类所占百分比，当总体成数未知时用样本成数代替。有时，我们还要对两个总体均值差或成数差进行估计。这时，若两个样本都是大样本($n_1>100$，$n_2>100$)，则两个总体均值差的双侧置信区间为

$$\left[\begin{array}{l}(\bar{x}_1-\bar{x}_2)-Z_{\alpha/2}\sqrt{\frac{\sigma_1^2}{n_1}+\frac{\sigma_2^2}{n_2}},\\(\bar{x}_1-\bar{x}_2)+Z_{\alpha/2}\sqrt{\frac{\sigma_1^2}{n_1}+\frac{\sigma_2^2}{n_2}}\end{array}\right]$$

成数差的双侧置信区间为：

$$\left[\frac{(\hat{P}_1-\hat{P}_2)-Z_{\alpha/2}\sqrt{\frac{P_1(1-P_1)}{n_1}+\frac{P_2(1-P_2)}{n_2}},}{(\hat{P}_1-\hat{P}_2)+Z_{\alpha/2}\sqrt{\frac{P_1(1-P_1)}{n_1}+\frac{P_2(1-P_2)}{n_2}}}\right]$$

在 σ_1^2，σ_2^2 未知时用 S_1^2，S_2^2 代替。在两个总体成数未知时，用对应的样本成数代替。

4. r 相关系数的置信区间，在置信水平 $1-\alpha$ 的要求下，总体 r 相关系数

的置信区间可由如下方法求出：首先将样本相关系数带入公式：$Z' = 1.151\log\frac{1+r}{1-r}$ 中求出 Z' 值，则总体 Z' 值得置信区间为 $\left[Z' - Z_{\alpha/2}\frac{1}{\sqrt{n-3}}, Z' + Z_{\alpha/2}\frac{1}{\sqrt{n-3}}\right]$，由上式 $Z' = 1.151\log\frac{1+r}{1-r}$，将两值对应的两个 r 值求出，这两个 r 值即为相关系数的置信区间端点值。

二、假设检验

假设检验是由经验资料验证理论假设的一个重要环节。如果经验资料只是整体调查获得的，那么根据资料计算的结果就能验证原有理论假设是否为真；如果经验资料是由抽样调查获得的，由资料计算出的结果还不能马上验证原有理论假设是否为真，而要首先对这一结果的显著性进行检验，即检验这个结果是否对总体具有显著的代表性，这种与抽样调查结合在一起的显著性检验称为统计假设检验，简称假设检验。

在我们直接用样本结果检验原理论假设时可能出现两种情况：符合或不符合原假设。以样本资料与原假设不符为例，当发生这种情况时，原因有两种可能：(1)原假设是错误的，比如原假设两个变量是相关的，但实际上并不相关。(2)样本缺乏代表性，即总体的两个变量是相关的，但是由于样本不能代表总体，因此与理论假设发生矛盾。因此，如果不对样本的代表性进行检验，剔除因样本代表性所产生的结果与假设不符的情况，而否证原理论假设，就有可能抛弃正确理论假设的错误的危险。同理，在样本结果与原假设相符的情况下，则有可能犯以假当真的错误。因此，在用样本资料结果验证原假设时，必须对样本代表性进行显著性检验。

(一)假设检验的一般概念

1. 原假设与备择假设。

原假设又称虚无假设，一般用 H_0 表示，它常常是根据已有的资料或根据周密考虑后确定的。但直接用于假设检验的不是原假设，而是所谓的备择假设，又称研究假设。备择假设就是与原假设相反的假设，用 H_1 表示，它是当原假设被推翻时需要接受的假设。假设检验依据的是小概率原理，就是说小概率事件被认为是在一次观察中不可能出现的事件，因此，如果在一次观察中出现了小概率事件就应当否定此事件是小概率的说法。假设检验的逻辑就是求出 H_0 是正确的可能性，如果能证明这种可能性极小，就应否

定 H_0,接受 H_1。

2. 显著性水平与拒绝域(接受域)。

决定是否拒绝假设,主要是检验样本统计值与所假设的总体参数值之间的差异是否显著,一般用显著性水平衡量。显著性水平是指假设成立的标准,即小概率的值,用 α 表示。显著性水平意味着总体参数值与样本统计值具有同等特性的概率为 $1-\alpha$,抽样误差不超过 α。一般常用的显著性水平有三个:0.05、0.01、0.001。在进行研究时,通常是先决定显著性水平的大小,若样本统计值达到这一水平,则可确认样本具有较好的代表性,原假设可以成立。但也有些研究是先计算样本的统计值,然后看此值达到哪一个显著度。

拒绝域就是在显著性水平 α 下,拒绝原假设 H_0 的区间,它位于抽样分布的一端或两端的小区域内,根据小概率原理,当由样本算出的统计值落入此区域内时,则原假设被否定。反之接受域就是接受的 H_0 区间,它位于抽样分布的中间区域内,若由样本算出的统计值落入此区域内,则接受 H_0。

3. 双边检验与单边检验。

拒绝域位于抽样分布两端的检验即双边检验。当拒绝域只集中在抽样分布的右端,则叫做右侧单边检验,如果是在左边就叫做左侧单边检验。一般来说,双边检验较单边检验更难否定 H_0,因此在提出备择假设时,最好说明方向。

(二)假设检验的步骤

假设检验通常包括如下步骤:

1. 建立原假设 H_0 与备择假设 H_1。

2. 根据总体的分布形态和变量的测量层次以及样本的规模等,选择能反映 H_0 的统计量和确立 H_0 成立条件下的这一统计量的分布。

3. 根据问题的需要,规定适当的显著性水平 α,并据此确立拒绝域或接受域。

4. 根据样本统计量的观测值进行判断,若其落入拒绝域,则拒绝原假设,接受备择假设;反之则接受原假设。

假设检验的两类错误:弃真与纳伪。在进行判断时,无论是做出拒绝或接受假设的判断,都不会百分之百的正确,都会有一定错误。判断的第一类错误是弃真的错误,即原假设反映了客观世界的真实情况,但却在检验中被作为错误的看法而加以拒绝。犯弃真错误的概率为 α。假设检验的第二类错误是纳伪的错误，即原假设不是真的却被作为真的加以接受。显然当拒绝 H_0 时，犯弃真错误的可能性 α 是很小的，而在接受 H_1 拒绝 H_0 时，犯纳伪错误的可能性却很大。由此可知，H_0 和 H_1 在假设检验中的作用是不等的。H_0 一般选择的是常规的已存的现象，没有充分的根据是无法否定的，而把要研究的看法或猜想作为备择假设 H_1，因为一旦备择假设被接受，那么它被否定的概率是很小的。由于社会研究一般是证实假设，即希望否定原假设，因此应特别注意弃真的错误。弃真与纳伪这两种错误是相互对立的，即在一定条件下，弃真的错误增大时，纳伪的错误就会减少；反之也一样，完全消除两者的矛盾是不可能的。为了同时减少犯这两种错误的概率，一般采取增大样本容量的方法。因为当样本容量增大时，抽样误差就会减少，假设与实际调查资料间的差别受样本误差的影响就会减少，从而提高由此得到的判断的准确性。

（三）假设检验的类型

假设检验的方法很多，可以分为两类：参数检验与非参数检验。参数检验要求总体必须具备某些条件，而且参数检验一般要求所涉及的变量是定距层次的变量。与参数检验不同，非参数检验不要求总体具备特殊条件，且适用于各种层次的变量，它不是检验总体的某些参数，如平均数、方差等，而是检验总体某些相关的性质。参数检验的优点是当总体充分满足所需求的前提条件时，在做假设检验时可以非常准确，但在社会研究中往往很难判断总体是否合乎要求。非参数检验由于对总体没有要求，因此在做推论时准确度不及参数检验，但其优点是适用范围广、计算简单，当样本容量增大时，其推论的准确度可以增加。近年来，非参数检验获得了越来越广泛的应用。

一般而言，选用何种检验方法，需要考虑以下三个问题：1. 样本的个数与类型。如单一样本还是配对样本。2. 样本的规模。一般大于 100 个元素的样本为大样本，小于或等于 100 的样本为小样本。3. 变量的测量尺度。

（四）参数检验

参数检验是对于总体参数的检验，当总体的分布形式已知，而其中的某些参数，如平均值、方差等为未知时，可以先对这些参数做出假设，然后从总体中抽出一个随机样本，根据对样本的观察资料对假设的真伪做出判断。社会研究中常用的参数检验方法有三种：Z 检验、t 检验和 F 检验。

1. Z 检验。

这种检验方法要求：第一，样本必须是随机抽取的；第二，变量必须是定距层次的变量；第三，总体应呈正态分布，不过当样本容量相当大时（$n>100$），这一要求可以放松。Z 检验法可以用于以下参数的检验：

（1）大样本的总体均值检验。这时用于检验原假设的统计量（又称检验值）是 $Z=\dfrac{\bar{x}-\mu_0}{\dfrac{S}{\sqrt{n}}}$。

（2）大样本的总体成数检验。这时用于检验原假设的统计量是 $Z=\dfrac{\hat{P}-P_0}{\sqrt{\dfrac{P_0(1-P_0)}{n}}}$，其中 $\hat{P}$ 为样本成数值，P_0 为假设的总体成数值。

（3）大样本的总体均值差检验。当甲总体的样本规模 n_1 与乙总体的样本规模 n_2 均大于 100 时，其平均值的差异可由 Z 检验值来检验，$Z=\dfrac{\bar{x}_1-\bar{x}_2}{\sqrt{\dfrac{S_1^2}{n_1}+\dfrac{S_2^2}{n_2}}}$，$\bar{x}_1$，$S_1$ 分别为样本 n_1 的平均数和方差，$\bar{x}_2$，S_2 分别为 n_2 的平均数和方差。原假设 H_0 为：$\mu_1=\mu_2$，备择假设 H_1 为：$\mu_1\neq\mu_2$（或 $\mu_1>\mu_2$，或 $\mu_1<\mu_2$）。

（4）大样本的总体成数差检验。在甲总体的样本容量 n_1 与乙总体的样本容量 n_2 均大于 100 时，其成数差异可以由 Z 进行检验，$Z=\dfrac{\hat{P}_1-\hat{P}_2}{\sqrt{\dfrac{P_1(1-P_1)}{n_1}}+\sqrt{\dfrac{P_2(1-P_2)}{n_2}}}$，$\hat{P}_1$，$\hat{P}_2$ 分别为样本 n_1 与样本 n_2 的成数。相应的原假设 H_0 为：$P_1=P_2$，备择假设 H_1 为：$P_1\neq P_2$（或 $P_1>P_2$，或 $P_1<P_2$）。

（5）G 相关系数、d_{yx} 系数的检验。G 系数描述的是两个定序变量的相关程度与方向，若样本中 G 不等于零，我们就要检验在总体中 G 是否也不为零，即变量间的关系是真的。因此，原假设为：$G=0$，备择假设为 $G\neq0$，检验统计量 $Z=G\sqrt{\dfrac{n_s+n_d}{n(1-G^2)}}$，$n_s$ 为同序对，n_d 为异序对，n 为样本大小，G 是样本的 Gamma 值。由于 d_{yx} 系数与 G 系数的计算公式中都是以同序对 n_s 及异序对 n_d 的差 n_s-n_d 作为分子的，故均可通过 $n_s-n_d=S$ 的检验来推断总体的情况。

2. t 检验。

t 检验要求:第一,被检验总体成正态分布;第二,样本必须是随机抽取的;第三,变量应为定距尺度的变量。一般说来,t 检验多用于小样本。可以用于 t 检验的参数有:

(1)小样本的总体均值检验。这时原假设为:$\mu=\mu_0$,备择假设为:$\mu\neq\mu_0$(或 $\mu>\mu_0$,或 $\mu<\mu_0$),检验统计量 $t=\dfrac{\bar{x}-u_0}{\dfrac{S}{\sqrt{n}}}$。

(2)小样本的总体均值差检验。对应于这种检验的统计量为:$t=\dfrac{\bar{x}_1-\bar{x}_2}{\sqrt{\dfrac{n_1S_1^2+n_2S_2^2}{n_1+n_2-2}}\cdot\sqrt{\dfrac{n_1+n_2}{n_1n_2}}}$,而原假设为:$\mu_1=\mu_2$。

(3)配对样本的比较。这时原假设为:$\mu_1=\mu_2$。统计量为:$t=\dfrac{\dfrac{\bar{x}_d}{S_d}}{\sqrt{m-1}}$,其中 m 为配对数目,$d=x_1-x_2$;x_d 为 d 的平均数,S_d 为 d 的标准差。

3. F 检验。

F 检验是一个定类变量和一个定距变量关系存在与否的方法,它要求:第一,样本须是随机抽取的;第二,有一个变量是定距变量;第三,要求各子总体均为正态分布并具有相等的方差。$F=\dfrac{E^2(n-k)}{(1-E^2)(k-1)}$,$E$ 是样本的相关比率系数,n 为样本的规模,k 是分组数。F 检验一般用于:

(1)方差分析的检验。这时原假设一般形式为:$\mu_1=\mu_2=\cdots\mu_k$(即各类间平均数相等)。备择假设为:有一个以上的类别平均数不同。检验的统计量为:$F=\dfrac{BSS/k-1}{BSS/n-k}$,$BSS$ 为组间平方和,RSS 为组内平方和。

(2)对两个总体或多个总体的差异做检验。当样本超过两个时,一般采用 F 检验,这时原假设形式为:$M_1=M_2=M_3=\cdots\cdots$。

(3)r 相关系数与回归系数的检验。由于计算相关系数 r 与回归系数 b 的公式具有相同的分子,因此对 r 的检验亦即对 b 的检验。此时,原假设与备择假设的形式一般为:H_0:总体中 $r=0,b=0$;H_1:总体中 $r\neq0,b\neq0$,检验统计量 $F=\dfrac{r^2(n-2)}{1-r^2}(df_1=1,df_2=n-2)$,$n$ 为样本大小,r 为样本相关系数。

这个检验统计量是以变量 x 和 y 呈线性关系为前提的，两个变量若是非线性关系，这一方法就不适用了。判断两变量在总体中是否有线性关系的方法，一般是用 F 检验值进行检验，此时：

H_0：x 与 y 在总体中是线性关系，即 $r=E$。

H_1：x 与 y 在总体中是非线性关系，即 $r\neq E$，检验统计量 $F=\frac{E^2-r^2}{1-E^2}\left(\frac{n-k}{k-2}\right)(df_1=k-2,df_2=n-k)$，$k$ 为 x 变量值的类别数，E 为样本相关比率系数，r 为样本线性相关系数。

三、单因素方差分析

方差分析是统计分析中应用非常广泛的技术，其中包括一元方差分析、二元方差分析以及多元方差分析。一元方差分析是关于一个定类变量和一个定距变量关系的分析。二元方差分析是对于两个定类变量与一个定距变量的关系的分析。依此类推，n 元方差分析是指 n 个定类变量与一个定距变量关系的分析，二元以上的方差分析都叫做多元方差分析。其中一元方差分析又称作单因素方差分析。方差分析是由对变量间相关关系的分析，到建立描述变量间因果关系的一般线性模型的过渡，后者是大多数多变量分析方法的核心思想。

1. 总离差平方和：$TSS=\sum_{i=1}^{m}\sum_{j=1}^{n_i}(y_{ij}-\bar{y})^2$。表示全体观测值 y_{ij} 对总平均值（推测值）的离差平方和。

2. 组内离差平方和：$RSS=\sum_{i=1}^{m}\sum_{j=1}^{n_i}(y_{ij}-\bar{y}_i)^2$，表示各观测值队本组平均数的离差平方和，它不是由自变量而是由其他未知因素引起的。又称剩余平方和。

3. 组间离差平方和：$BSS=TSS-RSS=\sum_{i=1}^{m}n_i(\bar{y}_i-\bar{y})^2$，表示各组的平均数与总平均数的离差的平方和。它是由于自变量值 x_i 的不同引起的差异。

4. $F=\frac{BSS/df_1}{RSS/df_2}$其中 df_1、df_2 分别是 BSS 与 RSS 相应的自由度，$df_1=m-1$，$df_2=N-m$（m 为变量 x 值的类别数，N 为观测总数）。$df_1+df_2=df$ 即 $F=\frac{BSS/m-1}{RSS/N-m}$，$F$ 越大就表示 x 与 y 越可能相关。由此可见，方差分析的基本思

想就是把推测的全部误差(*TSS*)分为两部分:可被自变量 x 消减的部分(*BSS*)和剩余部分(*RSS*),然后从这两部分的相互比较中看 x 与 y 是否相关。

方差分析是分析一个定类变量与一个定距变量的关系的,但如果两个变量一个定序一个定距,当把其中的定序变量看做为定类变量时,也可以使用方差分析,实际上许多社会调研人员都是这么做的。

03 | 第三节 变量关系的相关分析 |

单变量分析的目的纯粹是为了描述,在社会研究中,往往要涉及两个或两个以上变量,因此两变量及多变量间关系是统计分析的一项更为重要的内容。本节我们将介绍两变量关系的各种技术与方法,它们是多变量分析的基础和准备。

一、交互分析与卡方检验

(一)交互分析

所谓交互分析是指同时依据两个变量的值,对所研究的个案进行分析。交互分析的目的是将两变量分组,然后比较各组的分布状况,以寻找变量间的关系。

表 9-1 交互分析表的一般形式

y / x	$x1$	$x2$		xc
$y1$	$N11$	$N21$		$Nc1$
$y2$	$N12$	$N22$		$Nc2$
yr	$N1r$	$N2r$		Ncr

Nij:$x = xi$,$y = yj$ 时所具有的频次

这样的表又叫做条件次数表。表的最下一行和最右一列分别是每类地区和每种产业的总次数,称为边缘次数。其分布称为边缘分布。其余的次

数称为条件次数。每一条件下的分布称为条件分布。

在制作条件百分比交互分析表时,一般应将自变量放在表的最上端横行位置上。因变量放在表的最左一列。计算百分比通常是按照自变量的方向,因为研究的目的是要了解自变量对因变量的影响,因此应计算在自变量不同取值情况下因变量的变化情况如何。另外在制作交互分析表时,应在表的最后一行汇出自变量各类数值的个案总数,并以括号括起来。

交互分析表综合了两个变量的共同分布,因此像单变量频率分布统计表一样,具有对变量进行描述的作用。交互分析表的另一个作用是可对不同类别进行比较。但从另一个角度看,它又是对变量关系的一种解释性分析。

交互分析表可用于各种测量层次的变量,在用于定序变量时,变量应按取值的大小顺序排列。在将其用于定距尺度的变量时,需要事先进行分组,然后以组的首尾相接顺序排列。

交互分析表的优点是直观、资料丰富,不仅可以看到关系的有无、大小,而且还可以了解这种关系的详细结构。但当表很大时,这种直观性会受到很大限制。此外,它无法确切地告诉我们这种关系的密切程度,因此,还需要计算相关系数。

(二)卡方检验

x^2 检验是目前统计中应用最广泛的非参数检验法,在用于变量关系的检验时,它要求:第一,两个变量均为定类变量;第二,样本必须随机抽取的。x^2 检验一般用于:

1. 列联表的检验。

列联表通过将两变量交互分类,旨在发现其间是否存在某种联系,因此在对列联表进行检验时,原假设应为:变量 x 与变量 y 无关;备择假设应为:变量 x 与变量 y 相关。检验统计量:$x^2=\sum_{i=1}^{c}\sum_{j=1}^{r}\frac{(f_{ij}-E_{ij})^2}{E_{ij}}$。公式中,$E_{ij}$为期望频次,可由边缘分布求得:$E_{ij}=\frac{f_{i*}\cdot f_{*j}}{f}$。在查 x^2 分布表求临界值时,需要用到自由度的概念,x^2 统计量的自由度为:$df=(r-1)(c-1)$。当算出的值大于某一显著性水平下的临界值时,则原假设在这一显著性水平下被拒绝。在用 x^2 值对列联表进行检验时,每一格值的 E_{ij}要保持一定数目之上,若其中有的格值 E_{ij}太小则有可能引起判断失误。一般要求在 $r*c$ 的表中 $E_{ij}\leq5$

的格数不应超过20%,也有人认为所有格值不应小于10。

2. 二分变量的相关测量。

所谓二分变量就是取值只有两类的定类变量。对于2 * 2的列联表,可用x^2值来测定变量间的相关,较为常用的有:第一,ϕ系数$\phi = \sqrt{\frac{x^2}{n}}$,($n$为样本大小),其值在0 - 1之间。$\phi$系数也可用于$r * c$列联表,但这时$\phi$值会超过1,为克服这一缺点,设计出了$V$系数。第二,$V$系数,$V = \sqrt{\frac{x^2}{n(m-1)}} = \sqrt{\frac{\phi^2}{m-1}}$,其中$n$是样本的大小,$m$是表的行数$r$与列数$c$中的较小数,即$m = \min(r. c)$,$V$值由0 - 1。显然,在2 * 2表时,$V = \phi$。第三,$C$系数,$C = \sqrt{\frac{x^2}{x^2+n}}$,其值最小为零,表示两变量完全无关,但其上限是可变的,最大不超过0.707,即使两变量完全相关,亦无法达到1。

3. 正态总体方差检验。这时原假设为:$\sigma^2 = \sigma_0^2$,检验统计量为$x^2 = \frac{(n-1)s^2}{\sigma_0^2}$,自由度$df = n - 1$。

x^2检验是检验两变量间在总体中关系的有无,而不是关系的强弱程度,因此显著的话能说明相关关系存在,但并不能说明这种相关关系在实际中是否重要。x^2的统计显著性一方面受相关关系强弱的影响,另一方面也受到样本规模的影响。同样的相关强度,样本规模不同,就会具有不同的显著性水平,即使是一个很弱的相关,但只要样本足够大,也会具有统计显著性。因此,在大样本统计检验显著时,还需要进一步确定相关强度的高低,以确定这种相关有无实际意义。

二、相关强度测量

(一)消减误差比例

相关系数有各种类型,其中大部分具有消减误差比例的意义。所谓消减误差比例是指一种对变量间关系的测定,简称*PRE*。假设在不知道x的情况下,对y进行预测的全部误差是$E1$,在知道x的情况下,由x预测或解释y的总误差为$E2$,则由x预测或解释掉y的误差为$E1 - E2$,消减误差比例$PRE = (E1 - E2)/E1$。*PRE*越大,表示以x预测或解释y时所减少的误差越

多，即 x 与 y 的关系越强。换言之，PRE 的值表示的是用一个社会现象（x）来解释另一个社会现象（y）时，能够消除百分之几的错误，即 x 对 y 的解释力有多大。PRE 的值在 0 与 1 之间，当 $E2=0$ 时，$PRE=1$，说明 x 与 y 完全相关，x 能百分之百地解释 y 的变化；若 $E2=E1$，则 $PRE=0$，说明 x 与 y 之间没有关系，x 对 y 无解释力。

消减误差比例适用于各种测量层次的变量，但公式中的 $E1$ 与 $E2$ 的具体定义在不同层次的变量间，或同一层次的变量内部有所不同。由于这一统计值具有的意义合乎社会研究的需要，因此它是变量间关系测量的基础。

（二）相关分析

所谓相关，就是指两个变量间存在一种连带关系，即当一个变量的值发生变化时，另一个变量的值也相应地发生变化。相关分析就是以一个统计值表示变量与变量间的关系，这个统计值称为相关系数。通常大多数相关系数取值在 0 与 ±1 之间，0 代表无相关，±1 代表完全相关，相关系数越大，表示相关程度越强。相关系数前面的正负号表明相关的方向，正相关系数表示，当一个变量的值增大时，另一个变量的值也增大；而负相关系数则表示，当一个变量的值增加时，另一个变量的值却减少。当然，对于两个定类变量，其相关不存在方向问题。另外需要特别指出的是：虽然相关系数可以描述变量之间关系的有无、大小和方向，但相关系数多大时才能断定两个变量有必然的、规律性的联系是很难说的，在统计学中，需要大到 0.7 以上，但社会现象间很少有这样密切的联系，所以研究人员一般要结合定性分析来断定事物内在的、本质的联系。此外，数据所显示出的相关（或无关）关系，实际上也可能并不反映变量间存在有意义的关系。相关系数有各种类型，用于测量不同层次的变量间的关系。以下按照变量的不同测量层次对各种相关系数做一简单介绍。

1. 定类变量——定类变量。

用于测量两个定类变量的相关系数，主要有 Lambda 与 Tau-y 系数两种。

（1）Lambda 系数，Lambda 相关系数又分为①对称形式，用 λ 表示，即用于测量的两个变量间的关系是对等的，无自变量与因变量之分。②非对称形式，用 λ_{yx} 表示，即所测量的两个变量间有自变量与因变量之分，x 为自变量，y 为因变量。

$$\lambda_{yx}=\frac{\Sigma m_y-M_y}{N-M_y}$$

其中，M_y = Y 变量众数的频次；M_x = Y 变量每个取值之下的 X 变量的众数的频次；m_x = Y 变量每个取值之下的 X 变量的众数的频次；m_y 为 X 变量的每个取值之下的 Y 变量众数的频次；N = 调查对象总数。Lambda 的取值在 0 - 1之间。Lambda 系数具有消减误差比例的含义。

(2) Tau - y 系数，简称 τ_y 系数，它是测量变量间非对称关系的，其中 y 为因变量，x 为自变量。τ_y 系数也具有消减误差比例的含义。τ_y 通常都用经过简化的公式：$\dfrac{\sum_1^r\sum_1^c\frac{f_{ij}^2}{F_i}-\frac{\sum_1^r F_j^2}{N}}{N-\frac{\sum_1^r F_j^2}{N}}$ 计算，其中 $F_j(j=1,2\ r)$ 为 y_j 的边缘分布次数，F_i 为 $X_i(i=1,2\ c)$ 的边缘分布次数；f_{ij} 为同属于 x_i 和 y_i 的个案总数。τ_y 的取值在 0 - 1 之间。通常 τ_y 值比 λ_{yx} 值更好，但 λ_{yx} 值较 τ_y 值易于计算。此外，二者都是测量变量间非对称关系的，因此 λ_{yx} 与 τ_y、τ_x 与 τ_y 的意义是不同的。

2. 定序变量——定序变量。

如果测量两个定序尺度的变量间的关系，可用 Gamma 系数、d_{yx} 和斯皮尔曼等级相关系数。

(1) Gamma 系数，一般用 G 表示，它适用于分析两个变量间的对等关系，即两个变量无所谓自变量与因变量之分。G 系数具有消减误差比例的含义。

$$G=\frac{\text{同序对数}-\text{异序对数}}{\text{同序对数}+\text{异序对数}}$$

其值在 -1 到 +1 之间，既表示相关程度，也表示相关方向。式中同序对是指某对个案在两个变量上的相对等级是相同的，异序对是指某对个案在两个变量的相对等级上是相反的。

G 系数是分析两个等级序列的关系的，故又称等级相关系数，在社会研究中，它所涉及的往往是研究对象本身的某两种特征间的等级关系。在等级分布表中，有时两个个案分数相同，分不出高低，这时一般用两级的平均值作为这两个个案的等级。

T_x 表示仅在变量 x 上同等级的对数，T_y 表示仅在变量 y 上同等级的对数，T_{xy} 表示在两个变量上都同级的对数。T_x、T_y、T_{xy} 叫做同分对，G 系数不考虑同分对，而只考虑同序对与异序对。

大规模调查中资料的等级分布往往是用交互分析表的形式给出的，这

时，同序对数量等于表内每个频次乘以其右下方全部频次之和，然后加总。而异序对数量则等于表内每个频次乘以其左下方全部频次之和，然后加总。

(2) d_{yx}系数，与 G 系数一样，d_{yx}系数也是等级相关系数，其值也在 -1 到 $+1$ 之间，也具有消减误差比例的意义。不同于 G 系数的是，d_{yx}系数测量的两个变量间的关系是非对称性的，即所测两个变量有自变量 x 与因变量 y 之分，因此，其计算公式：

$$d_{yx}=\frac{\text{同序对数}-\text{异序对数}}{\text{同序对数}+\text{异序对数}+\text{仅在 }y\text{ 变量上同等级的对数}}$$

当资料是以次数交互分析表形式给出时，同序对与异序对的数量计算方法同 G 系数，T_y 等于列联表中的每个频次乘以它里面的所有同行频次之和，然后加总。

(3) 斯皮尔曼等级相关系数（Spearman），一般用 ρ 表示。与 G 系数和 d_{yx}系数不同，斯皮尔曼相关系数不是考虑个案对在两个变量上的相对等级，而是考虑单个个案在两个变量上的等级差异，它在计算每个个案在两个变量上的等级时，不仅要做高低的比较，还要考虑等级的差异是多少。

以 D_i 表示第 i 个调查对象在两个变量上的等级差异 (x_i-y_i)，x_i 为它在 x 变量上的等级值，y_i 为它在 y 变量上的等级值，N 表示全部调查对象总数，则 $\rho=1-\frac{6\Sigma D_i^2}{N(N^2-1)}$，$\rho$ 取值在 -1 到 $+1$ 之间。

斯皮尔曼等级相关是以没有相同等级为前提的，如果某些个案在同一变量的等级是相同的，且相同等级不太多时，可取其平均值。

3. 定距变量——定距变量。

测量两个定距变量相关系数的一个最常用的指标是皮尔森相关系数：用 r 表示，$r=\frac{\Sigma(x_i-\bar{x})\cdot(y_i-\bar{y})}{\sqrt{\Sigma(x_i-\bar{x})^2\cdot\Sigma(y_i-\bar{y})^2}}$

其中，$\bar{x}$ 是变量 x 的平均数，x_i 为 x 变量的第 I 个观察值；是 y 变量的第 I 个观察值。r 值在 -1 到 $+1$ 之间。

r 系数要求调查对象的成对资料 $N\geqslant50$ 而且两个变量的分布应近似于正态分布。r 系数是测量的两个变量间对等关系的，并且，r 的平方值具有消减误差比例的含义。在实际计算时，一般采用下属经过简化的公式：

$$r=\frac{N\Sigma x_iy_i-(\Sigma x_i)\cdot(\Sigma y_i)}{\sqrt{N\Sigma x_i^2-(\Sigma x_i)^2}\sqrt{N\Sigma y_i^2-(\Sigma y_i)^2}}$$

变量 x 与变量 y 间存在线性关系这一假设，是 r 系数的前提，如果两个变量间的关系不符合线性相关的假设，用 r 相关系数进行分析就会犯错误。而分析两变量间非线性关系的一个常用的办法是相关比例测量法。相关比例测量法是测量一个定类变量与一个定距变量相关程度的，即因变量（定距变量）在自变量（定类变量）各值上的差异情况。两定距变量是非线性关系时，可将一个变量看做是定类变量，采取比例相关测量法分析，由于定类变量不具有数量大小的概念，故不存在是否线性相关的问题，因此两个非线性相关的变量关系分析可用相关比例测量法来测量。

4. 定类变量——定距变量。

两个变量中，自变量为定类变量，因变量为定距变量时，采用相关比率来测量两者间的相关程度。相关比率，又称 eta 平方系数，简写为 E^2，$E^2=\dfrac{\Sigma(y-\bar{y})^2-\Sigma(y-\bar{y}_i)^2}{\Sigma(y-\bar{y})^2}$

其中，$\bar{y}$ 是因变量 y 的平均数，$\bar{y}_i$ 是在每个自变量值（x_i）上因变量的平均数。$E=\sqrt{E^2}$，其值在 $0-1$ 之间。E^2 具有消减误差比例的含义。eta 平方系数的计算公式可简化为 $E^2=\dfrac{\Sigma N_i y_i^{-2}-Ny^{-2}}{\Sigma y^2-Ny^{-2}}$，其中 N_i 是自变量值 x_i 的个案总数，N 是全部调查对象总数。相关比例测量法基本上是用于分析非对称关系的，但要求并不严格。

5. 定类变量——定序变量。

对于一个定类变量与一个定序变量关系的分析，一般有两种处理方法。一是用 theta 系数，简记为 θ，其值在 $0-1$ 之间。θ 系数是专门用于测量定类变量与定序变量间关系有无和强度的，它测量的是变量间非对称关系，并且不具有消减误差比例的含义。二是采用测量两个定类变量关系的 λ 系数和 τ_y 系数，即将定序变量作为定类变量处理。虽然这样做会损失数据的某些信息，如等级差别，但方便了统计分析工作，因此在社会研究时大多数人都采用这两个指标分析一个定类变量与一个定序变量的关系。

6. 定序变量——定距变量。

处理一个定序变量与一个定距变量之间的关系，一般采用两种方法：一是将定序变量看做是定类变量，采用相关比例测量法。二是将定序变量看做是定距变量，采用 r 相关系数。严格地说，低测量层次变量不能使用高测量层次的统计指标，但在有些情况下，由于这种提高测量层次的方法给研究结果的解释带来的危害程度不大,大部分社会学家还是接受了这种做法。

04 | 第四节　因果模型与回归分析 |

一、线性回归分析

相关分析的目的在于了解两个变量关系的有无、大小和方向,从本质上说相关分析只是对客观现象的一种描述。回归分析比相关分析进了一步,它是对相关的两个变量间关系的具体形态的一种深入分析。回归分析是一种因果分析,它是根据两变量间关系的具体形态,选择一个合适的数学模型,用来近似地表达变量间的平均变化关系,这个数学模型就是回归模型。回归分析一般用于分析定距变量间的关系,它除了具有描述和说明这种关系的功能外,还具有预测的功能,这也是相关分析所不及的。回归分析根据自变量的数目,可分为一元回归、二元回归、多元回归等。

(一)一元回归模型

对于已知相关的两个变量 x 与 y,假设他们之间是一种线性关系,则对这一关系可以用一元线性方程 $y = a + bx$ 表示,其中的 a 和 b 是待定系数。这个方程叫做回归方程,b 称为回归系数,a 称为截距,即 $x = 0$ 时,y 的值。a 与 b 的计算公式:

$$b = \frac{\Sigma(x-\bar{x})(y-\bar{y})}{\Sigma(x-\bar{x})^2} = \frac{N(\Sigma xy) - (\Sigma x)(\Sigma y)}{N\Sigma x^2 - (\Sigma x)^2}$$

$$a = \bar{y} - b\bar{x} = \frac{\Sigma y - b(\Sigma x)}{N}$$

(二)散点图与回归直线

为了直观的看出 x 与 y 的关系形态,往往先作关于所调查的数据的散点图,即在直角坐标系中,将由每一横坐标 x_i 与相应的纵坐标 $y_i(i = 1,2,\cdots n)$ 所确定的点标示出来。x 与 y 间存在一种线性关系时,虽然有多条直线来近似的刻画这种关系,但其中只有一条直线的代表性最好,这条直线就是回归直线。回归直线的方程就是回归方程,回归方程中的 a 就是回归直线的 y 轴的截距,回归系数 b 就是回归直线的斜率,b 值具有描述自变量对因变量的影响的大小和方向的作用。

（三）回归系数与 r 相关系数

回归系数与 r 相关系数都是描述两个定距变量间的线性关系的指标。r 相关系数是一种对对等关系测量法，它反映的是两个变量有无关系以及关系的强弱，但它不能给出一个变量 x 有 Δx 的变化时，y 的变化 Δy 具体有多大。b 值可以做到这种区分，不过 b 值却无法反映两个变量间关系的强弱。此外，b 与 r 值不同的是，b 值所描述的是一种因果关系，而相关关系只是因果关系的必要条件。尽管有上述不同，但回归分析与相关分析之间有着密切的关系，实际上 r 值所要表示的，就是以回归方程作为预测工具时所能减少的误差比例，r 值越大，就表示回归方程的预测能力越强，即散点图中的点越靠近回归直线。因此，我们用 r^2 作为决定系数，在社会研究中往往要先计算 r 值，然后再决定是否用回归分析进行预测。

（四）回归分析的作用

回归分析模型是一种因果关系模型，因为增加了因果关系，因此与相关分析相比，它的作用也大于相关分析。除了具有与相关分析同样的简化资料的功能，还增加了预测的功能，即当得到了两个变量 x 与 y 的回归方程后，就可以从自变量的值经回归方程计算出 y 的预测值。

但应当注意的是，应用回归方程来预测因果变量时，一般不应使用超出资料所包括范围的自变量的数值，因为回归线段以外未观察到的点可能出现非线性的趋势。此外，预测的回归方程式只能反映一定时期内事物之间的相互关系，随着时间的推移，这种关系会起变化，因此回归模型也要做相应的修改，如果这时还使用原来的模型做预测就会得到错误的结论。回归分析在应用时有许多假设前提，例如，其关系是线性的，自变量无测量误差等。

二、虚拟自变量

在回归分析中，被解释变量的影响因素除了量（或定量）的因素还有质（或定性）的因素，这些质的因素可能会使回归模型中的参数发生变化，为了估计质的因素产生的影响，在模型中就需要引入一种特殊的变量——虚拟变量。虚拟变量的作用一是可以描述和测量定性（或属性）因素的影响；二是能够正确反映经济变量之间的相关关系，提高模型的估计精度；三是便于处理异常数据。

在资料的统计分析中，我们把反映定性（或属性）因素变化，取值为 0 和

1 的人工变量称为虚拟变量(dummy variable),或称为亚变量、虚设变量、定性变量、属性变量、双值变量、类型变量、二元变量和名义变量等。

(一)模型中设置虚拟变量的原则

在模型中设置虚拟变量时,应遵循一定的设置规则,以免使虚拟变量之间产生多重共线性。

1. 一个因素多个属性。若定性因素有 m 个不同属性或相互排斥的类型,在模型中只能引入 $m-1$ 个虚拟变量,否则会产生多重共线性。

2. 多个因素各两种属性。如果有 m 个定性因素,且每个因素各有两个不同的属性类型,则引入 m 个虚拟变量。"多因素各两个属性"的虚拟变量引入还可以推广到一般情况,若有些因素有多个属性类型,则可参照"一个因素,多种类型"的设置原则来设置虚拟变量(即应该引入 $m-1$ 个虚拟变量)。

3. 虚拟变量取值应从分析问题的目的出发予以界定。定性因素的变化通常表现为某种属性或特征是否存在,所以用 1,0 两个数值来量化。一般来说,1 表示这种属性或特征存在,0 表示这种属性和特征不存在。而且设置虚拟变量时,基础类型、否定类型通常取值为 0,而比较类型、肯定类型取值为 1。

4. 虚拟变量在单一方程中可以作为解释变量,也可以作为被解释变量。

(二)虚拟变量的引入方式

1. 加法式引入虚拟变量。加法式引入虚拟变量,是在所设定的模型中,根据所研究问题中数值变量的作用,按照虚拟变量设置原则,直接在所设定的计量经济模型中加入适当的虚拟变量,此时虚拟变量与其他解释变量在设定模型中是相加关系。加法形式引入虚拟解释变量,其作用是改变了设定模型的截距水平。

2. 乘法方式引入虚拟变量。乘法方式引入虚拟变量的基本思想为以乘法方式引入虚拟解释变量,是在所设定的计量经济模型中,将虚拟解释变量与其他解释变量相乘作为新的解释变量,以达到其调整模型斜率的目的。该方式引入虚拟变量主要作用:两个回归模型之间的比较;因素之间的交互影响分析;提高模型对现实经济现象的描述精度。

3. 一般方式引入虚拟变量。用不同方式引入虚拟变量将会反映出不同的影响效果,所以设置虚拟变量时,最好先根据散点图或经济分析,大致判断定性因素的影响类型(是影响截距还是影响斜率),然后再用加法方式或乘法方式在模型中引入虚拟变量。在实际中,事先往往难以确定定性因素的影响类型。因此,一般是直接用加法和乘法方式引入虚拟变量,然后再利用 t 检验判断其系数是否显著地不等于零,进而确定虚拟变量的具体引入方式。

(三)虚拟变量的特殊应用

1. 调整季节波动。利用季节或月份资料建立模型时,常常存在着季节波动。使用虚拟变量也可以反映季节因素的影响。

2. 检验模型结构的稳定性。

利用不同的样本数据估计同一形式的计量经济模型,可能会得到不同的估计结果。若估计的参数之间存在着显著差异,则称模型结构是不稳定的;反之,则认为是稳定的。模型结构的稳定性检验主要有两个用途:一是分析模型结构对样本变化的敏感性;二是比较两个或多个模型之间的差异,分析模型是否发生了变化。

3. 分段回归。在实际经济问题研究中,有些经济关系需要分段回归加以描述,当解释变量 X 低于某个已知的临界水平 $X*$ 时,Y 与 X 之间呈现线性关系,而 X 大于 $X*$ 时,呈现另外一种关系。

4. 混合回归。即采用混合样本资料估计模型。也就是在建立计量经济模型时,如果能同时获得变量的时序数据和横截面数据,只要模型参数不随时间而改变,并且在各个横截面之间没有差异,即可使用混合样本估计模型。基本操作步骤有三个:一是分别估计两个不同时间的样本回归模型;二是通过引入一个虚拟变量来检验两个不同时间的模型是否存在显著差异;三是若两个模型没有显著差异,则可合并两个不同时间的样本资料为一个样本资料模型。

本章小结

统计分析是资料分析中最重要和应用最广泛的定量分析方法。统计分析不仅可以对资料进行简化和描述,同时可以对变量间的关系进行描述和深入的分析。对于抽样调查而言,统计分析还可以通过样本资料推断总体。

统计分析作为定量科学研究的一种手段,为社会研究向深度和广度发展提供了新的可能性。但统计分析的应用必须满足一定的前提条件,在一定范围内,并遵循一定的原则。如果不了解并且不注意在分析中考察这些条件、范围和原则,而盲目使用各种统计技术,统计分析的效用不仅得不到充分发挥,而且会导致错误的结论。一般而言,统计分析的步骤和应遵循的原则主要有:一是对应用统计分析的前提条件进行考察。二是制定统计分析方案,包括再次确定自变量与因变量、定义复合变量、对变量进行分组、提出统计计算的要求、提出适当的统计方法等内容。三是必须根据研究目的和资料本身的特点选择适当的统计分析方法。四是对于统计结果的解释,有赖于对事物进行深入的观察和了解,决不能凭表面的数据就轻易地下结论。

|关键术语|

比率与相对比　集中趋势分析　离中趋势分析　正态分布与 Z 值　置信区间　假设检验　方差分析　相关分析　线性回归分析　虚拟自变量

|复习思考题|

1. 经验数据的描述有哪些方法?
2. 如何理解置信区间?
3. 假设检验的步骤有哪些?
4. 变量关系的相关分析方法有哪些?
5. 回归分析有哪些类型?

第十章 | 调查报告

01 |第一节 调查报告的概述|

一、调查报告的类型

分类,是研究问题的重要方法。调查报告的种类很多。由于分类的标准和关注的侧重点不同,调查报告的分类方法也多种多样。

(一)根据研究目的分类

根据研究目的不同,有学术性调查报告与实用性调查报告。

学术性调查报告是以揭示事物的本质及其发展规律为目的的调查报告。主要以专业研究人员对读者对象,着重于对社会现象的理论探讨,即分析各种社会现象之间的相互关系和因果关系以及通过对实地调查资料的分析或归纳,达到检验理论或建构理论的目的。

实用性调查报告则是以解决现实问题为主要目的的调查报告。往往以政府决策部门领导、各类实际工作部门人员以及社会中的普通读者为对象。这类调查报告对于各级政府决策部门和各类实际工作部门了解社会情况、分析社会问题、制定社会政策、开展社会工作有着重要的参考作用,对社会舆论的形成和引导也具有较大影响。

(二)根据内容性质分类

根据内容性质不同,有经验型调查报告、事件型调查报告、问题型调查报告、对策型调查报告。

经验型调查报告,主要用于反映先进典型或某项工作的经验,具有较强的政策性和普遍指导意义。

事件型调查报告,主要是反映现实生活中发生的重要事件,引起领导或社会公众的重视,并针对症结所在提出解决的办法。

问题型调查报告,主要是以确凿的证据披露事实真相,揭露那些违背党和国家方针政策和法律法规的倾向性问题,指出其严重性和危害性,以期引起有关方面的注意,并提出解决问题的建议和办法。这类调查报告,通常一针见血,有较强的战斗性。

对策型调查报告,着眼于分析问题,提出对策建议,往往是直接为领导决策服务的。对策型调查报告与经验型、问题型调查报告,既有相同之处,又有重要区别。对策型调查报告有时也阐述经验,但它阐述经验的目的是为对策建议提供依据;对策型调查报告有时也分析问题,但它分析问题是为了引起人们的关注和认同,为对策建议的实施扫清障碍。此类调查报告以叙述基本情况和主要事实为主,篇幅一般不太长,需要说明的问题也比较单一。

(三)根据报告的主要功能分类

根据报告的主要功能不同,有描述性调查报告与解释性调查报告。

描述性调查报告着重于对调查现象进行系统、全面的描述,其主要目标是通过对调查资料和结果的详细描述,向读者展示某一现象的基本状况、发展过程和主要特点。对于那些以弄清现状、找出特点为目的的社会调查来说,描述性调查报告是其表达结果的最适当的形式。

解释性调查报告的主要目标是要用调查所得资料来解释和说明某类现象产生的原因,或说明不同现象相互之间的关系。这类报告中虽然也有一些对现象的描述,但一方面这种描述不像描述性报告那样全面,那样详细;另一方面,这种描述也仅仅只是作为合理解释和说明现象原因及关系的必要基础或前提而存在,即为了解释和说明而做必要的描述。

二、调查报告的结构

调查报告的表述设有固定格式,一般有以下几个组成部分:

(一)标题

以简练概括、明确的语句反映所要调查的对象、领域、方向等问题,标题应能概括全篇。

(二)导言

亦即引言、总提、序言、前言。简短扼要地说明调查的目的、意义、任务、时间、地点、对象、范围等。要注意将调查的目的性、针对性和必要性交代清楚,使读者了解概况,初步掌握报告主旨,引起关注。调查方法要详细说明,要写明是普遍调查还是非普遍调查(重点调查、典型调查、抽样调查),是随机取样、机械取样,还是分层取样,调查方式是开调查会还是访问或问卷……以使人相信调查的科学性、真实性,体现调查报告的价值。

(三)主体

这是调查报告的正文部分。这部分要把调查来的大量材料,经过分析整理,归纳出若干项目,分条叙述,做到数据确凿、事例典型、材料可靠、观点明确。尽可能用数据,如能用图表形式表示,可以增强说服力,一目了然。

写作安排先后有序、主次分明、详略得当。大致有如下几种写法:按调查顺序逐点来写;按被调查单位的人和事的产生、发展和变化的过程来写,以体现其规律性;将两种事物加以对比,以显示其是非、优劣,找出其差异;按内容的特点分门别类逐一叙述。这种安排较为常见。最后,要写清楚调查的结果。

(四)讨论或建议

依据正文的科学分析,可以对结果做理论上的进一步阐述,深入地讨论一些问题。亮出自己的观点,提出建设性的意见。

(五)结论

归纳结论,即交代调查研究了什么问题,获得了什么结果,说明了什么问题。

(六)参考文献

即在写调查报告过程中,参考、引用了哪些资料(将篇目名称、作者、出版单位、日期),目的在于对所写报告负责,并给读者提出信息,也是表示尊重资料作者的劳动。

三、撰写步骤与写作风格

(一)调查报告写作程序

调查报告写作要经过以下五个程序:

1. 确定主题。

主题是调查报告的灵魂,对调查报告写作的成败具有决定性的意义。因此,确定主题要注意:报告的主题应与调查主题一致;要根据调查和分析的结果,重新确定主题;主题宜小且宜集中;要尽量与标题协调一致,避免文题不符。

2. 取舍材料。

首先,要选取与主题有关的材料,舍弃与主题无关的材料,使主题集中、鲜明、突出。其次,要经过鉴别,精选材料,不仅使每一材料都能有用,而且能以一当十。

3. 拟定提纲。

这是调查报告构思中的一个关键环节。调查报告的提纲有两种,一种是观点式提纲,即将调查者在调查研究中形成的观点按逻辑关系一一列写出来。另一种是条目式提纲,即按层次意义表达上的章、节、目,逐一地写成提纲。也可以将这两种提纲结合起来制作提纲。

4. 起草报告。

这是调查报告写作的行文阶段。要根据已经确定的主题、选好的材料和写作提纲,有条不紊地行文。在写的过程中,要从实际需要出发,选用语言、标点符号和表达方法,还要注意灵活地划分段落。

5. 修改报告。

报告起草好以后,要认真修改。主要是对报告的主题、材料、结构、语言文字和标点符号进行检查,加以增、删、改、调。在完成这些工作之后,才能定稿向上报送或发表。

(二)调查报告的写作风格

调查报告是种特殊的文体,所以其写作方面也有其独有的风格:

1. 精心布局谋篇。

所谓精心布局谋篇,就是说首先要拟定一个好的提纲。无论是哪种结构、哪种组合,在拟定提纲时,都要注意以下几点:

(1)层次分明。每一部分讲什么要很清晰,不相互打搅,不在前面讲了后面又讲。

(2)逻辑严密。所谓逻辑严密,就是几个大的部分之间以及一个大部分内部层次与层次、段落与段落之间的逻辑关系要很清楚,是并列结构、递进结构还是复合结构要一目了然。

(3)体例统一。标题长长短短一致,顺写倒叙统一。一篇报告,往往会有三到四级的十几个标题,好的标题可以起到画龙点睛的作用,有时候只要把各级标题看上一遍,就能够大致了解报告的基本内容。拟标题很重要的一个方面是长短一致,各级标题都是一样的句式,字数也最好一样。如果一篇调研报告,同是一级标题,有的是一句话,有的是两句话,有的是三句话,就会给人以非常凌乱的感觉。

2. 合理运用材料。

调研报告是用事实说话，因此材料的使用就比其他文体显得更加重要。一般来说，由于进行过广泛深入的调查，调研报告写作时堆在面前的材料是比较多的，关键是如何筛选、如何合理使用。筛选材料要把握三条原则：一是真实性。真实性是调研报告的生命。调研报告所反映的内容必须是经过调查者亲自了解到的情况，决不能是道听途说、东拼西凑的东西。在调研报告中，不仅主要人物和事实要真实，事件的时间、地点、过程及各种细节也要真实，不能有浮夸和虚假。调研报告中一些结论，也必须来源于对具体事实的周密考察和分析研究，并以实际材料来说明观点，不能靠主观臆断。尤其是数据，一定不能错。二是典型性，能反映事物的本质。有时拿到的材料是真实的，但没有代表性，是个别现象，不能反映现象的整体，甚至会使人以偏概全、以点代面，得出片面的、错误的结论。三是新颖性。要去掉陈旧的，保留新鲜的。

3. 语言风格中性、客观。尤其是学术性调查报告，注重进行专业分析，而非价值观的引导，语言风格要避免有引导性。

02 | 第二节　普通调查报告的写作 |

由于普通调查报告与学术性调查研究报告在结构、目标、形式及读者对象诸方面存在较大差别，因此对这两种调查报告的撰写要求也不尽相同。普通调查报告没有固定不变的格式，但一般来说，各种调查报告在结构上都可分成标题、导言、主体和结尾几个部分。

一、标题

对于调查报告来说，标题是引起读者注意的关键因素之一。标题生动、明确、针对性强，就能打动读者，吸引读者；标题平平常常，往往难以引起读者的关注。从目前大量社会调查报告的标题来看，用得较多的标题形式主要有下列几类：

（一）陈述式

即直接在标题中陈述调查的对象及调查的问题。比如，《社会支持系统与老年患者焦虑心理关系的调查》、《社区老年糖尿病患者的社会支持调查分析及护理》等。这种标题形式的最大特点是调查的内容和调查的对象往往一目了然,有利于读者根据需要来选择是否阅读。其缺点是千篇一律,太一般化,难以吸引读者的阅读兴趣。因此,发表在各种非专业报刊的调查报告很少用这类标题,而学术性调查报告用此类标题的则比较多。

(二)结论式

即用某种结论式的语言或警句、格言、判断句等作标题。比如《社会支持缺乏导致农村老年女性孤独》《家庭养老面临挑战》等。这种标题形式的特点是在标题中表明了作者的结论或观点,具有较强的针对性,且十分醒目,有一定的影响力。其缺点是不够活泼且理论色彩较浓。这种标题同样在专业刊物上用得较多,而在一般刊物上用得较少。或者说用于学术性调查研究报告较多,用于普通调查报告较少。

(三)问题式

即以一个问题作为标题。比如《老有所为何以可能》《独居老人需要什么》等。这类标题的突出特点是十分吸引人们的注意力,有利于调动人们进一步阅读的欲望,普通调查报告更经常地采用这类标题。用于非专业刊物上发表的调查报告,也较多地采用这类标题。

(四)双标题式

即由主标题和副标题共同构成调查报告的标题。在这种形式里,主标题多以提问式和结论式表达,而副标题则以陈述式表达,比如《城市老年社会人际关系网及其对老年人精神生活的影响——以烟台市文化苑社区为例》、《老年妇女的社会适应状况研究——以广西桂林为例》等。这种形式的标题具有上述3种标题的优点,无论是普通调查报告还是学术性调查研究报告,都可采用这种形式的标题,因而这也是各类报刊发表的调查报告中十分常见的一种标题形式。

二、导言部分

普通调查报告的第一部分称作导言,它的主要任务是向读者简要地介绍整个调查的有关背景。其中,最主要的内容包括调查的目的、调查的内容、调查的对象、调查的时间、调查的地点、调查的方法等。导言的具体写法有下列几种常见的方式。

(一)直述式

直述式即开门见山,平铺直叙,直接把调查的目的、内容、对象、范围等一一写出。例如：

为加强社区老年人的疾病防治和有对针对性的采取社区老年保健服务措施提供科学依据，为全面了解老年人的生活状况，本调查组对上海市闸北区大宁街道133名独居老人的健康状况和生活需求进行了调查。下面是这次调查的方法及主要结果。

(二)悬念式

悬念式即先描述某种社会现象和社会问题，然后对这种社会现象和问题产生的原因、它的影响等提出一系列疑问，最后介绍调查的基本情况。例如：

人口平均寿命延长，老年人口增加，是经济发展、社会文明进步、人民生活水平提高的必然趋势。但是，人口老龄化也会给社会发展带来一系列影响。老年人有哪些需求？如何采取积极措施提高老年人生活质量？为了弄清这些问题，上海市城市社会经济调查队在全市10个区100个居委会，抽选1000位65岁以上的老年人，进行了老年人生活状况的专题调查。

(三)结论式

结论式即在描述现象、提出问题的同时，直接写出结论。比如：

青少年犯罪是全社会普遍关注的社会问题之一。据统计，我市去年一年中，因各种犯罪而被劳教的青少年达600多人。这么多的青少年是怎样误入歧途，走上犯罪道路的呢？导致青少年走上犯罪道路的主要原因是什么呢？笔者今年5月对两个劳教所400名犯罪青少年的调查表明：家庭破裂、择友不当以及黄色文化的影响，是导致青少年走上犯罪道路的主要原因。

三、调查报告的主体部分

调查报告的主体部分正是容纳大量材料和结果的部分，关键在于如何恰当地进行组织和安排。一般来说，普通调查报告主体部分的结构有下列三种常见的形式。

(一)纵向结构式

纵向结构式即按照时间的先后来组织和安排，以突出某一现象或问题的发展过程，或者反映不同时期的变化与差别。比如，一项反映建国50年来某省小学教育发展状况的调查报告，就可按纵向结构来安排，即可以将主体分为三大部分：(1)“文革”前的小学教育；(2)“文革”期间的小学教育；(3)改革开放以来的小学教育。

（二）横向结构式

横向结构式即主要依照调查的内容来安排，以突出某一社会现象或问题的各个方面的内容。比如，一项对当前小学教育状况的调查报告，就可将其主体分为：(1)教师状况；(2)学生状况；(3)校舍条件；(4)教学仪器设备；(5)教材及参考书等几个部分。

（三）纵横结合式

纵横结合式即将上述两种方式相结合，以一种方式为主，常用于较大规模调查的调查报告中，以便于反映出比较复杂的内容。比如，将前述两种结构形式中的例子结合起来，就构成这种形式。

四、结尾部分

普通调查报告结尾部分的中心内容是小结调查的过程和主要结果，陈述调查研究的结论。此外，有的调查报告还可以在结尾部分阐明所调查现象产生或形成的原因、所具有的影响，并提出解决的办法或建议等。结尾部分在写作上的具体要求是：语言要精练，陈述要明确，可以简明扼要地列出几点，清晰地表明调查研究的主要结果以及研究者的看法和观点。常见的结尾方式有以下几种：

（一）概括式结尾

概括式结尾即概括地提出调查报告的结论，说明其主要观点。可以深化主题、增强报告的感染力和说服力。

（二）总结式结尾

总结式结尾即以点带面，从较高层次上来总结经验、说明观点、形成调查的基本结论。

（三）建议式结尾

建议式结尾即针对所调查的情况和问题，在最后提出解决问题或改进工作的具体建议。

（四）展望式结尾

展望式结尾即通过说明所调查的问题的意义，在结尾部分对调查对象的发展做出预测和展望。

（五）启发式结尾

启发式结尾即在报告正文结束时根据调查对象的发展状况提出引人深思的问题，引导读者进一步思考文章的主题。

五、附录

并不是所有的调查报告都有这一部分,只有那些正文写得较为精炼,而需要一些调查资料来补充说明问题的报告才有附录。附录一般附在正文之后,内容主要包括调查问卷、抽样方案、统计表、旁证材料等有关材料。

总的来说,导言部分以介绍情况、说明目的为主;主体部分则以详细描述社会现象的实况、报告实地调查的结果为主;结尾部分则以对这一社会现象的讨论、总结为主,在必要的时候,还要提出作者的看法以及解决问题的建议,以引起社会的重视,或供有关部门参考。

03 | 第三节 学术性调查研究报告的写作 |

学术性调查研究报告主要用于专业学术会议或专业学术刊物,其读者对象主要是各具体学科的专业研究人员,因此,学术性调查研究报告的撰写往往比普通调查报告更加严格。它有比较固定的格式。一般来说,学术性调查研究报告在结构上通常包括下述内容。

一、导言

虽然同是导言,但学术性调查研究报告的导言却与普通调查报告的导言很不相同。它通常更为详细,所包括的内容更多。从大的方面看,它一般包括介绍本项调查所研究的问题、有关文献的评论、对自己研究的介绍三个方面的内容。

(一)介绍本项调查所研究的问题及其背景

介绍本项调查所研究的问题及其背景即要清楚陈述你所研究的问题是什么以及你为什么选择这一问题做研究,让读者了解为什么这个问题十分重要,它为什么值得研究。

(二)有关文献的评论

有关文献的评论也就是对这一问题领域中别人已有的研究及其成果进行综述和评论。

(三)介绍自己的研究

介绍自己的研究也就是介绍你研究的起点和基本框架,重点说明自己

的研究与已有的研究所不同的地方,说明自己研究的特殊意义,而不是介绍研究内容的细节。

二、方法介绍

在学术性调查研究报告中,方法部分是一个十分重要的部分,这也是学术性调查研究报告区别于普通调查报告的一个突出标志。在普通调查报告中,读者往往只关心调查研究的结果,而不会对调查研究方法感兴趣。但在学术性调查研究报告中,读者关心的不光是研究结果,也关心研究方法,即关心结果是如何得到的,研究实际是如何做的。

这部分一般包括以下几方面内容。

(一)介绍调查方式与方法

介绍调查方式与方法也就是要清楚地介绍本研究采取什么调查方式,使用什么资料收集方法,比如是采用抽样调查,还是典型调查或是个案调查,是采用自填式问卷方法,还是访问或是实地观察方法,调查实际上是如何进行的,以至调查的具体时间、地点、工具等情况,都要做介绍。

(二)介绍调查对象

首先要说明调查总体的情况,也就是说明调查所希望了解的、描述的是由哪些人所构成的总体;其次要对调查的样本及其选取方法做介绍,也就是要清楚地介绍样本的规模、抽样过程、抽样方法。

(三)介绍资料收集方法和过程

首先要说明调查研究的主要变量是什么,变量的操作定义是什么,这些变量是用哪些指标来测量的;其次要说明资料收集的方法和过程。比如,在问卷调查中,就要说明问卷中的有关变量指标、问卷发放与回收的具体情况。

(四)介绍资料分析方法

介绍资料分析方法也就是要说明资料的整理、统计、分析的具体情况。比如,是采用手工方式进行处理,还是用计算机和分析软件进行处理;是以定量分析为主,还是以定性分析为主;是只进行一般性的描述,还是进行了深入的相关分析、因果分析,等等。

三、结果与讨论

(一)结果部分

结果部分的撰写原则是:先总体,后个别;先一般,后具体。即先给出基本的结果,然后再陈述更细小的一些方面的结果。在具体写法上往往也是先给出答案,再展示证据。每一个方面的结果陈述完毕后,应进行简要小结,然后再开始下一个方面内容的陈述。在结果的表达上,要做到层次分明,条理清楚。

(二)讨论部分

讨论部分一般是从告诉读者本项研究掌握了什么开始。一开头就以明确的叙述说明研究的假设是否得到证实,或者明确地回答导言部分所提出的问题。但是不要简单地再次解释和重复在结果部分已经总结了的观点和结论,而是要在结果部分的基础上,挖掘新的、更深的东西。这部分内容可以是多方面的:

1. 可以把自己的研究结果同文献评论中列举的那些研究结果进行比较,看看是否又一次验证了它们的结论。

2. 可以在下列一些方面提醒读者注意:比如调查样本的特点,所有这些特点对调查结果可能会产生什么样影响等等。

3. 可以陈述和深入讨论在调查中得到的某些相反的结果或未料到的结果。

4. 还可以包括以下内容:对自己的研究仍未能回答的那些问题的讨论,对于那些在研究过程中新出现的问题的讨论,对探讨和解决这些新问题有所帮助的研究建议,等等。

四、其他写作要点

(一)小结

研究报告中常常要包括一个非常简要的小结,即对前面四个部分的主要内容作一个提纲挈领的总结。但是,目前许多专业刊物上发表的研究报告,常常以摘要来代替小结。摘要是一种更加简明扼要的小结,它通常不超过200个字。与小结不同的是,它不是放在报告的结尾,而是放在报告的最开头,并且是单独作为一个部分与原报告隔开。

(二)参考文献

与普通调查报告所不同的是,学术性调查研究报告通常要在报告的末尾列出参考书目。这些书目是研究者在从事这项研究过程中所阅读、评论、引证过的文献。这样做一方面体现了科学的、实事求是的研究态度,另一方面也为同一领域的研究者提供了一个参考的文献索引。

本章小结

调查报告的种类很多,根据研究目的不同,有学术性调查报告与实用性调查报告。根据内容性质不同,有经验型调查报告、事件型调查报告、问题型调查报告、对策型调查报告;根据报告的主要功能不同,有描述性调查报告与解释性调查报告。调查报告一般由标题、导言、主体、讨论或建议、结论、参考文献几个部分构成。调查报告写作要经过确定主题、取舍材料、拟定提纲、起草报告、修改报告五个程序。调查报告是种特殊的文体,所以其语言风格要求中性、客观。调查报告的标题形式主要有下列几类:陈述式、结论式、问题式、双标题式。导言的主要任务是向读者简要地介绍整个调查的有关背景,最主要的内容包括调查的目的、调查的内容、调查的对象、调查的时间、地点、调查的方法等。导言的具体写法有几种常见的方式:直述式、悬念式、结论式。普通调查报告主体部分的结构有三种常见的形式:纵向结构式、横向结构式、纵横结合式。普通调查报告结尾部分的中心内容是小结调查的过程和主要结果,陈述调查研究的结论。常见的结尾方式有以下几种:概括式结尾、总结式结尾、建议式结尾、展望式结尾、启发式结尾。

一般来说,学术性调查研究报告在结构上通常包括下述内容:导言、方法、讨论。导言一般介绍本项调查所研究的问题及其背景、有关文献的评论、对自己研究结果的介绍三个方面的内容。在学术性调查研究报告中,方法部分是一个十分重要的部分,这也是学术性调查研究报告区别于普通调查报告的一个突出标志,主要介绍调查方式与方法、调查对象、资料收集方法和过程、资料分析方法。

讨论部分一般是告诉读者本项研究掌握了什么,一般涉及下列内容:把研究结果同文献评论中列举的那些研究结果进行比较;调查样本的特点及其对调查结果可能会产生什么样影响;陈述和深入讨论在调查中得到的某些相反的结果或未料到的结果。

关键术语

学术性调查报告　实用性调查报告　经验型调查报告　事件型调查报告　问题型调查报告　对策型调查报告　有描述性调查报告与解释性调查报告　陈述式　结论式　问题式　双标题式　直述式　悬念式　结论式　纵向结构式　横向结构式　纵横结合式　概括式结尾　总结式结尾　展望式结尾　启发式结尾

复习思考题

1. 调查报告的结构。
2. 撰写调查报告的步骤。
3. 如何撰写普通调查报告？
4. 如何撰写学术性调查报告？

参考文献

[1]王文江:《社会调查研究方法与实践》,辽宁人民出版社1991年版。

[2]边燕杰、李路路、蔡禾:《社会调查方法与技术:中国实践》,社会科学文献出版社2006年版。

[3]薛晓源:《中国调查报告:社会经济关系的新变化与执政党的建设》,社会科学文献出版社2003年版。

[4]徐经泽主编:《社会调查理论与方法》,高等教育出版社2003年版。

[5]于忠智主编:《社会调查研究使用教程》,东方出版社1991年版。

[6]祁汉泉、陈友文主编:《社会调查研究方法》,中国人事出版社1991年版。

[7]唐晓阳主编:《社会调查理论与方法》,华南理工大学出版社1994年版。

[8]袁方主编:《社会调查原理与方法》,高等教育出版社1990年版。

[9]彭发祥、刘守恒主编:《社会调查研究方法》,中国人事出版社1992年版。

[10]风笑天:《现代社会调查方法》,华中科技大学出版社2003年版。

[11]袁方、王汉生:《社会研究方法教程》,北京大学出版社1997年版。

[12]苏驼:《社会调查研究方法》,天津人民出版社1993年版。

[13]宋林飞:《社会调查研究方法》,上海人民出版社1990年版。

[14]范伟达:《现代社会研究方法》,复旦大学出版社2001年版。

[15]李沛良:《社会研究的统计分析》,湖北人民出版社1987年版。

[16]袁方:《社会统计学》,中国统计出版社1988年版。

[17]郭志刚:《社会统计分析方法》,中国人民大学出版社1999年版。

[18]Babbie E. Survey Research. Wadsworth Publishing Company,1990.

[19]Guy R F. Social Research Methods. Butterworth & Co. Ltd,1987

[20]风笑天:《社会学研究方法》,中国人民大学出版社2001年版。

[21]林聚任、刘玉安:《社会科学研究方法》,山东人民出版2004年版。

[22]范明林、吴军:《质性研究》,格致出版社2009年版。

[23]陈向明:《质的研究方法与社会科学研究》,教育科学出版社2000年版。

[24]袁方:《社会研究方法教程》,北京大学出版社1997年版。

[25][美]艾尔·巴比:《社会研究方法》,邱泽奇译,华夏出版社2000年版。

后　记

社会调查研究在公共事业管理中具有重要地位,这要求公共事业管理专业的学生掌握基本的社会调查理论和技能,并养成尊重调查、习惯调查、勤于调查的工作作风,确立“没有调查就没有发言权”的工作理念。如何编写一本有别于社会学专业社会调查研究方法教材的结构和风格,更加适用于公共事业管理专业的社会调查研究方法教材,是公共事业管理专业教育改革的一项重要内容。在“必需、够用、留有余地”的编写指导原则下,本书试图用较短的篇幅给学生提供相对完整的社会调查研究知识体系并尽量多地将该学科领域新的研究成果吸纳进来,从而体现出“精练、严密、深入浅出”的特点。

本书由3部分构成,共分10章,第一部分为社会调查研究的基础理论(第1、3章),第二部分为社会调查的组织与实施(第3、4、5、6、7章),第三部分为调查资料整理与分析部分(第8、9、10章)。各部分编写分工如下:

许彦彬:第一章、第二章;

赵冬梅:第三章、第八章;

王　蕾:第四章;

孙奎立:第五章、第七章;

郝双英:第六章;

范立军:第九章;

李　丽:第十章。

作为主编,我对参与本书写作的各位作者在写作过程中表现出来的勤勉、钻研精神和才干深表敬意,本书是集体合作的成果。

本书适用于公共事业管理专业的学生学习,也可以作为其他专业的学生或党政干部学习社会调查研究知识的自学教材。

伴随着我国社会经济的快速发展和社会急剧转型,作为一门学科,我国的社会调查研究充满生机并快速发展,该教材是对社会调查研究基础知识的概括，也对我国社会调查研究的实践做了简要的概括。

由于时间仓促，水平有限，书中难免会有不当之处，敬请专家和读者批评指正。

编　者

2012年1月

图书在版编目(CIP)数据

社会调查研究方法/许彦彬主编. —济南：山东人民出版社，2012.1（2021.8 重印）
ISBN 978-7-209-05981-7

Ⅰ.①社… Ⅱ.①许… Ⅲ.①社会调查—调查方法—高等学校—教材 Ⅳ.①C915-31

中国版本图书馆 CIP 数据核字(2011)第 259617 号

责任编辑:崔　萌
封面设计:蔡立国　彭　路
版式设计:彭　路

社会调查研究方法
许彦彬　主编

山东出版传媒股份有限公司
山东人民出版社出版发行
社　址:济南市英雄山路 165 号　邮　编:250002
网　址:http://www.sd-book.com.cn
发行部:(0531)82098027　82098028

新华书店经销
山东华立印务有限公司印装

规　格　16 开(169mm×239mm)
印　张　14.75
字　数　240 千字　插　页　2
版　次　2012 年 1 月第 1 版
印　次　2021 年 8 月第 6 次
ISBN 978-7-209-05981-7
定　价　28.60 元

如有质量问题,请与印刷厂调换。　电话:(0531)76216033